視聽之餘——香港及華語電影雜感

家明 著

社會文化

序言

1. 本地蛋

2. 奪命金

3. 看見台灣

4. 流金歲月

5. 日常對話

6. 我們的青春

附錄

序言

家明與我

舒琪◎導演、資深影評人

認識家明，得數一段接近四分一世紀前的往事。

那是1995年。我和約十多名寫影評的朋友，成立了「香港電影評論學會」（下稱「學會」）。當時雖然不再年少，但仍然氣盛，一力倡議，影評人不是阿貓阿狗都可以做的，由是規定加入組織的都需要創會成員推薦，都需要審核。是以學會初期，一直都是個（自詡）「菁英」的小小圈子（什麼時候門戶大開我便不知道了，因為三年後我便退會），自然惹來其他被摒諸門外的、也活躍於電影文字界的朋友們強烈不滿，不到半年間，後者也成立了另一個影評組織，曰「香港影評人協會」（下稱「協會」），不設任何資歷限制，來者不拒。有過好一段時期，兩個團體雖然未至於水火不容，但少不免針鋒相對、互相睥睨或對着幹（例：香港電影金像獎 vs. 金紫荊獎的成立）。

翻查資料，家明原來也是1995年畢業的，唸大學時已經開始發表評論文字，但我不熟悉。他是影評新秀，自然不獲「學會」青睞，而加入了「協會」。後者後來出版了一份tabloid size的刊物。我不好說其他人，但得承認，對這份刊物，我當時是很不以為然的。沒想有天家明來電，自我介紹，說剛走馬上任，當上刊物的主編，正在籌劃一個香港電影雜誌回顧的專題報道，因為我在更早時期做過以「香港第一本嚴肅電影雜誌」為口號的《大特寫》（創辦人是導演唐書璇）的編輯、又有份創辦過《電影雙周刊》，所以想跟我做個詳細的訪問。我帶着三分不情願答應了。當時已是一個大塊頭的年輕版家明與兩名「協會」會員跟我見了面。但教我十分驚訝的，是他才坐下來，便從背包裏取出了一大堆費了不少勁蒐集回來的資料，從「火鳥」（電影會）時代的會員通訊、「香港電影文化中心」的月刊、到香港藝術影院元祖莫玄熹先生在經營灣仔京都戲院時出版的宣傳刊物《電影客》，都一應俱全地羅列在我眼前！（這些刊物我均有不同程度的參與。）對每個時期的每份刊物，家明都仔細地提出了嚴謹的問題。原本打算只花一個鐘頭便打發過去的訪問，結果談了兩、三個小時，把我的興致都挑起來了。幾個星期後，我收到印刷出來的刊物，除了版面一新耳目外，內容也充實可讀。我暗中汗顏之餘，也從此改變了我的某些偏見，對家明的名字更有了很深的印象，此後陸續留意他的影評文字；到後來，更成了忠實讀者。

隨着在不同場合的接觸與交流，與家明也慢慢交上了朋友。除了寫文，他似乎特別喜歡擔任「講堂」式活動的講者，有過好一段時間，還定期在「百老匯電影中心」的圖書室主持一個個人式的電影欣賞系列。他宏亮的嗓子跟爽朗的笑聲，鮮明地體現了他對電影的無比熱情，歷二十載而絲毫未變。我們在長片《咖啡，或茶》的兩段情節裏，重演/記錄了他講課的風采與情形。

千禧年始，我加入了香港演藝學院，四年後，在完全沒有預計的情形下，當上了電影電視學院院長的職位，進行了逐步的教學改革。家明很早便是我一心想羅致的講師，恰恰那時他剛離開了香港大學的通識系。我聘請了他先當一段時期的兼任老師，等候我完成一些行政手續後才給他發出正式的全職教職聘書，但沒料到的是，學院的行政架構與政府的津貼制度架牀疊屋，開設一個新的教學職位的複雜性原來足以媲美一項工程。我給家明許下的諾言，整整花了五年始能兌現。期間我一直害怕因此而失掉他，又暗中擔心他可能會入不敷支，但他不獨從來沒有對我有過任何質疑，還自始至終滿懷熱忱地給學生們上課。這份愧疚與感激，是我保持至今都未有機會當面跟他表白的。

除了熱情滿溢的個性，誠實是家明的電影文字的另一最大優點。誠實，不僅是對他自己、對讀者，還有（並更重要的）是對電影，由是謙遜、踏實、具說服力。這份能耐，放在日益因社交媒體氾濫而變得浮誇、張狂、以無知作有知的數據時代裏，愈見可貴。現在終於可以結集出版，得以流世，更是香港電影文化的福氣。不特此，我還期待在不久及往後，可以讀到它的續篇、再續篇、與後續篇……

家明老師

梁款◎文化評論人、香港大學社會學系名譽副教授

家明比我年輕，見面時，常稱呼我做老師。他大概不知道，在我眼中，他其實是我半個老師。大概十年前，有一段時間我經常曠工，偷偷跑到西灣河的電影資料館和薄扶林的伯大尼堂，跟幾十個演藝學院的年輕學生，上他有份教的電影課。家明的課，跟他的影評文章一樣，有只此一家的特質。

家明是七十後，在香港四代人的階梯上，屬於第三代。我一直認為，香港第三代，生於夾縫，面孔和心境，比前後兩代，都要微妙。家明長大時，親身經歷第二代香港人所謂的流金歲月。成人之後，他長期在電影院和課堂，跟第四代（以至更新的）香港人握手交往。經年累月的夾心經驗，主導了他做電影評論的風格——尊重「複雜」。

他的影評，拒絕簡單的美醜善惡的判斷。每套電影，不論來頭，不問顏色，總會埋身閱

讀，細心拆解。家明評戲，注重美藝，同時關心社會。他知道美藝流派多多，社會又錯綜複雜，他的評論，往往比別家多了一份細緻迂迴的平衡感。他很少無保留地讚揚好片（除了《一一》和《天水圍的日與夜》），或痛罵爛片（除了《中國合伙人》）。他認為大師有時會失手（即使是侯孝賢），合拍片都可以有好片（雖然他很懷念《香港製造》），黃絲帶的意願，不會來自紅地氈的成績（雖然他真的很喜歡《十年》）。

當然，平衡不等如沒有執著。家明在電影上愛與不愛，十分鮮明。他的文章構思清晰，推論有理，行文精準，剪接俐落，跟最好的劇情片一樣，嚴肅之中見人情，有立場但不硬銷，有文采但堅持不扮嘢。每次讀完，感覺有點像吃了一份帶知性的日式班戟一樣，味道豐富，厚度適中，窩心上腦。稍微令人頭痛的，是有時評論好像比被評的電影本身還要精彩（例如《老港正傳》）。

《視聽之餘》是舊稿重集，書中部分文章，我以前讀過。這次花了兩天把書稿全部讀完，甚有得著。

早前寫下的文章，經分類重組，文章之間互有指涉，結果是一加一不止於二，整體題旨更加鮮明。過去十年，香港電影和人面都已全非，書中各組文章順時閱讀，記下了一個香港夾心人對這個蛻變的忠實觀察和反思。在中港融合底下，本土電影如何脫離舊有（被神化了）的「香港模式」，面向（其實相當微妙的）大中華？怎樣在合拍大片迸出火花？如何為舉步維艱的獨立電影行好下一步？在一個求新若渴的世界，老調可否新彈？在一個一切都可以以假亂真的年代，戲假還能否情真？

寫出這樣程度的影評，背後其實盡是苦工。家明自己不會說，讀過他的文章，你不難重組他講學和寫評論的製作方式：

- 每套要評論的電影，一看再看。
- 全新復修的經典電影，三看四看。
- 經常在漆黑的電影院勤做筆記。
- 瞓身研讀心儀的電影作者（由龍剛到張作驥）。
- 無間斷地整合學刊和網上各家之言。

· 無時限的映後座談和與學生交心交手（最後使出絕招「給同學的信」）。
· 無償（幾近）支援本地和海外的影展評審和交流工作。

這些苦功，多練，就成了一種技藝。最好技藝背後，其實是人心。家明有心。

我是一個已退休的五十後，之前長年在人間的漩渦（又名香港大學）打轉，見過很多好人和壞人。我知道家明是一個好人。他在演藝教電影歷史和理論，上他的課，我重新感受到讀書真好。他不論做人處世，行文教學，皆尊重前輩，關懷後生，一手執著過去，一心思索未來，時刻願意向世人告白，教電影最終極的冀望，是要「讓學生成為一個更好的人」。

信我，喜歡聽《珍重》的男人，壞不到哪裏。

油麻地的月光

詹正德 686 ◎台灣影評人、《看電影的人》作者

自從在網路上開始寫影評，我便與幾位香港影評人結下不解之緣，阿湯湯禎兆是第一位認識，家明則是見面次數最多的一位（雖然其實也要好幾年才見上一面），而我們在香港見的面多，幾乎都是家明招呼我（每每帶我到處買碟），在台灣見的面少，這點我就比較慚愧了。最近一次見面是去年我赴港參加香港國際電影節，與家明約在油麻地的 kubrick 書店，時間不多，他請我在附近吃了一頓晚餐，聊至夜深才告分別，當晚油麻地的月光特別清亮，使我回想起將近廿年前。

那時還是台灣這邊《明日報》新聞台的時代，大家開了台留言來留言去，你一言我一語的討論電影，彼此都還不認得對方，但是愛電影之心幾乎是一樣的，且文字上極容易辨認，於是一次又一次地進行了相當真誠的討論交流，每個人都有貢獻也有收穫，總覺得那是一段太美妙的時光；但新聞台沒撐多久就進入了部落格時代，大家相繼從「台長」變成了「部落客」，

那段網上談電影的時光雖還能繼續，但彼此的人生也開始各有轉折。我到 2006 年底時在淡水開了「有河 book」書店，至少前六年沒有離開過書店一步（當然更不可能到香港了），幸得阿湯、家明先後前來造訪，給我支持打氣，家明甚至轉給我許鞍華《瘋劫》、《撞到正》的影像光碟，這兩片在當時都是未發行過錄影帶、光碟，只能在影展中大約十年一遇的奇片，台灣影迷求之者眾，我便在書店中舉辦「影癡俱樂部」與同好分享，一時竟也造成不少轟動。如今《瘋劫》終於出了修復版藍光，而《撞到正》也早可以在 YouTube 上看到了。

在我開書店的同時，所謂的「微網誌」及社羣網站，如推特（Twitter）、噗浪（Plurk）、臉書（Facebook）的風行也漸漸取代了部落格，我為了書店能有多元的行銷管道，所以統統都開了帳號，而家明似乎獨鍾 Twitter，幾乎天天發推不輟，樂此不疲，且每推含金量甚高，提供我不少寶貴的電影資訊，而他 2007 年開始的部落格「家明絮語」則至 2013 年底已停止更新。

與家明相識近廿年，從未聞他有什麼出版計劃，除了給香港電影評論學會擔任主編，另外則是他經常給香港幾家紙媒，如《明報》、《信報》以及《電影雙週刊》寫的專欄影評（相信一定有不少讀者才可以延續經年）；他的本業一直都是從事電影相關課程的教學及講座，這是給香港電影工業扎根的工作，可以用這種方式與電影共生共存共享共榮，銀幕內多采多姿、變化萬千盡入我眼，銀幕外我手寫我口，半點不由人，如此快意生活教人好生羨慕。

如今家明終於打算出版第一本個人的影評集了（他謙稱說也可能是最後一本，我希望這不是真的），收到書稿時迫不及待地一篇篇讀完，說實在心裏既佩服又感慨，畢竟我們共同由香港電影的黃金時代一路走來，那時節有王家衛的《春光乍洩》、《花樣年華》，有周星馳的《少林足球》、《功夫》，杜琪峯則剛剛接棒成為香港當時最為量多質精的導演，從《鎗火》、《孤男寡女》到《黑社會》、《放逐》，幾乎每部都是香港電影的經典與精華，然而這些電影家明一定有相當的評價，卻沒打算在書裏談這些電影。

家明這本影評集收錄的是自2007年以來的華語電影影評，粗分當然還是中港台兩岸三地，但其中港台的部分各佔五分之二，大陸地區的華語電影只佔五分之一，家明是香港影評人，香港的部分自然最是緊要，總共廿八篇裏只有四篇是寫2007之前的電影，一是1979年許鞍華的《瘋劫》，因為出了藍光，需要重新回顧；一是1987年關錦鵬的《胭脂扣》，是

2007年寫的廿周年回顧；三是1988年楊凡的《流金歲月》，也是2011年電影重映時的回顧；四是1997年陳果的《香港製造》，同樣也是廿年後重映回顧。除了這四篇以外，其他所談的全是2007年以來的香港電影（包括紀錄片）。

對照近十年來香港的現實情況，家明的義憤與憂心不時流露於文中，如果將九七後的廿年分成兩階段，很明顯從1997至2007年這個階段的香港電影還在高峰期，但2007年以後至今，幾乎可說是香港在一國兩制的治理原則下，從政治、社會、本土語言及文化等各方面都遭受嚴重挫折與打擊的階段，而電影雖只是其中一個面向，相對來說卻也是一個最明顯的面向；我相信身為香港資深影評人的家明，對此感受必定極為深刻，因此他刻意揀選2007年至今這段時期的電影評論，從對《老港正傳》的「選擇性失憶」的批判開始，論及許鞍華兩部《天水圍》交織而成的香港價值與香港命運，幾位年輕新導演的佳作《樹大招風》、《打擂台》如何讓香港電影仍存有一絲希望；至於《奪命金》、《三人行》又讓人見識到杜琪峯的貫徹始終。

特別是談到香港紀錄片，《分域大道》及《傘上：遍地開花》二部關於香港2014年底爆發的雨傘革命紀錄片，與論及的短片集《十年》的後雨傘想像、《點對點》的空間記憶以及《點五步》的棒球抗命遙相呼應；這些電影中，好好壞壞自由觀眾捫心拿捏，但是家明總能由其中「提煉」出一種真純的「香港價值」，讓讀者及觀眾們認識並且理解到，哪些才是真正值得香港人守護的。

對我這樣一個台灣影評人而言，家明書中的台灣電影部分則是令人感到窩心又汗顏，同樣也都是 2007 年之後的電影評論，起首一連幾篇竟全是在談楊德昌，大抵 2007 年正是楊導過世那年，台灣新電影也幾乎隨之畫下句點，之後從魏德聖、楊雅喆談到張作驥，甚至包括動畫片《幸福路上》，當然也沒忘了侯導的《聶隱娘》與《乘着光影旅行》的李屏賓，紀錄片亦沒遺漏，沈可尚《築巢人》、黃惠偵《日常對話》都是近年佳片，齊柏林的《看見台灣》則是直接被取用為談論台灣電影那一章的標題。

家明總能在這些影片中看到一些可能多數台灣影迷看不見的趣味點（或刺點），比如他說張作驥的《醉．生夢死》：「場景貼了《迷幻列車》（*Trainspotting*，1996）海報，角色的遊戲人生來自該片？另亦有王家衛的《春光乍洩》（1997），張作驥首次拍同志片向它借鏡了？

無巧不成話，一幕老鼠用攝影機拍螞蟻，瞥見電視屏幕日期，年份竟然是『2046』！」由此拉出了張作驥與王家衛電影關係的層面，真是驚異。

此外，也是看到家明寫到，我才知曉原來楊導的《一一》當年有在香港正式放映（後來也在香港出了光碟），而台灣等這一天要等到 2017 年！

雖然港、台都有不少人在說：「今日香港，明日台灣」，但是兩地實際情形還是有很大區別，是那一種面對強權的心境，讓香港人與台灣人的心理距離走得更近，然而這並沒有影響家明對台灣電影的評論產生偏頗，是好是壞他都直接挑明，沒有含糊籠統的帶過，也沒有故意溫柔婉約，家明的行文語調一直都是堅定有力、鏗鏘有聲，這非常難得，也是台灣電影必須一聽的境外之聲。

港、台以外，就是其他地區的華語電影了，說是其他地區，大抵除了星（陳哲藝）、馬（陳勝吉）之外，就是中國大陸了，馮小剛的《唐山大地震》與陳可辛的《中國合伙人》這等主旋律電影雖也有評（見證中國的大國崛起），但家明在許多細微處都點明了這種「中國夢」的脆弱與虛妄；賈樟柯的《山河故人》和胡波的《大象席地而坐》則是明顯對比，觀諸大陸現今的文藝創作現況，揭露實相要比虛華的歌頌來得更加可貴得多了，這也是為何家明另選入了兩篇關於中國的紀錄片：趙亮的《上訪》及杜海濱的川震紀錄片《1428》。還有另一部片也很特別：Carma Hinton 拍六四民運的紀錄片《天安門》，家明在附錄特別以「寫給香港電影學院同學的一封信」為形式來介紹這部片子，此文也幾乎等於是家明自己陳述自己的世界觀、人生哲學及電影觀，應該是這本影評集裏相當重要且必讀的一篇。

比較特別的是最後一章「我們的青春」，家明 2009 年來過台灣擔任金馬獎的評審，近幾年也幾乎每次都來台灣參加影展，這一章裏的五篇文字都是他來台參加金馬影展及台北電影節的過程經歷與觀影心得，藉此也反省香港的電影金像獎有哪些應該改進的缺失，這點看得我真是太慚愧了，前文提到我去年到香港，乃是受邀擔任香港國際電影節的費比西獎評審（又多認識了幾位香港影評人），回來以後卻沒有留下類似的文字紀錄，到底是哪邊才值得借鏡呢？這真的是個好問題。

將近廿年前，我赴港遊玩與家明約了某晚碰面，在四處買碟的行程結束之後，我們在另一位網友星雲的家中邊吃炒辣蟹邊聊天到深夜，當時大家都不過三十出頭的年輕人，現今一晃眼已經半百，不免感歎身材之走樣與世事之滄桑，但那晚油麻地的月光仍與去年一樣清亮，而我認識的這些異鄉朋友們則讓我永遠懷念這樣的香港。

為什麼（還）寫影評？

是的，為什麼還寫影評呢？

固然有很多原因。其中一點是意料之外的，原來日積月累，文字成為看電影的時代印記。這次把文章一一重讀，有時會訝異，自己曾寫過某些觀點。當然更多影片的細節，不重讀就記不起了。所以，影評於我，也算是一份不大嚴謹的「電影筆記」。

「筆記」有時不只限於「電影」的。本書名為《視聽之餘》，是說，希望在最基礎的「視」、「聽」以外，還看到電影的其他。哀哉香港，2014年雨傘革命前後，漸漸成為一個多難興邦。自我審查愈來愈常見，連「看電影」都開始有禁忌或黨派分野。「影評」單純的消費指南作用，似乎滿足不了時代需求。

可以不停地寫，其實多得有固定的園地。本書文章，全部曾於2007年起在《明報・星期日生活》發表。非常感謝主編黎佩芬的厚愛、縱容（字數及截稿時間）。十多年來，更感謝編輯同事楊泳森及蔡曉彤替我潤飾文字。

本書得以出版，全靠突破出版社的編輯Dawn。沒有她的催促及組稿，本書不會問世。感謝好友Novia，她竟為拙文整理成網上資料庫，方便查看及篩選。感謝賜序的舒琪、梁款及686。舒琪及梁款是我的老師、學長，多少年來讀他們的文章、聽他們的課受益不淺。686是台灣影評同輩，他的文集稱為《看電影的人》，多好的名字！「看電影的人」，是我足以一輩子引以為榮的身分。

更想感激家人，於心有愧。十多年來因為趕稿，錯過多少個一家人樂也融融的週末。兩個女兒成長的美好時光，我有點追不回了。有時會想，若都不用寫稿，十多年來生活可會更快慰？

警察於金鐘暴力鎮壓反送中青年翌日

2019年6月13日

1.
本地蛋

「千萬不要習慣。就是我們這一代習慣了，到你們這代才變得如此。」——《十年》

《老港正傳》明修棧道，暗渡陳倉

《老港正傳》宣傳自詡是「香港版的《星光伴我心》」。電影一開始，黃秋生化上老妝，在幾十年的電影放映生涯後，在放映室展露愜意笑容，一臉祥和。影片到此，電影已化干戈為玉帛（姓「左」的黃秋生及叫阿「右」的岑建勳都在），中國、香港一片繁榮。《老港正傳》要贏觀眾的熱淚，同時總結香港四十年，結論直指「銀都商業廣場」及「北京奧運」。那副北望獻媚的姿態，真是土產電影淪落、合拍片當道一記重要註腳。

正版《星光伴我心》（*Cinema Paradiso*，1988）的集體回憶是「電影」，由雅士堤（Fred Astaire）到維斯康堤（Luchino Visconti），以不同經典片段帶出西西里小村的淳樸生活及教會的影響力。《老港正傳》卻只以「銀都影業」發行的電影出發，硬生生塞進《少林寺》及《紅高粱》等片段，寫它們與香港扎根成長，甚至暗示為港人娛樂的「典律」（《少林寺》在片中掀起街頭功夫熱）。本來就格格不入，也是香港昔日作為電影盛產地的一大諷刺。但《老

導演◎趙良駿　　演員◎黃秋生、鄭中基、毛舜筠

編劇◎施揚平、蕭君紅、趙良駿　　香港◎ 2007 年

港》最令人不安的是以電影為橋樑，以電影放映員這個無殺傷力的小人物入手，借倫理及街坊感情過橋，把影片出現的所有人和事都納入粗淺的歷史論述之中。

選擇性失憶，香港已死

如果《老港正傳》是銀都機構一部 corporate video 無可厚非，稱為「《星光伴我心》銀都版」都可以，不過要把它作為回歸十年誌慶，在全國公映的香港老左故事就令人太難為情。一邊看《老港正傳》，我一邊記下影片抛出來的符號：《我的祖國》、長鳳新電影、夏夢、天台屋、「我為人人，人人為我」、《小兵張嘎》、《問我》、《縴夫的愛》、《少林寺》、釣魚台、《紅高粱》、九龍城、茶餐廳、穿膠花、香港回歸、SARS 口罩、金紫荊廣場、回歸十年、紅塔山、麥嘜及麥家碧、北京奧運……刻意混雜香港/大陸的文化符徵，共建兩地一體的「和諧社會」。年份則如流水帳，1967 年（影片故事的起點，象徵香港最混亂的時代），1973 年股災，1997 年，2007 年……由 1967 到 2007 年，電影表面在寫小人物，實則以最政治正確的姿態為香港的繁榮安定樹碑立傳——明修棧道，暗渡陳倉。

《老港正傳》公映不久，在香港讀得的評論已立場互見。電影業界幾乎一面倒的說好，據報黃秋生甚至說這是他演過最好的電影。網誌的影評則批評得較激烈，像「光影記事」的題目就是「選擇性失憶的《老港正傳》」，質疑影片「只講六七暴動、七三股災，而不講文革浩劫、中英談判？為何只講改革開放，而不講八九民運」。說也是的，1989年6月《文匯報》開天窗的社論「痛心疾首」，又怎樣反映了這些「老左」當時的心境？開宗明義的「老左正傳」，這一筆難道也要留待歷史公論？另一位網上影評人孤草的題目則是「香港已死」，他的結語是這樣：「如果說之前的《金雞2》仍寄望於香港的復興，《老港正傳》已選擇棄城，相信北上才是出路。」一部稍富爭議性的影片，突出了網絡評論空間的可貴，不受經濟（市場及廣告）及政治（政治正確話語）左右，正是於今回歸十年，「禮失而求諸野」的典範！

「老港」原名「老左」，因為黃秋生的角色叫「左向港」（又左，又向港）！影片的英文名稱是 *Mr. Cinema*，其粗暴的邏輯不言而喻：「左」=「港」=「電影」，也許對正了愛國商人及影人的胃口。可憐我輩以看電影為志業的港青，面對這種肉麻的本土歷史書寫，只能逆來順受。

消失的幽默與想像力

也許，我們應該來一部《新左正傳》，把「六四」、「七一」、「八萬五」、「天星」、「皇后碼頭」統統納入。如果主角是年輕人，也許可以像林賽．安德遜（Lindsay Anderson）1968 年的《假如…》（*If...*，1968）一樣，寫飽受壓抑的寄宿學校學生如何造反，給建制還點顏色。如果主角是中年人，也許是《奪命煙幕》（*The Insider*，1999）的阿爾柏仙奴（Lowell Bergman），師承新左的馬庫色（Herbert Marcuse），以媒體為公器與財雄勢大的煙草商抗爭。

也許我們需要一些「左」得更真誠的電影人如堅盧治（Ken Loach）。他影片中的 working class hero，無論在輕鬆喜劇或劇情片的處境，都顯得更具說服力，故事更真摯感人。如果玩世不恭一點，也許可以像「踎低噴飯」（Monty Python）那樣令人嘻哈絕倒，不放任何權威或典律在眼內。其實《老港正傳》的導演趙良駿之前的《春田花花同學會》（2006），也有很重的 Monty Python 影子。只是不知道，這次幽默感及想像力往哪處擱了。

24-06-2007

天水圍的我和你

這兩年，大夥兒搶佔道德高地，露出憐憫關懷的嘴臉，一窩蜂地「消費」貧窮。哀哉天水圍，被當成受冷待及擠壓的鐵板一塊，被各界盡討油水。會展的 game show 邀請天水圍的青年參與而上了新聞，原來打機也能體現「社區關懷」。電影公司到天水圍免費派飛，藝人現身，「港聞」及「娛聞」即時見功。連慣了後知後覺的電視台，也懂得在天水圍搞阿姐演唱會，為闊銀幕的高清廣播造勢。大家口頭「天水圍街坊」、「天水圍居民」的叫着，「街坊」及「居民」都成了他者。天水圍由新聞事件變成 talk of the town，被標籤為「悲情城市」，蛻變成可供消費的市場，多需要古道熱腸之士去普渡眾生。

還幸，有許鞍華的《天水圍的日與夜》。影片撥開雲霧，開宗明義跟觀眾說：天水圍不是高潮迭起的通俗劇；「居民」並非他者，「街坊」原來都是你和我。

導演◎許鞍華　　演員◎鮑起靜、陳麗雲、梁進龍

編劇◎呂筱華　　香港◎ 2008 年

在香港電影早已對港人生活不聞不問的今天，《天水圍的日與夜》的生活況味教人感動不已。陳麗雲飾演的阿婆，是天水圍的獨居長者。她到菜市場買牛肉，回家預備午飯（菜心炒牛肉的製作過程詳盡又準確）。孤苦伶仃的吃過飯後，洗淨碗筷，手托着腮在餐桌上發呆。到了傍晚，在廚房點起奇怪的照明光管（觀眾後來才知道燈泡壞了）準備晚飯，又是另一碟菜心牛肉。攝影機在狹窄的居室中以廣角鏡頭及手搖拍法，描繪老人家悶聲不響、循環又平凡的一天。

達到「無求品自高」境界

影片沒什麼重大情節，但尋常巷陌及人情練達之間都是戲。勉強說是「劇情」的話，影片發展下去：阿婆到超級市場找工作，認識了同事貴姐（鮑起靜）。貴姐丈夫多年前已離世，她性格直率，見義勇為，跟阿婆日漸相熟。漸漸，貴姐、阿婆及貴姐的兒子張家安（梁進龍）成為老中青的一家人。在中秋佳節，貴姐推卻了母親到西貢匡湖居做節邀請，跟阿婆及兒子留在天水圍的家慶祝。晚飯後，兒子把柚子分給母親及阿婆，一家三口大啖食及讚歎。鏡頭此時跨過餐桌的角色，拍着窗外天水圍公屋林立在佳節燈火通明，預示了貴姐一家那滿足又窩心的場面，正在區內不同角落上演，電影也在此處完結。

《天水圍的日與夜》看似平凡及沒有情節，實則影片舉重若輕，真摯坦誠，達觀包容，自成「無求品自高」的境界。電影內的天水圍可愛和睦，這裏居室丁方，物質也許不很富庶，但人際關係令人嚮往。母子間話語不多（影片初段還一度以為是講家庭溝通及隱蔽青年問題），然母慈子孝，單親家庭充滿溫暖。親戚見面機會少（一場喜宴一場喪禮，我想起了楊德昌的《一一》〔2000〕，關係卻很好，互相照應關顧；表姐、弟的家庭狀況不同，相處融洽無分彼此。兒子張家安，看上去一副年輕人的愛理不理、讀書也許不怎麼樣，但他跟同學都不說粗話、不看黃色、不泡妞（至少電影沒有交代）、不沉迷網絡。本地媒體偶爾報道的天水圍的社區或學校問題，一點都沒有在影片中述及。

代表香港普羅坊眾

當然，電影有權選擇要經營一個什麼樣的世界。現在《天水圍的日與夜》雖以天水圍為骨幹，但更像是許鞍華以人文關懷，去編製她的社區「理想國」，放諸不同的社區皆準。電影開首的幾個鏡頭說明天水圍的由來：從自然風景到公屋林立及輕便鐵路，密麻麻的公共房屋又與遙望的深圳及濕地公園同時並存（一個橫移鏡頭顯示出這三幅互相矛盾風景），這可能已是影片最天水圍的地方。往後的部分，公共屋邨、公屋商場、菜市場、超級市場、學校以至團契聚會的場景，跟我們熟悉的居住及生活環境沒有兩樣。所以《天水圍的日與夜》呈現的，又不只是天水圍的故事，也代表了香港的普羅坊眾。

這些場景的描繪，生活閒話家常的捕捉，叫觀眾感動及欣賞。鮑起靜的貴姐、陳麗雲的阿婆、梁進龍的張家安，都不像演員，都像如假包換的屋邨居民。他們的工作、上學、生活及飲食中呈現的細節，令人折服：買報紙送紙巾（兒子聽從母親）、冬菇的「價值觀」（阿婆買電視不願意多花八十元，卻送三百二十元的禮物給貴姐）、亡父牛仔褲的神來之筆（貴姐在垃圾箱前猶豫，勝過萬語千言）、吃飯剩下的乳鴿（嗅嗅來辨別食物好壞）、母子一起品嘗潮州月餅，甚至是張家安抬着單車經過行人隧道瞥見的流動「理髮店」。生活的細小情趣、微不足道的小節，人與人感情在此間流露，乃至狹窄環境中的無限可能。影片的信息清楚不過，無論生存在什麼樣環境，落實到生活人人都應有自己的法度。知足者，貧亦樂。

歡笑垂淚，感受人間溫暖

許鞍華甚至更進一步，把角色放進香港歷史脈絡。電影裏頭兩次出現的黑白硬照，一段是關於工作（紗廠及車衣女工），一段是節日的娛樂。由場景、角色到歷史視野，《天水圍的日與夜》突出了合拍片當道年代已不值錢的「香港個性」。從鮑起靜、陳麗雲她們身上，我看見了母親及祖母的身影。從角色的家人、兒女及朋友的關係，我也看見了自己成長以至今天的寫照。

《天水圍的日與夜》讓我們省照吾身，教我們共鳴、歡笑及垂淚，令我們感到人世間充滿溫暖。如果說，有些偉大的電影映完後，觀眾步出戲院一刻已覺煥然一新，《天水圍的日與夜》應該是那種電影。

27-04-2008

倫常慘案與香港命運

同樣是天水圍的故事，《日與夜》充滿人情味，《夜與霧》令人不寒而慄，許鞍華展示了事情的一體兩面。有趣的是，《日與夜》欠缺父親的角色，飽起靜的貴姐與兒子生活自在；《夜與霧》的父親李森（任達華）有酗酒及暴力傾向，是家庭慘案的禍端。妻子曉玲（張靜初）說過幾次，離開丈夫的時候，無論躲在婦女庇護中心，還是在深圳與妹妹為伴，都是快樂無憂的日子。《夜與霧》那個庇護中心的守望相助，正好是《日與夜》天水圍溫情社區的縮影。許鞍華鏡下的天水圍，姊妹情誼可貴，男人不是缺席，便一無是處。

經濟受壓令港男動武

當然《天水圍的夜與霧》沒把李森寫成天生殺人犯，男性的無能是時代的寫照。李森的自信來源於生產力，他曾經很意氣風發，對曉玲不差，主動說替她四川的老家裝修、安裝電話，

導演◎許鞍華

編劇◎張經緯

演員◎任達華、張靜初

香港◎ 2009 年

搞農村現代化。經濟轉壞後李森失業，無所事事，靠綜援度日，他連女兒幼稚園的五十元生日會費都拿不出來。沒錢也沒自信，李批評妻曉玲在餐廳工作是販賣色相，喝罵她（「鄉下婆真係鄉下婆」、「冇我你有今日？」）及性虐待她。家庭暴力都源自男人，《夜與霧》要再挖深一層，說明男人動武的源頭，跟經濟能力及生活壓力都有關係。

但最無辜的還是曉玲及兩個女兒。電影尤其花了不少篇幅交代曉玲的出身，她怎樣從一個四川農家採菇的女孩，輾轉從深圳再到香港。影片的最後一個鏡頭甚至是幼少的她背筐上路，好像說要是曉玲沒踏上離家這步，天水圍的悲劇不會發生，她的命運也不會如此悲慘。但內地過去十年間生活遽變，年輕人嚮往都市及物質生活，經濟同樣受壓。故事說曉玲曾兩度回四川的家，一次帶回彩色電視機，一次帶來香港的「工程師」，兩次都是家人改善生活的分水嶺，只是沒想到新生活最後以慘劇告終。

《日與夜》內容形式互補

《天水圍的夜與霧》是衝着《日與夜》而來的，兩片在內容及形式上可互為補足。《日與夜》

寫實質樸，《夜與霧》在攝製上全面提升，又起用明星卡士；剪接更考究，有升降鏡頭，影片最後慘案發生的連串慢鏡別具匠心（開門詳情、斬殺場面、公屋走廊推拉鏡）。《日與夜》是直敘的，《夜與霧》則用倒敘手法，甚至在倒敘中再加入回憶，結構比《日與夜》複雜得多，還有些前後連貫的元素（阿瓊兩次羊癇發作；電影中竹林深處的夢境畫面），看出製作人的心思。

《夜與霧》根據2004年4月的滅門慘案改編，悲劇結局已非懸念，影片於是先以慘劇的新聞報道開始，再透過警察（嚴秋華！）跟證人落口供的過程，憶述事件倒敘而成。以第三者回憶來敘事，一方面反映資料蒐集實情，許鞍華籌備本片訪問了不少與事件有關的人；另方面也突出了角色與社羣的關係：區議員、警察、社工、鄰居、父母、庇護中心的姊妹，加起來才是故事/悲劇的整體構成，事件不致過分簡化。還有沒在鏡頭現身、跟曉玲萍水相逢的路人，她提醒了曉玲濕地公園傳來的泥土香氣，指出內地在不遠處。很多人希望來港定居，曉玲看見對岸深圳的燈火更有感情，心惦記更遙遠的四川老家。

一面看《夜與霧》的倒敘，我一面想起十年前差不多手法的《玻璃之城》（1998）。《玻璃之城》的倒敘為了讓黎明、舒淇一對已故戀人更傳奇，也肉麻道出了對港英的依戀，兩個港大畢業生在倫敦車禍斃命，以殉情避過九七。《夜與霧》的倒敘一點都不甜絲絲，反而說出了中、港這十年間各自的經濟隱憂。電影的兩個角色因為「經濟」而走在一起（李森及曉玲本來活在兩個世界，因為李森回國消遣才認識），最後也因為「經濟」而步向滅亡（李森失業喪失自信是導火線）。

《夜與霧》有不少諷刺甚至控訴鏡頭，如羅慧娟飾演的莉姐對鏡頭質疑報案室當值警員失責，區議員說「政府的綜援計劃都存在很多問題」，社工說「斬死咗你家庭咪唔夠完整」，李森說「成個香港經濟都唔好，點搵嘢做」，都略嫌太白及硬邦邦；但從其他細節顯見，《夜與霧》的感染力及野心都應該不止於此。

最重情義的香港導演

最令人感慨是2004年4月11日復活節公眾假期，有人在街上參加反人大釋法大遊行，曉玲為了兩個女兒，雖明知危險也甘願走入墳墓。《夜與霧》把倫常慘劇與香港前途兩幅景象並列，許鞍華繼《日與夜》後再次把天水圍故事勾連香港脈絡。我們也清楚看到，遊行角色背後那條「爭取 2012 雙普選」的橫額。許鞍華始終是當下最重情義的香港導演。

不過看來看去，《夜與霧》最不順眼還是一對靚仔靚女明星。說「老夫少妻」很沒說服力，任達華演得很努力，但還是像《跟蹤》（2007）加上假肚腩一樣，總給人裝的感覺。張靜初也太美了，笑起來酒窩那麼好看，在《孔雀》（2005）那脫俗的氛圍可以，在《夜與霧》實感更強，就未免格格不入了。

17-05-2009

《打擂台》瘋癲訴真情

《打擂台》果然令人喜出望外，說明合拍片也可有豐富的香港個性，很生動，有活力。

《打擂台》以舊片諧仿手法，在技術及包裝上大做文章，似乎受了昆頓塔倫天奴（Quentin Tarantino）及羅拔洛迪格斯（Robert Rodriguez）《刑房》（*Grindhouse*，2007）的影響；中間一段回憶以動畫敘事也讓人想起《標殺令》（*Kill Bill*，2003）。但《打擂台》除了向其他電影借鏡，也加入不少地道元素：譚炳文的旁白是神來之筆，懷舊得來，又充滿調侃的味道，偶爾還講兩句潮語（「被人插得多咪『hea』住做嘢」），非常好玩。

《打擂台》到處都是這種新舊並置、巧用典故的趣味：陳觀泰的阿成與他的舊風味茶居，準是來自陳在邵氏時期的名作《成記茶樓》（1974）。泰迪羅賓演的老師父叫羅新，他的武館叫「羅新門」，是「羅生門」粵語懶音版本！電影尾歌曲是葉振棠的《大俠霍元甲》配上歐

導演◎郭子健、鄭思傑　　演員◎梁小龍、陳觀泰、泰迪羅賓

編劇◎郭子健、鄭思傑、譚廣源　　香港◎ 2010 年

陽靖的饒舌說唱，饒舌歌詞（「阿叔依家咩年代？唔好講以前，翻翻嚟現代」）跟《大俠霍元甲》（「萬里長城永不倒，千里黃河水滔滔」）本來風馬牛不相及，放在一起又有不同年代的音樂風格、生活態度互相對話的效果。

不同年代風格態度對話

這確是個關於不同世代的電影。難得的是，它真正給老輩演員發揮機會，梁小龍及陳觀泰之前在《功夫》（2004）及《殺人犯》（2009）再登熒幕，但角色遠遠沒有這次吃重及有血有肉。《打擂台》演「第一代」及「第二代」的幾個演員皆好看，邵音音對着羅新有說不出的苦衷；羅莽是典型中坑老粗，形象夠鮮明；即使是財大氣粗的武館老闆龐青（陳惠敏），原來也非十惡不赦的壞蛋。還有上文提及泰迪羅賓、負責旁白的譚炳文等，都收放自如。甚至是羅記茶樓的三個茶客，一場他們面對羅莽挑釁而不退讓，各自道出奇怪背景（阿姐自詡為「黑牡丹蘇菲亞羅蘭」），導演甚至把NG鏡頭用上了，叫人忍俊不禁。

反而年輕一輩（第三代），即使戲份最多的梁景祥（黃又南），都不及老輩好看。梁由「皮黃骨瘦」，在辦公室被欺壓的青年，七星期內在羅新門學會拳腳，認識了漂亮的賈曉晨（賈的清秀造形很討好），找到做人方向，逐漸成長。可幸影片務實，沒把梁寫成懷才不遇、最後憑神力大快人心的天才（跟周星馳電影的邏輯大相逕庭）。當然影片也故意安排不同角色跟梁對比，除了賈曉晨，還有由歐陽靖演的叢生猛，是讀番書、靠父蔭的二世祖，思想洋化，對武術更不求甚解，是另一種只見眼前利益的後生人辦。

《打擂台》叫人看得舒服，作為打片不落俗套，沒有絕對的壞人，角色都有優點缺點。大師兄冷酷，但對武術認真，也識英雄重英雄。龐青及叢生猛父子雖不討好，也沒被惡意醜化。

關於《打擂台》描述的兩個世界還可再補充一下。影片開始，梁景祥活在二十一世紀的剝削社會，在地產公司過着非人生活。他來到羅記茶樓所屬的小村落，突然像時光倒流，節奏放慢（士多的婦人對他的光顧愛理不理）。電影所見，衣着服飾、生活風格都不明顯，說是七十年代及當代都可，故事的具體時空被淡化，跟城市迅猛發展對比起來（片初的辦公室場景），小村落像把時間凝結了。羅新門屬於阿成及阿淳（梁小龍）一代，他們為了不省人事的師傅羅新，三十年一直在茶樓／武館老老實實的守候。

價值隨時移世易改變

三十年的記憶保鮮，在香港何等食古不化！羅新醒後不知人間何世，誤以為徒弟阿成及阿淳仍是乳臭未乾小子。成及淳接納醫生意見，一切還就師傅，一起活在從前。德國片《再見列寧！》（*Good bye, Lenin!*，2003）說母親昏迷前後東德社會變天，兒子不想她醒後受太大刺激，竭力維持現狀，那是意識形態的徹底改變。《打擂台》對記憶的守護沒那麼政治，但三十年的差別也很大：羅新已經白髮蒼蒼了（雖然他仍四處跟少女搭訕，泰迪羅賓演得生鬼）；「羅新門」也今非昔比，入室弟子成及淳都已屆中年，他們受過重傷，在拳壇上不再呼風喚雨，為了生計只好把羅新門改作茶居，最後連茶居也抵擋不了大業主收樓的宿命。「重建」、「發展」，始終是歷史及回憶的頭號敵人——由《再見列寧！》到《打擂台》，都說時移世易，價值改變的故事。

梁景祥以地產職員的身分而來，位置有些像《阿凡達》（*Avatar*，20C9）的Jake（Sam Worthington）、《2020》（*Blade Runner*，1982）的Rick（Harrison Ford），本是不懷好意的「臥底」，但漸漸被人倫及愛情觸動，認清未來方向。《打擂台》最難得是在諧仿舊片中仍然真情流露；它看上去那麼瘋瘋癲癲（有些場面很好笑），骨子裏還蠻一本正經的。

06-06-2010

《1+1》與反高鐵唱和

《1+1》看過很多次，但再看仍然津津有味。

《1+1》只是部三十分鐘的短片，在 2010 年藝術發展局辦的鮮浪潮短片賽中得了大獎，這陣子在戲院特別放映。從技術角度，《1+1》不算圓滿，也許比不上某些同台較量的學院派（去年另一短片，甫開始已是從地面爬上幾層唐樓的 steadicam 長鏡頭）。但《1+1》的真摯頗打動人，連鮮浪潮比賽來自五湖四海的評審都被它感染。

事實上它是去年參賽片中最老幼咸宜的。我去過幾次《1+1》的放映會，觀眾由中學生到一般大眾，反應都很熱烈，再次證明好的藝術往往不在乎技藝超羣。導演賴恩慈及編劇的楊秉基雖來自劇場，但《1+1》這部短片拍來卻很稱職。

導演◎賴恩慈
編劇◎賴恩慈、楊秉基
演員◎楊秀卓、簡詠兒
香港◎ 2010 年

關於回憶

《1+1》最討人歡心的是那可愛的小妹妹吧。這個叫簡詠兒的女孩，飾演戲中的孫女角色葉詠兒，跟楊秀卓演的爺爺做對手戲。兩爺孫住在菜園村，喜歡到城市種植富貴竹，對答有時針鋒相對的，煞是好玩。簡詠兒是天生小演員，表情、念對白既自然也生鬼，有時她突如其來的問題或反應，逗得觀眾哈哈大笑。好像她打破了爺爺的錢罌，就問爺爺會不會把她的龜仔放生；因為爺爺說過壞人做了壞事，要透過放生積陰德。然後她又問爺爺到底有龜先還是有龜蛋先？把爺爺弄得沒好氣。

《1+1》拍一對爺孫的小故事，同時呼應反高鐵運動。提到菜園村絕非偶然，影片不少細節衝着 2009 年底的反高鐵而來，如第一場的立法會大樓；「富貴竹」的典故也來自保衛菜園村的遊行，兩爺孫在背囊插着富貴竹頗像游走於鬧市的劍客；他們在寸草不生的行人天橋（天星及皇后碼頭原址）、裕民坊、波鞋街等地方種竹，行為超現實，其滄海之一粟，倒有對抗急遽都市發展的意味（「佢哋有佢哋拆，我哋有我哋種富貴竹」），姿態卻是從容不迫的。反高鐵運動中八十後青年發揮了抗爭的想像力（如五區苦行），《1+1》好像是這場運動的副產品——影片秉承運動，繼續質疑我們的主流價值及生活模式。這也是本地獨立電影的其一出路。真的，當「香港電影」成了「華語大片」的同等詞，社會的不滿情緒愈來愈高漲，必將有更多人意識到影像及說故事的力量。

留步至片尾字幕，便知道影片其實用了不少 my little airport 的音樂，包括《Donald Tsang, please die》及《瓜分林瑞麟三十萬薪金》等，都是沒歌詞的純音樂版本。熟悉歌曲的或許覺得配樂有弦外之音，不熟悉的只聽到一些輕快旋律。在兩爺孫互相捉弄、一同到城市種竹的情節中，my little airport 的音樂令場面加倍溫馨。

《1+1》情節裏一個趣味設計：爺爺小時候開始每天儲一枚一角硬幣，由 1948 年一直到 2010 年，一年一錢罌便六十二個了。他按當年爺爺的吩咐，每天對硬幣說出該天事，這樣可把記憶收藏。所以《1+1》也是關於回憶的，硬幣把虛無的記憶形象化了。細心看看，會發現爺爺的錢罌中，某些特別年份塗了不同的花紋，如 1975 年及 1989 年：1975 年是他兒子出生，唯妻子誕下兒子後不幸離世；1989 年對港人的意義則不用多說。

影片以一角來象徵記憶很聰明，意義也夠豐富。首先硬幣各有生產年份，幾十年來大小、圖案及顏色不一，硬幣本身已有故事（爺爺說1993年的一角首次沒有英女王頭像），這屬於社會層面。其次，爺爺利用錢罌累積一角，把個人回憶、幾十年來的悲歡離合，收納在一式一樣的錢罌之中。看着幾十個錢罌，回首前塵不勝唏噓。

充斥鄉鎮新舊生活衝突

再者，一角硬幣也是神憎鬼厭的老物舊物，曾幾何時有價值（當年天星小輪加價一角已造成騷亂），今天誰都不稀罕；像香港的生活模式被改頭換面、舊區不住被取締。《1+1》充斥了城市與鄉村、新舊生活的衝突。戲裏的場景：菜園村、裕民坊（及其後的apm）、美荷樓、嘉咸街、大角嘴、西九龍豪宅區，哪些更像一角硬幣的不合時宜形象，注定要被清拆重建？哪些才是社會主流的「城市發展」楷模？

爺爺作為一個回憶的守望者，我們看到他的掙扎及覺醒：面對塵封記憶如何自處？到底保住回憶重要，還是更珍惜眼前人？舊記憶如何造福新一代？很喜歡《1+1》這對爺孫組合，若套用反高鐵的「代際」說法，無論是四十後的爺爺，還是零零後的孫女，都可從對方身上得到啟發：「沒有過去記憶就沒有今天的我。」、「沒有爸爸沒有葉詠兒，沒有葉詠兒就沒有今天的爺爺。」《1+1》人物不多，除了爺爺、葉詠兒，還有身穿紅T恤、常在場景穿插的神秘攝影師（沒對白的謝至德）。最後才發現，幾者原來都有關聯。

據說《1+1》預備開拍續集，到時「經常不回家」（爺爺語）的兒子、即葉詠兒的七十後父親將登場，屆時三代同堂將擦出什麼火花？然在這以前，我更好奇爺爺與孫女在菜園村的家被拆後，他們會在哪裏繼續耕作的生活？他們對土地的感情如何得以體現？

22-05-2011

《桃姐》潤物細無聲

許鞍華所以是許鞍華，是她從尋常巷陌出發，把不起眼的小人物搬上銀幕。叫觀眾稍停匆忙腳步，看着劇中人感動共鳴。許鞍華所以是許鞍華，是她不過分渲染，凡事點到即止。戲劇來自人生，人生畢竟無常；她拍的無論悲喜，與其說什麼類型，不如說是世情。

「隨風潛入夜，潤物細無聲」，正好說明《桃姐》的氣度與襟懷。是的，桃姐（葉德嫻）的命運惹人垂憐。影片開首的字幕說，她自小沒有父母，跟養父母生活，十多歲開始當丫鬟。此後六十多年在梁家打工，侍奉過五代人。桃姐終生未嫁，無親無故，晚年因中風不良於行，只好入住環境不理想的護老院。換了是別人，這是很好的悲劇素材，許鞍華卻故意把戲劇淡化。護老院一幕，腳步蹣跚的桃姐上廁所，突然有人在裏頭暈倒，桃的朋友梅姑（許素瑩）又找不着她。當觀眾都以為桃姐出事，才看見另一個婆婆被送上救護車，桃姐目送她離去。

導演◎許鞍華
編劇◎陳淑賢、李恩霖
演員◎葉德嫻、劉德華
香港◎2012年

故意迴避煽情

婆婆就這樣一去不回了。女兒（江玉儀）回來執拾亡母遺物，泣不成聲。《桃姐》固然是桃姐的故事，但也關於她身邊的公公婆婆、不同年紀的婦女。那個女兒常埋怨母親只疼兒子，兒子卻從不現身。梅姑只屆中年，因長期洗腎而入住護老院，頭髮花白的老母常來探望。桃姐首次中風後，健康每況愈下，她每次病情轉壞、再度中風，有時只透過對白交代，有時場景一轉，她已判若兩人。陳淑賢的劇本、許鞍華的處理，故意迴避煽情，並沒把桃姐當成特別個案、賺人熱淚的悲劇人物，反而把她放在一眾面對生老病死的角色中間。有時她看人，有時人看她，護老院來來去去，人人殊途而同歸。

有些人物的篇幅雖少，他/她的生命卻令人好奇。甘草演員梁天飾演的院友穿戴考究，也會說英語，他怎樣流落到院舍去的？那個看見水晶球音樂盒出神的老伯又為什麼？秦沛演的堅叔行動自如，他可有家人及兒女？院舍的主任蔡姑娘（秦海璐）很忠於職守，新年也回來當值，但當桃姐問起她家人，她就一語不發。在《桃姐》的世界，即使晃眼即過的人物，都有心結或苦衷，都是有血有肉的——那些由名人客串的角色除外。

桃姐也許已算福氣，晚年得梁家少爺 Roger（劉德華）悉心照料，二人恍如母子。Roger 倒是慢慢轉變的：影片甫開始，梁家老少早已移民，美孚的舊居只剩 Roger 及桃姐。Roger 經常出差，家居由桃姐打點已成習慣。Roger 飯來張手，對桃姐不特別熱情，跟她沒太多交流，遠行也不辭而別；他從事電影業，公務繁忙，眼裏大抵只有自己及工作——畢竟老工人與電影圈是懸殊的兩極世界！直至他一次公幹回來發現桃姐中風，才留意到這個把他從小帶大、特別寵他的媽姐原來已經很老了。葉德嫻的演出當然好，劉德華的內斂也到位，最重要是他們加起的化學作用。Roger 帶桃姐看自己電影的首映，散場後一身盛裝的他們在街頭邊踱邊聊，桃姐挽着 Roger 的手臂，鏡頭拍着他們背影，好個溫馨的晚上。

宏揚大愛樂觀

許鞍華繼《天水圍的日與夜》後，繼續宏揚大愛及樂觀精神。《桃姐》的世界人不壞，老人問題的確嚴重，護老院的設備及空間也不足夠，但《桃姐》非要批評什麼福利制度，或利用安老服務斂財的人（護老院的老闆是黃秋生，可以壞到哪裏去？）。相反，人物有人味，社區有情懷（由美孚新邨到醫局街的杏林護老院），桃姐更是好人的典範。她總是笑容可掬，很包容（不斷給錢堅叔），念舊（捨不得掉那台陳年勝家衣車），很照顧朋友（大盅燕窩跟院友分吃）。下人當了幾十年，她慣了凡事替人設想，不大考慮個人感受；梁家回港三代同堂，邀她拍大合照，她起初極不願意，最後唯有盛情難卻。梁家上下對桃姐都很好（已故的梁先生指定房子留她安老），跟親人無異。

上一代女性含辛茹苦

幾年前看《天水圍的日與夜》，我看到母親的身影，她在製衣廠辛勤大半生，後來因為生產線北移，人到中年才被迫轉行。這次看《桃姐》我想起已故的外婆，外婆一直跟我們同住。父母打工，我們幾兄妹都由外婆帶大。我在大學的時候，外婆一次上酒樓時意外跌倒，得進院施手術。她手術後行動不便，家人因為要上班上學，她無奈只好入住護老院，自此沒再踏足家門。她入護老院後行動更少了，身體狀況更比不上從前。

當年每次去探望她就很心傷，外婆素愛整潔，以前在家天天打掃，很難想像在院舍連清洗假牙也得求人。護老院人手也不夠，不良於行的老人，在輪椅上一坐就幾小時甚至一整天不動，吃飯、洗澡、休息、吃藥都是流水作業（《桃姐》一個姑娘同時給幾個老人家餵飯）。有時回想，不知道那些年外婆是怎樣度日子的。護老院就是不歸路，幾年過去，外婆的健康愈來愈壞，院舍轉了幾家，終於在 2001 年離世，距今剛好十年。

外婆給我們講過三年零八個月的故事，說最艱難的時候，兒子出世不久就得送人；她年輕時連碼頭的苦力也做過。上一代的經歷，我們今天怎能想像？《桃姐》裏頭有多少個女性含辛茹苦的故事，我也數不清了。不是因為《桃姐》及《天水圍的日與夜》，不是因為許鞍華，這些其貌不揚的香港故事，會登上今天已被浮誇立體影像佔據的影院屏幕？

25-09-2011

《點對點》貴在不正常

有人說，要讓佔領運動結束，儘快回到正常生活。但什麼才是「正常」？天價的縮水樓正常？全街都是珠寶店正常？永遠的行色匆匆正常？貪得無厭的消費及物慾正常？社區全面被同化，生活方式給大集團及連鎖店壟斷正常？街道擠迫、車水馬龍、空氣污染正常？犬儒正常？甘於現狀正常？各家自掃門前雪才正常？

正好相反，佔領運動教我們對香港耳目一新；在「不正常」的佔領區內，反映了鮮見的「正常」：香港人原來並非漠不關心，在此你看到守望相助、耐性與品味（這方面反佔領者完全給比下去了）。佔領者自我要求嚴格，自治效率極高，地方井然有序，「可持續發展」絕非空談。年輕人充滿幹勁、承擔及創意，他們不辭勞苦，運動細節照顧得異常周到，「一代不如一代」之說不攻自破。

導演◎黃浩然　　演員◎陳豪、蒙亭宜

編劇◎黃浩然　　香港◎ 2014 年

關於佔領的創作洋洋大觀，由文字、圖像到影片，情詞懇切到幽默挖苦兼備。街道的可塑性遠超想像，公共空間、野餐場地、演說台、民主牆、讀書組、補習社、單車徑……在那裏徒步感覺自由。物資供應、提供的服務像個大同社會，天地有正氣。大圈小圈圍坐，隨時論政、講故事，一個接一個拿起咪高峰，到處是有理有節的演說者。從前讀澳洲作家 David Engwicht 的 *Street Reclaiming*，羨艷，覺得遙不可及，在港只能紙上談兵。今天重奪街道，才明白「不正常」的可愛可貴。給大陸說爛的「和諧社會」，此地由民間一力打造了。

香港、香港人從此不再一樣，有點覺得一切都會迎來新時代，「香港電影」應該不例外。黃浩然導演的《點對點》4月在電影節首映，今天才正式公映真好。面對時代更替，《點對點》提出生活及空間的另一種可能。不只觀眾了，即使對創作者他們，影片的意味比半年前一定深遠更多吧。

七十後導演個人投射

在《點對點》中，陳豪飾演的主角黃雪聰很「正常」麼？辦公室的閒言閒語、八卦、唱 K

他沒興趣。他是「外歸」中產設計師，生活無憂。他不開車，拒當「樓奴」（「咁辛苦搵錢返嚟，點解唔做啲其他嘢？」），電影裏面一棟快要蓋好的豪宅叫「岸居」，我們都笑了。雪聰頗不吃人間煙火的，閒來愛四處踱步，觀察、拍照。他主張「慢活」，不把「效率」掛在口邊，有廢物回收的習慣（同事對他把空樽洗洗才扔掉，感到不以為然）。雪聰像我們一樣，放假愛旅遊，但他不是一般吃喝消費，而是到台灣踩單車環島；貼近海岸，賞覽自然風景。

不得不承認，杯葛 TVB 很多很多年後，《點對點》令我對陳豪另眼相看。電影中他溫文儒雅，瀟灑的孑然一身；總是不慌不忙的，臉上常掛笑容，在女孩跟前有時顯得靦腆。很久沒在香港電影看到如斯直率、可愛的男生。久未露面的邵仲衡飾演陳豪好友，角色比較勢利務實，看上去更「香港」，但絕不討厭。邵在片中對陳不停抱怨，然而朋友叫到還是義不容辭。邵仲衡的本色演出真逗趣（演藝圈容不下他多可惜），一見他我就笑不攏嘴。他跟靜態、古肅的陳豪，儼然一對正氣的活寶。

惦念老香港

黃雪聰最重要的還是念舊，他搬屋後久久執拾不好，拆箱把玩舊物沒完沒了，把自己沉浸在往昔的美好時光。他不像很關心政治，但執著歷史回憶，對皇后碼頭的抗爭耿耿於懷（此細節有點牽強），也參加每年的六四維園集會。如果黃雪聰真有其人，我敢打賭他今天一定到金鐘的佔領現場（是的，他比較不像旺角的留守者），以一身白領打扮落手落腳掃街、或向學生送飯。

雪聰最惦念成長的七十年代，包括《兒童樂園》及荔園大象等集體回憶，還有 1972 年 10 月的銅鑼灣大丸百貨的煤氣爆炸事件，雪聰的姑姐因為那場意外斃命。姑姐生前對雪聰很好，所以四十年來他念念不忘。陳豪跟黃浩然同是七十後，黃雪聰一角是黃的個人投射（姑姐故事正來自他本人）；看片如見人，可想而知黃浩然是個性情中人。

《點對點》的主題是記憶、鄉愁，在變化急遽、人們健忘的今天彌足珍貴。自由行今天「血拼」的銅鑼灣名店坊，乃昔日大丸所在，銅鑼灣那時候更有「小東京」美譽。對老香港而言，大型百貨公司是認知世界新奇事物、生活時尚不可或缺的窗口。影片提醒我們了，大丸早已不存在，紅色小巴車站卻仍以此命名。我們習以為常，沒意識到這亦算一種念舊現象。正規公營服務不可能用上的地名，竟然在相對市井的小巴中傳承下來了。

在公共空間重塑回憶

當然，懷舊在今天已蔚為熱潮，甚至變成商機，「集體回憶」幾個字有點陳腔濫調。現在老店結業，都招來一批拍照、到此一遊的觀眾。《點對點》聰明在不停留在某些一窩蜂的懷舊符號。由《兒童樂園》的點線畫出發，雪聰想出了在地鐵站牆壁畫「點線畫」的主意，由點點拼湊成代表各個地區歷史的圖案，像柴灣的「魚」、銅鑼灣的「煤氣」、美孚的「大象」（代表調景嶺的可是「青天白日旗」？）。我們不應只做時代見證、被動的感懷老店結束，倒應像雪聰一樣製作自家地圖，在生活痕迹被洗刷淨盡的公共空間，重寫歷史，重塑回憶，重奪話語權。

剛好是當下佔領運動一個重要命題。佔領地區不獨被規管得井井有條，空間的命名亦不停在跟官方角力。抗爭者強調要奪回的「公民廣場」，政府屢「正名」為「東翼前地」。還有「光明磊落的暗角」，一定更快被官方遺忘，因為它令「不偏不倚」的警方自打嘴巴。除此以外還有獅子山上的「我要真普選」旗幟，雖然只短短掛了一天，網絡所見，已延續到所有「獅子頭」上了，好像連 Google 地圖亦作標示（網絡又是另一個戰場了）。

「暗角」的 DIY 路標被移除了，我們還會銘記於心。在香港人心中，巍峨的獅子山，會跟醒目的黃黑掛幅扣連在一起。還有「連儂牆」、「遮打自修室」——今天的中學生，二、三十年後一定記得在干諾道上過學長的補習課。提起「不偏不倚」的警察不得不佩服《點對點》，看片時覺得它怎麼對警察有點懷恨於心的，今天佔領運動之後回想，影片其實有「先見之明」。陳豪及邵仲衡在寶雲道「推」單車，以及陳豪夜裏在地鐵站石柱上預備噴圖案，遇到的警察都不是好惹的。

在橫街小巷了解香港

《點對點》由黃雪聰的「塗鴉」帶出另一個重要角色，蒙亭宜飾演的小雪，一個從長春來港教書的女子。跟很多大陸旅客比較，小雪亦毫不「正常」。她開始時候不出外，不喜歡逛街、購物，對旅遊景點沒興趣。後來漸漸願意走出去，逛的是小巷橫街。她看到了香港作為「購物天堂」的另一面，也因此發現了雪聰留下的點線畫。小雪循線索追問下去，隔空跟雪聰比IQ，還找起世紀初的界石來，加深了對香港的了解。

雪聰及小雪兩個人物，好像奇斯洛夫斯基（Krzysztof Kieślowski）電影的平行時空（我們這一代受奇氏影響很深，黃浩然應不例外？），彼此不認識，總是擦身而過，向左走、向右走，但彼此的心很接近。他們的共通點是，在城市樂得逍遙，沒有惶惶不可終日，有一套自家生活法度。佔領運動不是說「別忘初衷」？坦誠很重要，別為了利益出賣自己，雪聰與小雪就是兩個很好的例子。在焦躁的香港竟如此心安，他們比較「不正常」。但《點對點》說得很清楚，這跟財富多少沒關係，來自做人的自信，是你我皆可覓得的生活智慧。

獨立影圈人，演出撐場

喜歡《點對點》的清新，沒有大起大落，宛如白開水，顏培珊動聽的歌聲應記一功。影片所有演員皆中看，除了陳豪及邵仲衡，還有飾演校長的邵音音，演小雪同事的林子聰。邵音音未忘前事，若有所思；林子聰插科打諢，替影片添上不少歡樂。《點對點》還窺見了獨立影圈的團結，崔允信、黃修平、曾翠珊、蔡甘銓、金佩瑋等粉墨登場。《大藍湖》（2011）的 in-joke 除了他們，觀眾不懂笑吧？不過熱熱鬧鬧的，大家盡點綿力也好。

公民抗命、公民意識覺醒後，香港電影可迎來一個嶄新時代？以後要撰寫香港電影歷史，2014 年會像 1989 及 1997 年一樣變成發展的分水嶺？若是，還原基本的《點對點》便開時代之先河了。

26-10-2014

《五個小孩的校長》精誠所至，金石為開

尊貴的讀者，若你仍未看《五個小孩的校長》，先別讀下去好了。不是怕劇透，倒是希望你趕快去看。縱使有古天樂及楊千嬅，但戲名及包裝畢竟有點「土」，宣傳費似乎不多，沒有很多人知道。深怕它悄悄公映又落畫，白白糟蹋了一部好電影。

看《五個小孩》教我幾度淚流滿臉，當然眼淚的多寡不足以評定電影好壞。但看完回想，它很煽情麼？個別情節或許是吧，但更多的感動，在於其單純、善良與赤誠。今天香港禮崩樂壞，當官的搬弄政治修辭、謊話連篇，踏實及善良的電影益見珍貴，所以它「土氣」是應該的。

故事改編自真人真事：元朗鄉村的元田幼稚園學生寥寥無幾，快被政府「殺校」。大病剛癒的呂慧紅（楊千嬅），透過媒體知道事件，不嫌薪金微薄（每月四千五百元），自薦擔任幼稚

導演◎關信輝
編劇◎關信輝、張佩瓊
演員◎楊千嬅、古天樂
香港◎ 2015 年

園的校長兼校工。她教導的五個小女生，來自四個家庭，背後各有辛酸。元田幼稚園由校舍、家長到學生都很邊緣化，呂校長的工作不被看好（財大氣粗的鄉公所不停澆冷水），慶幸丈夫東哥（古天樂）體貼溫柔，對她無比支持。東哥在博物館工作，埋頭苦幹做大比例模型；然展覽的科技時移世易，他也面臨被取締的命運。

打工除了金錢，還有什麼

故事一開始就說這對夫妻辭職不幹了，東哥不滿老闆（何國榮）搞展覽看重省錢的立體投射，呂校長則厭倦了應對名牌幼稚園「精英班」的怪獸家長。悲哀的是，夫妻職場失意之日，剛好是結婚十周年。他們是念舊的，晚上來到同一家餐廳慶祝，侍應（李成昌）叫得出他們的名字來。他們站在「As Time Goes By」的背景前面再合照，回看寶麗萊照片的十年人事，難免唏噓。利字當頭的社會「發展」迅猛，令人不趕時髦便不合時宜；東哥與呂校長結婚十年來，香港已變化多少？這對中年夫婦，好像漸漸被主流社會淘汰。

不過「中年危機」正是思索契機：營營役役所為何事？打工除了金錢還有什麼？為了五斗米

我們可以去到幾盡？若有幸為人師表，作育英才，應該有哪些做人的原則及使命？千萬年薪重要還是百年樹人重要？做人若沒準則，容易人云亦云，隨波逐流，從事教育的不例外。香港的教育素來光怪陸離，政策愈改愈糊塗，產業化令師生演變成賣買供求關係。《五個小孩》只是點出學前教育一點荒謬現象而已，就已經叫人額手稱慶、暗暗叫好了。

那幾被遺棄的元田幼稚園，反而更見教與學的真誠（順帶一提，教育改革的「巨獻」之一，是以為把「教與學」說成「學與教」，言語上主客易位，學生便重拾主導權）。五個小女孩來自低下家庭，物質匱乏的成長環境讓她們更懂性。從事裝修電工的何伯（吳耀漢）體弱多病，女兒小雪不過幾歲，已擔起照顧父親的責任。「仗義每多屠狗輩」，《五個小孩》在這方面有少許浪漫化之嫌，幸好不算嚴重。

它透過對比說明了，什麼父母、階級即管教出怎樣的兒女。學校旅行日，四個家庭的父母跟子女在郊外玩得融洽，元田幼稚園的小女孩，還跟同場的傷殘人士打成一片。回看那邊廂的鄉公所主席兒子，身光頸靚，梳起跟父親一樣的飛機頭，來到郊外卻沉迷電玩，母親為寶貝仔打傘。兒子小小年紀，跟父母長着同樣狂傲自大的臭臉。難怪說，子女是父母最好的鏡子；「龍生龍，鳳生鳳，老鼠生兒會打洞」，一切與人無尤。

最好的教育，在老師的「心」

關於教育，《五個小孩》的呂校長說：「最好的教育，不在設施有多好，而在老師的『心』。」在電影中同樣的「辦教育」，元田跟九龍塘名牌幼稚園及名師補習社的差別也在於此。呂校長來到元田執教，不止五個女學生得益，她也獲得前所未有的教書體驗。學生居住環境破落，但心靈富足，她們的故事讓她非常感動；只有一位畢業生的畢業禮，令她永世難忘。看着呂校長的循循善誘，着她們有夢想；有教無類，進行家訪（小班教學的好處！）。一個都不能少，為了令學生上學無牽掛，她想盡辦法為她們解決家庭隱憂（盧嘉嘉父母被收地的惡霸欺負，呂校長帶頭劏走泥頭，後來更找來區議員出面）。

看着呂校長，像母親般噓寒問暖、不辭勞苦，想起了木下惠介經典《二十四隻眼睛》（1954）的高峰秀子，只是呂校長面對的不是「二十四隻」而是「十隻」眼睛而已。說來諷刺，香港電影最不景氣時候，女星反而放下身段與固有形象，接演令人印象深刻的角色。

《雛妓》（2015）的蔡卓妍，到這一次的楊千嬅，都脫離了昔日的青春、「本色」演出，給人煥然一新的感覺。

元田幼稚園的設定很堪玩味，好像走進閘內，就跟凡塵俗世隔絕一樣，時空給凝住了。不難留意，《五個小孩》畫面多番強調幼稚園校舍上的「1950」字樣。我多心揣測，編導藉學校緬懷「老香港」，尤其是透過中聯粵語片的五十年代想像，《危樓春曉》（1953）中「人人為我，我為人人」的同舟共濟、不屈不撓精神。

這凝固的過去美好想像，當然是跟今天的香港作對照。校舍閘門之外，元田村居民本來很港式犬儒，士多何老闆（秦煌）及夥記竟然開盤，打賭幼稚園何時正式倒閉！呂校長剛到埗，何老闆暗裏嘲笑她「博出名」；掃地的康民署職工（黃文慧）亦天天奚落：「今日唔執聽日執。」但到末了，元田村的村民，無一不對幼稚園好奇，無一不被呂校長及五個小女孩打動。他們應該以元田村有這家學校為榮，因為它給土地賦予了更美好的意義。電影的信息很美好（或可說天真），呂校長、小女孩及她的家長們，只要堅持無私大愛、善良善心、互助互愛，就不懼地產霸權威嚇，精誠所至，金石為開！

新舊演員，共治一爐

有沒有覺得《五個小孩》故意把舊物、舊歌及舊臉孔堆得滿滿？邊看邊喜出望外，熟悉的電視藝員共治一爐，念舊得如杜琪峯的電影。「香港八幾」的李成昌，TVB常見的秦煌、黃文慧、吳浣儀（她演的嫻姨跟珠女又是一段感人肺腑的關係）、龍天生、馮素波（演呂校長的母親，是個祥和長者）……還有馮淬帆（演幼稚園的校監）及吳耀漢！天啊，他倆上次的合作，難道已是八十年代的「五福星」笑片？

三十年過去，兩人一把年紀了，星味銳減，演平凡角色剛好。吳耀漢演的何伯，是個欠缺社會條件的技工，回大陸娶妻；吳把老來得女卻無法跟妻子團聚的小人物，演得入木三分。《五個小孩》是一部善良的電影，除了鄉公所的馮大威較討厭之外，故事裏頭沒有壞人，但他也只是佔些口頭便宜，並沒什麼大作為。

《五個小孩》的舊歌不少，呂校長教學生唱《小太陽》表演，今天幼稚園還唱這首歌麼？畢業禮上的《友誼萬歲》，兩首詞皆出自鄭國江之手。無巧不成話，看來是編導對鄭情有獨鍾，影片用陳百強的《喝采》配樂，歌詞也由鄭填寫的。一直看《五個小孩》就已經鑾激動了，《喝采》的音樂不停響起（陳百強作曲），後來真把歌放出來：「路上我願給你輕輕扶，你會使我感到好驕傲」，襯着東哥對妻子的悉心照料，我更不能自已了。

重溫《喝采》的歌詞，今天還可以寫出這樣勵志、動聽的好歌？「懷着信心解開生死結，雲霧消失朗日吐。」給我們在「後雨傘」共勉吧，不忘初衷，但願不遠將來撥開雲霧見青天。而提起《喝采》，在那個年代走過來的，誰又能忘記英年早逝、享年只有三十五的Danny Chan呢！

最後不得不說，《五個小孩》有港片最出色的兒童演員。整體很自然，充滿童真！我的眼淚有一半是為小女孩流的。港產片從來虧待兒童角色，總是把他們寫成老人精、人細鬼大。這片打破此陳腔濫調。演盧嘉嘉的小女孩（傅舜盈）尤其厲害，結尾畢業的戲一氣呵成。導演關信輝看來對小孩很有辦法。佩服！

22-03-2015

後雨傘《十年》想像

「想像」——這陣子電影的最熱門關鍵詞。

《哪一天我們會飛》（2015）的主題曲《差一點我們會飛》，高喊「仍然要相信，這裏會有想像」。「怎會零創傷」的雨傘運動剛好一個年頭，我們為了「不能言傳的夢」（「飛」＝普選？），「闖蕩在未知裏」。歌詞及電影提醒不要忘本，「記得」很重要。代表「初衷」與「夢想」的手工飛機，翱翔在曾懸掛「我要真普選」巨幅的獅子山旁。中年危機的中產夫妻少小離家老大回，跟後生打成一片；「這裏（我城）」於是仍有想像，後雨傘的寄寓相當明確。

電影節 CineFan 節目的本月主題也叫「想像」：「法國新浪潮的未來想像」。不理左岸右岸，由高達（Jean-Luc Godard）、杜魯福（François Roland Truffaut）到基斯

〈冬蟬〉

導演◎黃飛鵬

編劇◎黃靜、黃飛鵬

演員◎黃靜、劉浩之

香港◎ 2015 年

〈浮瓜〉

導演◎郭臻

編劇◎梁佩佩、鍾柱鋒

演員◎利沙華、陳彼得

香港◎ 2015 年

馬爾卡（Chris Marker）的科幻電影，設想的未來無不危言聳聽。《阿爾伐城》（*Alphaville*，1965）的人臣服在超級電腦之下，不再問究竟（why）；《烈火》（*Fahrenheit 451*，1966）的主題是禁書、焚書，書本是前人回憶，焚燒是粗暴的清洗記憶。經過了雨傘洗禮，今天回看這一系列批判極權的科幻片，着實別有滋味在心頭。馬爾卡的《第五關》（*Level Five*，1997）及《堤》（*La Jetée*，1962），形式顛覆目不暇給，亦好見證他玩味記憶的看家本領。當然還少不了同期重映的經典《2020》，三十多年前片子。它推算的 2019 年科技還沒出現，但關於複製生命（clone）的倫理卻很先見。影片中未來的洛城不見天日，部分意象原來借鏡香港。

義無反顧講政治

然後，正在舉行的亞洲電影節，有部新鮮出爐的本地短片合集《十年》，亦是「未來想像」。裏頭的五部短片，題材及風格五花八門，說的是十年後即 2025 年的香港故事。

〈本地蛋〉

導演◎伍嘉良

編劇◎伍嘉良

演員◎廖啟智、許育鳴

香港◎ 2015 年

〈自焚者〉

導演◎周冠威

編劇◎周冠威

演員◎吳肇軒

香港◎ 2015 年

〈方言〉

導演◎歐文傑

編劇◎歐文傑、何鳳麟、鍾翠怡、楊詩璐

演員◎梁健平

香港◎ 2015 年

五部片由十來到二十多分鐘不等，依次分別是郭臻的〈浮瓜〉、黃飛鵬的〈冬蟬〉、歐文傑的〈方言〉、周冠威的〈自焚者〉及伍嘉良的〈本地蛋〉。歷來香港的短片結集不多，若無記錯，對上一次已是2008年的《十分鍾情》。《十分》當年有刪剪風波，某片因涉六四話題，在大陸送檢時被刪，短片由十變九，香港公映版亦難倖免。對比起來，《十年》的製作團隊更年輕，拍來更沒包袱，五部短片全部義無反顧的講政治，諷喻時局、影射當下香港。其中周冠威的〈自焚者〉，說不準是去年雨傘運動後，第一部重現「九二八」場面的香港電影。當然製作條件所限，場面不至於宏偉；然而，只見手無寸鐵市民奔竄躲避催淚彈煙霧，好比關錦鵬《藍宇》（2001）一場夜戲暗示六四血腥鎮壓，只要氣氛抓對了，即使只驚鴻一瞥，已是有力的時代見證。

《十年》有多敢言率直，看看郭臻〈浮瓜〉的故事設定可知：十年後的五一勞動節，「建制派」議員在一所中學搞慶節活動，派愛心米、搞攤位遊戲。同一校舍內，一項政治陰謀正在秘密進行。疑似中聯辦的代表（樂見《小武》的王宏偉參演港片），透過電話為「主任」傳話，與幾個建制政棍及警隊「一哥」密謀商議，準備委託黑道份子作中間人，在節慶活動上演一場自導自演的「恐怖襲擊」：行刺議員，令輿論嘩然、公眾恐慌，控制民意，讓中央乘勢在香港推出國安法。主使者的考慮，是到底開槍打男的還是女的更有效。女議員名林瓊梓，輕易叫人想起今天「前途無量」的「李X琼子」（仿AV女優的別號真絕）。另一邊廂，兩個嘍囉在另一班房聽候黑道大哥的命令，一是肥胖的中年失業漢（光頭卻叫「長毛」），十年前來港後百業蕭條，入黑社會只為打長工；一是南亞少年Peter仔，從名字可知是個平凡人物。〈浮瓜〉濃縮的敍事時空，議員、政棍與嘍囉三段戲互相穿插，趣味盎然。全片以風格鮮明的黑白拍攝，配樂（電結他與大提琴）及剪接（像擲銀決定命運接上攤位遊戲）都有神來之筆。

造就純本土電影可能

〈浮瓜〉的選題大膽，拍來充滿黑色幽默。若記得去年佔領運動期間，黑白二道裏應外合的清場手段，就明白它並非無的放矢。難怪說最壞也是最好的年代，香港電影工業暮氣沉沉，「香港電影」的身分含混不清，反倒造就了這種純本土電影的可能。

我甚至覺得《十年》可以跟「法國新浪潮的未來想像」對讀，兩個節目正來得合時。你有燒書的《烈火》麼？《十年》也有伍嘉良的〈本地蛋〉。〈本地蛋〉比〈浮瓜〉溫文，同樣的2025年，故事坐落在幽靜的象山邨。廖啟智演的士多老闆，販賣的雞蛋來自香港僅餘的農場，可惜打着「本地」旗號即屬違規，因「本地」是避諱詞不容說也。身穿解放裝的「少年軍」說要向長官稟告，年紀小小就一副要批鬥的嘴臉，看着叫人哭笑不得。在〈本地蛋〉的故事世界，連《叮噹》漫畫都被禁了，跟《烈火》一樣荒唐。

黃飛鵬的〈冬蟬〉是最科幻的一部，結合詩意與囈語，片上文字具設計味。畫面質感豐富，場景疑幻疑真。中間一兩段蒙太奇很奪目（星雲、青蛙、蟲等），後製技術毫不失禮，營造出荒涼像廢墟的未來。我們只見到黃靜（身兼編劇）及劉浩之演的一對孤獨伴侶，負責把物件有條不紊的製成標本及存檔，好一個守護記憶的形象化設計。歐文傑的〈方言〉則比較簡單，想像十年後廣東話在香港完全被邊緣化，日常熟悉的詞彙已被大陸用語取締（「貝克漢姆」而非「碧咸」）。一個不諳國語的計程車司機，工作上連番挫折委屈，兒子也快瞧不起他了。

周冠威的〈自焚者〉野心最大、難度最高。短片以偽紀錄片方式，找演員扮演受訪的學者、抗爭者等，就2025年一宗在英國領事館自焚的事件發表意見。影片氣氛悲情，前文說，〈自焚者〉重演了去年的「九二八」：當馬路上煙霧瀰漫時，一個叫歐陽健鋒的年輕人（吳肇軒）來到防暴警察跟前，雙手合十、低頭禱告，最後被「黑警」打得頭破血流。十年後，歐陽是首個違反廿三法條被判入獄的人，最後在獄中絕食至死。沒有烈士，世界就不會改變了？〈自焚者〉其中一句 sound bite：「共產黨的邪惡，不是一般常理可以推測的。」

無巧不成話，關於 2025 年的未來想像，這陣子還有賈樟柯的《山河故人》（2015）。故事由 1999、2014 說到 2025 年。在未來段落，來自山西的老闆張晉生（張譯）已在澳洲落地生根，中國人總是如此漂泊的。他的兒子是個自小欠缺母愛的竹升仔，跟家鄉及生母完全斷了聯繫。他幾乎連母親名字都記不起，但對葉倩文的《珍重》還依稀有點印象，那是母親當年很喜歡的一首歌。

《十年》及《山河故人》，看着看着，說不出對未來的感覺。

15-11-2015

Who's afraid of《十年》?

都說人有人的命，戲也有戲的命。

《十年》當初一定沒有預計今天成果。獨立電影我們看得少麼？充其量在坊間映幾場，巡迴一下電影節就算了，觀眾人數多則數千吧。《十年》由場場爆滿到榮升「最佳電影」，成為talk of the town，乃時也命也。沒有雨傘運動、六八九集團、警譽掃地、粗暴高鐵、李波事件……就沒有「十年」現象。當然，《十年》得獎同人，應要感謝大陸喉舌報的推波助瀾。

上週日金像獎典禮上，爾冬陞宣佈《十年》得獎一刻，影片立即成了面照妖鏡。恐怕是金像獎三十五年來沒見過的場面，資深電影人什麼風度都不顧了，索性拒絕拍手，以臭臉回應賽果，真好看！我們真不用艷羨旁人，奧斯卡多年前頒獎給伊力卡山（Elia Kazan）惹爭議，自由派影人鄙視卡山當年「二五仔」行為，怒目切齒，今天我們的影人有樣學樣。不過他們絕非伸張公義，不拍掌的背後，不是輸打贏要，就是要向主子表忠吧。幾天下來，資深電影人繼續對《十年》口誅筆伐，把它看作殺父仇人。所以，《十年》單是讓我們看看一眾嘴臉，已經值回票價了。

誰「綁架」了專業？誰「騎劫」了獎項？

真有「實至名歸」這回事?! 各人有各人標準。你說《十年》未夠班，我更慨歎《寒戰》(2012) 爛透。相對而言，資源龐大、經驗豐富拍得一塌糊塗，比起獨立電影青澀、不完美更罪無可恕。金像獎經常失諸交臂，《天水圍的日與夜》競逐那年，本來節節勝利，然最佳電影卻給了《葉問》(2008)（黃某人上台說「之前有少許失落，不過沒關係，最佳電影已包含了所有最好東西」）。《日與夜》富人文關懷，以善良回應「天水圍城」現象，更借師奶故事，側記香港今昔；《葉問》則是英雄主義功夫片，比起從前同類多些人性的 touch，不過說到底是發洩大於其他，而且政治正確無誤。在香港電影的憂患年代，金像獎選民最後把選票給了《葉問》，大抵認為，那才是工業的未來指引。

無可厚非，人各有好尚。既參與金像獎遊戲，就要認同它的遊戲規則。《十年》得獎的批評論點，一說「情緒蓋過理性」？若相信機制及專業，怎可以咬定投票者只憑一個準則？即使很多人真的為了啖氣，要問的是「氣」的由來，而不是怪得獎影片吧？不見得，但凡是本土或「港獨」題材的獨立片，就一定走上「最佳電影」的提名路，世事如此簡單就好了。

另一說「政治綁架藝術」，金像獎真是關心「藝術」？政治與藝術真可以劃分？從來不是親建制影人帶頭把電影「政治化」麼？！看看議會中的所謂「文藝界」代表吧。投票屬個人意向，說「綁架」或「騎劫」好笑，電影人是返大陸見慣人大政協，以為「投票」即是「舉手機器」，是可以被控制的？金像獎之前，倒沒聽說有人要替《十年》拉票什麼的。然後，輸打贏要，大吵大嚷說要改賽制的人更可恥，為了示忠不擇手段。連小小一個電影投票都如此自我審查、數典忘宗，難怪香港變成今天這樣。

金像獎也不是鐵板一塊，幾十年來口味翻了幾翻。最初是影評人獎項，影評人齊心嘉許新浪潮電影，推崇方育平、許鞍華及嚴浩等導演，當時同樣有反對聲音。後來獎項改制，開始頒給賣座片。三十五年來，得獎的電影，主流、小眾什麼口味都有。CEPA 後香港影人的焦慮，合拍與本土的糾葛，也在金像獎的賽果中反映。《十年》最大意義不止是「共鳴」，它打破了我們對「香港電影」、「金像獎影片」不少成見，提出很多「Why Not？」很多人批評〈冬蟬〉，但別小看，它應是香港歷來接觸最多受眾的實驗創作，教很多人驚訝（或不解或憤怒），暗忖（媽的）電影原來可以這樣子！如果金像獎從前可頒給《半邊人》（1983）、《阿飛正傳》（1990）、《籠民》（1992）、《香港製造》（1997）、《打擂台》，看不到為什麼不可以是《十年》。

領獎難得的那份謙遜

有些無知者說「那我也拍激進題材拿獎好了。」拍吧！真樂見香港電影有更多商業、類型以外的選擇，更多關心地方的故事。哀哉！拍了幾十年影片的人還不知道，藝術成就不是計算可得、獎項亦不是，《十年》出乎所有人（包括攝製者）意料。另一些無知者說，「電影應該有國族認同」，真虧他們說得出，各地（包括美國）反政府的電影肯定看得少。「愛國」何只有一套模式？看看之前一部偽紀錄片 *Death of a President*（2006）好了。

上週《十年》眾人領獎，最令人感到不同的是他們那份謙遜。以往財大氣粗的見不少，有些好像應分的（如上述《葉問》得獎時）。管你再資深，電影（藝術）世界這樣大，在它跟前誰不渺小？《十年》得獎掀起一些歪理抨擊，如「短片算什麼電影」、「低成本怎可拿獎」之類，足見香港雖曾盛產電影，此地電影光譜之狹窄，業內竟有人如此無知。《十年》正好是起步，讓更多人看看「香港電影」還有什麼可能性，不要再跟風濫拍、墨守成規。

至於那個頒獎禮，多少年來只用大台做大騷的邏輯，找來娛樂藝人插科打諢，經常貽笑大方。很多時候，正正是這個電影頒獎典禮帶頭不尊重電影。香港的電影工業悠久並強大，獨立電影躋身頒獎禮殊不容易，《音樂人生》（2009）提名那年，有明星半開玩笑在台上說，若紀錄片成為主流，大哥大姐注定沒工開了。唉，電影拍了大半生，開口埋口的還是「搵食」。少憂心喇，幾年下來證明，紀錄片怎會動你大哥皮毛?! 去年《點對點》提名，有主持人挖苦影片只在偏遠零星戲院公映。名人啊，你們都是坊眾熟悉的臉孔，憑電影名成利就；獨立電影、紀錄片只在電視機前曇花一現，何以連基本的包容尊重也不懂？當然，明星、主持背後有撰稿員，他們大多是電影人。電影人為何集體為難獨立電影，又是另一個要深究的課題了。

今年頒獎禮，年輕得體

然後，今年的金像獎頒獎禮出奇地年輕、得體。我陰謀論估計，這可是《十年》「副作用」？若已知最佳電影誰屬，或明知大陸封殺，很多人（包括頒及領的）不趕今趟渾水，不如給年輕一代多些機會吧。於是，今年頒獎禮感覺清新。最起碼，它由主持選擇開始，收斂了多年來的嬉皮笑臉（《十年》因為敏感，慶幸沒有像《點對點》成講稿的嘲笑對象）。大家願意少講無謂，更多回到「電影」本身。仿奧斯卡的「最佳編劇」剪接可取，說明文字的作用，連林敏聰出場都是介紹什麼是電影配樂。

至於劉青雲在典禮開始時介紹賽制、定義「香港電影」，在我陰謀的看來或有「劃清界線」況味，恐怕亦是因應《十年》而設計的（重申賽果是選出來的，不是金像獎協會可左右）；但亦算申明了制度的可貴。另外，幾年前因為香港電影不見出路，金像獎頒獎禮突然「歷史」，大談黎民偉什麼的，嘗試引進歷史 context，不只格格不入、異常尷尬，慶祝「港片百年」更不求甚解（學術圈仍未有定論）。今年把「歷史」回到「人」，童星出場環節有口皆碑，而且同樣由新一代引發（由《五個小孩的校長》的小孩牽頭）。

典禮整體而論，《踏血尋梅》（2015）具港片新派風景，男配角白只與女主角春夏俱很年輕，最佳歌曲《差一點我們會飛》的主唱者黃淑蔓更只有十五歲！新演員陸續介紹最佳電影，游學修爆肚私下寄語，不負眾望。整晚高潮是宣佈《十年》得獎一刻，畫上圓滿句號。別說《十年》，金像獎亦令人耳目一新！它受到近年難得的注目，年輕網絡一代的話題，我是金像獎協會要好好感激《十年》。有危便有機，爾冬陞在台上示範資深電影人的不亢不卑。青壯兩代互相輝映，這怎可能不是金像獎最漂亮的一年?!

以後歷史會記着，香港電影的改朝換代，由2015年的《十年》開始。

10-04-2016

《樹大招風》新導演交出佳作

《樹大招風》證明，「香港電影」有其生命，我們不用過分憂心。

許學文、黃偉傑及歐文傑，不過是初出茅廬的年輕導演，之前拍學生短片，拿過「鮮浪潮」比賽獎項，巡迴過一些國外影展（歐是《十年》導演之一，《十年》名副其實亦「樹大招風」）。杜琪峯想訓練新人，銀河影像吸納了三人，拍成這部《樹大招風》。三人電影科班、略有經驗，但換上工業製作又是另一回事。讀坊間報道便知，《樹大招風》由籌備到拍竣，前後歷時五年。監製杜琪峯及游乃海要求非常嚴格，三人各只拍三十分鐘（許拍林家棟，黃拍陳小春，歐拍任賢齊），已吃不少苦頭。但若今天從成果論英雄，這些年的工夫、等待，看來都是值得的。

從劇本而言，《樹大》示範了港片少見的認真與紮實。三個大賊主角，各有真實原型（葉繼

導演◎許學文、黃偉傑、歐文傑　　演員◎林家棟、陳小春、任賢齊

編劇◎龍文康、麥天樞、伍奇偉　　香港◎2016年

歡、張子強、季炳雄），故事只拿了原型的部分特徵及事件，更多是創作者的構想。構想不是完全的空中樓閣，而是要把人物拉回時代，還他們「人性」，想像他們在什麼處境，有何慾望與焦慮。任賢齊演的葉國歡就是一例，他的兄弟被擊斃、贓物被壓價。在公海，他見海上的電器走私如此輕易，看了看手上的AK47，暗忖為何還打生打死？於是選擇轉行。不過葉想得不夠周到，因為從此要仰人鼻息、奉迎大陸貪官，大魚大肉應酬（葉對吃很簡單，只愛鹹菜扣肉）。葉國歡故事一個設計有點刻意，但很能說明原委：他做大賊時很剽悍、是眾人大哥，都是別人替他點煙的，改行走私後變得唯唯諾諾。他為海關一個芝麻官點煙，官員說「行了」（拍他手背慢鏡頭），葉當場呆住，好像感歎，自己怎麼弄得如此委屈。

各「不甘心」賊王合作

《樹大招風》呈現的三個大賊，各有各的前因後果、各有各的「不甘心」。除了葉國歡外，陳小春的卓子強連大富豪公子也綁架了，幾十億贖款一下子到手，他的「事業」到達「瓶頸」。林家棟演的季正雄，身分撲朔迷離，做事小心翼翼。他本來看準打劫九龍城小金行，卻因為見證投注站內馬迷的瘋狂而得到啟示——好一場匠心獨運的場面調度，幾乎沒有對白，只憑各人反應，以影像說故事；季與大圈仔三個「局外人」之形單隻影，對比眾馬迷的集體失落、「3T」派彩的盆滿缽滿，「馬會好過搶」的信息再明確不過。《樹大》所以叫人共鳴，在於寫出角色那份「不甘心」。亦正因為「不甘心」，才有「三大賊王合作」的懸念。

誰不想在自己的專業有番作為、打出一片天地？現實的悲哀往往是，力有不逮，或時不我與，或命運弄人，大賊也沒兩樣，他們說到底亦不過一介草民。有說《樹大》有濃厚的銀河影像或杜琪峯影子，我想最貼近是故事的宿命觀吧，最後讓人想起由《非常突然》（1998）到《毒戰》（2012）。影片另一諷刺橋段是，「賊王合作」其實只來自謠言、江湖風聲，空穴來風原來真可無因。面對以訛傳訛，再高明的大賊都拿它沒法的，甚至是聽見謠言後受啟發，倒過來受命運指派，才令謠言幾成真。當然，當《樹大》的故事發展了大半，仍未見「賊王合作」水到渠成，觀眾大概已經猜到，故事的高潮顯然不是讓大賊好好幹一場了。

「大限」將至風滿樓

《樹大》還靈巧地把故事設定在1997年回歸前夕。一切時也命也，影片籌備多年，今天出台了，倒更切合當下港人的「今非昔比」甚至「戀殖」心理。於是，儘管影片的1997年沒寫得很深入，「大限」仍隱隱然深化了角色的處境。影片收得妙，很有弦外之音：一個回憶片段（長鏡頭），葉國歡、卓子強及季正雄原來曾在大陸的「風滿樓」（山雨欲來？）相遇，各不相識。嗯，不對，還得提及上一場。風滿樓這場回憶戲的背景音樂（嗩吶），在上一場季正雄快捉拿時已fade in。季惶惑看着鏡頭（角色唯一一次看觀眾），熱鬧的音樂響起，很精彩的聲、畫矛盾設計！

鏡頭一剪來到風滿樓，他們三個人難得在同一畫面出現，聲軌再一次發揮神奇效果。先聽到的聲音是，九七回歸典禮上英國查理斯王子的語重心長寄語：「我們不會忘記你們……在你們出類拔萃的歷史中，開展新一頁的時候。」固然語帶雙關了。然後畫面接上九七片段，彭定康的漂亮女兒哭成淚人，政府建築皇冠徽號被拿下。查理斯語畢，充滿「雪花」的電視畫面關閉（「電視」影像在本片意義不少），片尾曲是已故黃霑譜詞的《讓一切隨風》：「事未過去，就已失蹤，此刻有種種心痛」。《樹大》ending是近年港片最具餘韻、令人念念不忘的。「三賊王」一下子成了「香港」或「香港人」代表，我們殊途同歸，叫人不勝唏噓。

看完《樹大招風》，很多人在網上搜尋葉繼歡、張子強及季炳雄的事迹。這表示，電影鮮活的寫出了三個「人」。因為這部電影，我們對「大賊」多了想像、好奇心，甚或惻隱同情，有別於媒體一直的「冷血悍匪」描述。電影的力量，不過如此吧。

內心交戰的人性故事

再次重申，不知製作背後辛酸，只從成果論，三個年輕導演的功夫到家。三主角出場先聲奪人，各自定調。季正雄殺警迅雷不及掩耳，燒身分證切合他的一人千面（潮哥、可樂哥），把身分燒掉（尤其在正報道《基本法》的電視新聞前）亦和應了故事的1997年背景。葉國歡故事首個畫面，是他行劫的新聞片段，手持AK47一夫當關。這很聰明，一來這是葉最深入民心的形象，另故事由他們在黃光亮的大本營黑市交易開始，也省卻拍攝行劫大場面。卓子強的登場最浮誇，配合他的性格，顏色最亮麗（大宅窗簾與卓的西裝襯得好看）。他單人匹馬在大富豪跟前唱卡拉OK，身邊全是富豪隨從，但他輸人不輸陣。

《樹大》的演員很中看，三主角中，陳小春的角色似乎最難演，稍一差池便過火，他拿捏得好。任賢齊要做出前後判若兩人(比他在《大事件》的角色複雜),性格的差異或受爭議。林家棟則可怖陰沉,但他跟小女孩的關係又說明角色另一面(小女孩亦好)。除了主角,綠葉演員豐富,林雪、劉家勇、歐錦棠、熊欣欣、尹揚明、吳志雄、黃光亮,以及愈來愈修成正果的姜皓文。

《樹大招風》整體水平,絕不遜於銀河其他電影。影片還有不少出色處,卓子強開電話專線找葉及季下落,叫提供線索者赤裸上車;這段以《讓一切隨風》變奏配樂,剪輯明快。葉國歡的部分盡現官場百態,貪污局長不是鐵板一塊,或張揚或沉着的,由好色、嗜酒到品茗,氣場個個不同,位置愈高的愈不形於色。

不過,總體而言,《樹大》還數許學文的季正雄段落最神。除了上面提到投注站一場,還有最後季在天台致電卓子強,他不動聲色,身旁被單卻隨風起舞。卓子強在大陸落網,武警吉普車隆隆的引擎聲不絕於耳;一下子剪回季正雄那邊(top shot),夜深完全寂靜,又是一動一靜的對比。飛虎隊行動敏捷迅速,唯某個隊員不慎碰到電視魚骨天線,令季身邊的電視一下子清晰,電視的尖聲喚醒了不知什麼時候熟睡的季。他慌忙找出槍,但一切都為時已晚了。素來謹慎的季正雄是棋差一着?他的結局在於一念?

《樹大招風》根本是，三個角色徘徊在慾望、紀律、仁義、利己之間，內心不停交戰的人性故事。

17-04-2016

《點五步》棒球抗命

不認不認還須認，《點五步》橫看豎看都是部「後雨傘電影」。它第一個畫面就是獅子山了。獅子山在雨傘、佔領運動後對港人別具意義，不止是「獅子山下」（草根）或「獅子山精神」（拚搏），而是運動中掛直幡「我要真普選」明志的高點。去年的《哪一天我們會飛》結局也回到獅子山，同樣有「後雨傘」隱衷，也是現在《點五步》取景的山腳棒球場。《哪一天》要的是青草地，《點五步》更順理成章，因為要說打棒球。

《點五步》的敘事不多不少是個微型「香港故事」。故事只有兩個時空，1984與2014年，主角阿龍已屆中年，在佔領現場憶舊。三十年過去最容易的結論——今非昔比（「呢個成長地方逐漸變得愈來愈陌生」）。1984年，原來不止簽署《中英聯合聲明》（12月）、沙田新城市廣場落成（11月），還有不為人熟悉的中學棒球隊「沙燕」成立（真實應為1982年）。那

導演◎陳志發
編劇◎陳志發、黃智揚
演員◎林耀聲、廖啟智、胡子彤
香港◎2016年

年頭，港人憂心前途問題，搞移民、專心拚搏賺錢；誰想到，三十年後將有數十萬公民上街抗命?!那年頭，曾先生（潘燦良）身為港英政府地區事務專員，事必躬親；三十年後，沾了回歸後特區的污氣，他已聲望不再了。

棒球賽暗喻傘運

但兩段時空至少一點共通：《點五步》含沙射影，以棒球喻抗命，兩者不約而同，令主體意識抬頭（「原來當你搵到樣嘢證明自己，嗰樣嘢可以跟你一世。」）。林海峰聲演長大了的阿龍，阿龍三十年後的樣子我們看不到（青春片全部拒絕成長，阿龍永遠停留在健康、黑實與青澀）。他白領的背影，躋身2014年金鐘的佔領現場。舊波友來電問「你依家喺邊呀？」一語帶雙關；營營役役辦公室工作，似乎叫阿龍失卻人生方向。他看着佔領的帳篷慨歎：「我同呢度所有人一樣，都好唔想輸。我已經差點唔記得，呢種唔想輸的感覺。」《點五步》的獨白像很多港片，貫串前後文理，敍事上省時好用；並同時連結兩段時空：把棒球賽暗喻雨傘運動，不認命、挑戰歌利亞。1984年的「沙燕隊」，就像2014年「香港人」，觀眾於是明白、感同身受。沒有雨傘運動，就沒有《點五步》的敍事。

《點五步》編導陳志發有心，拍出港片少見的屋邨故事，絕無僅有的運動類型、棒球題材。但「首部劇情片」的資助恐怕太有限了，不適合製作像《點五步》這種大格局的影片，故事包攬角色的參與、集訓、初賽及決賽，寫他們由混沌到成材，還牽涉學校、社區、家庭、友情及愛情支線。它要涵蓋的東西太多了，看上去總覺得處處避重就輕，凡事皆點到即止。

盧校長（廖啟智）好像「五個小孩的校長」似的，學校操場常常就是他跟幾個棒球隊同學。訓練嫌兒戲，首次上場（對小學生）前好像沒碰過真的棒球，扔的是紙？比賽的場面最尷尬，總是快速剪接、蒙太奇的趕快過場，只有最後一場球賽較具體。談不上什麼觀眾了——很少遠鏡頭，往往是零碎的特寫（反應）剪在一起。運動片一點不容易拍吧？再加上是港人陌生的棒球運動。除了手搖、慢動作、速剪及扭大音樂，運動片還有什麼板斧？

《點五步》只用了一個很簡單的動畫解釋賽制，其他時候聚焦在幾名球員艱苦的表情上，拚搏與汗水，熱血與柴娃娃。然而，他們參與的是什麼形式的比賽（對手全是外國人？），參與的隊伍一共有多少，沙燕比賽多少場，那是什麼季節、橫跨了多長時間，以至每場比賽的具體空間到底是怎樣的，電影都交代得不夠清楚。當然，或許可以透過林海峰的旁白說出來，或像《破風》（2015）一樣全程以旁述講故事，如收音機講波，影像淪為附庸，那是很拙劣的手法。

熟口熟面的勵志片，太多一廂情願

《點五步》的人物鋪寫也未夠周詳，阿龍（林耀聲）及細威（胡子彤）篇幅最多，唯阿龍的「成長」太一廂情願，「大樹好遮蔭」的比喻是講出來的。我們看到他跟細威，不過在屋邨走廊追逐玩耍，然後鏡頭跟着他們疾走、音樂令氣氛提升，同樣是耍花樣的掩眼法。細威是故事關鍵人物，身形健碩、性格張揚，奈何關於他的背景描述不多。細威好勝心強到一個程度，跟隊友合作慣了仍毫無默契，極端的自把自為，盧校長似乎拿他沒法（或早決定放棄他？）。無他，細威的功能在於：沒有他的生硬割席，就沒有一對好友分道揚鑣的戲劇效果，亦沒有阿龍之後的覺醒，找回自己，孑然上路。

盧校長有點太用力了，除了某次趨前替阿龍綁鞋帶，難得低聲細語，其餘時間只有一個狀態。阿龍對父親的憐憫不錯，但影片對大陸來的母親可以寬容點？竟說她搭上個擅離職守的

「黑警」。寫善良、正氣的人物沒問題，但用不着每次都醜化別人襯托。像那個傲慢的日本隊教練，若我是盧校長，一定不跟他握手。

另一叫人渾身不自在的，是區議會一眾校長，唯唯諾諾，吃蛋撻一副肉酸饞相（有必要紛紛給予特寫？）。這羣辦教育的，果了腹就失理智，對盧校長完全言聽計從（另一方面，盧校長又憑什麼出淤泥而不染？）。是的，編導或遇過誤人子弟的所謂老師，但到自己寫故事時，不由分說的嘲笑影射，未免太不負責任。從前的港產片已經夠反智，對知識、教育完全犬儒；銳意另闢蹊徑的獨立電影，是不是應該人性一些？回說那兩場區議會會議，盧校長的游說太容易了，曾先生跟他「情投意合」（兩人好像都沒家庭），說穿了其實是私相授受，六十三萬全歸一家學校所有。

差點忘了《點五步》的結局，但它是不是正想觀眾忘記呢？沙燕本來只是小學隊，歷史上沒如此美滿。故事後面的推進，不過是勵志片之慣見方向，都是熟口熟面的。影片最後回到佔領現場，阿龍的獨白很快就自圓其說：「輸贏唔重要，重要是有冇踏出呢半步。」但什麼才是「那半步」？這句話像「為了ＸＸ可以去得幾盡」一樣模稜兩可，永遠立於不敗之地——

和平抗爭、勇武衝擊兩派，都可以當成是一己格言。抗爭前路茫茫，這些說了等於沒說的話，反映出時代的遲疑。

28-08-2016

關於教育，《非同凡響》想說的是……

《非同凡響》是部關於「教育」的影片，它的故事從一家叫啟光的特殊學校出發。可戲裏的特殊學校兒童，偏偏不大需要接受「教育」。

比如戲分最重的角色吳珈朗（謝珈朗）。他十三歲，驟看智力像有問題，說話等反應較遲緩，細看才發現，他其實比任何人「正常」。他善良細心，《非同》有幾處關於待人接物的伏筆，都是從他身上體現。一班來自不同學校的學生排演音樂劇，錢思穎（余香凝）的名牌手錶一次被無意撞花。幾場戲之後，觀眾大概已忘掉，珈朗原來默默記在心裏。哥哥珈豪（岑珈其）給他二十元零用，他在商場買一隻廉價手表，下次見面時送給思穎來安慰她。從「常人」角度，廉價跟名牌手錶是兩回事；可在珈朗的世界，這根本無關痛癢。因為手錶那件小事，珈朗給錢思穎起了個「OK姐姐」外號。手錶刮花，老師慰問，她說

導演◎歐文傑

編劇◎歐文傑、章彥琦、鍾翠怡

演員◎谷祖琳、余香凝、岑珈其、謝珈朗

香港◎ 2018 年

「It's ok」，珈朗從旁聽到，以為「OK」真是她的名字。《非同》中的他，性格就是如斯直率。從戲裏跳出來看，之前讀到一篇報道，「珈朗」是小演員的真實名字。說珈朗是本片靈魂不為過，因為他演得很好，角色串連起戲內幾乎所有人。編導歐文傑說，指導珈朗演出不算困難，因為他很真，抒發情感時沒有保留。難怪他嚎哭那場戲很自然。換作是同齡的「正常」小孩，很難沒有芥蒂吧。

「正常人」才真正需要「教育」

珈朗在《非同凡響》有映襯的功能，戲內其他心智健全的「正常人」，才真真正正需要「教育」，甚至是「再教育」。

哥哥珈豪是其一。岑珈其果然是當今香港電影的可造之材，到處都見他的身影。他個性鮮明，有時儘管戲分不多，像早陣子《逆流大叔》（2018）仍很受注目。岑在《非同》算擔正了，是戲內好看的幾個人物之一。珈豪在戲初段是個「品學兼差」的中學生，被迫到啟光學校參加歌舞劇，純粹是為「洗底」（可以扣除「缺點」及「小過」），完全不心甘情願，遲到、早退、偷懶無所不用其極。別人在禮堂排演，他扮病躲在教室打機——手機是世紀最偉大的發明，它無時無刻令人思想解放，掙脫肉身的牽制；「百無聊賴」、「無所事事」等四字詞，相信很快從字典消失。

教育工作者對珈豪應該不陌生？面對海量莘莘學子，加上工管思維的活剝生吞，教育制度對「量化」之偏執，早就波及到「課外活動」。我從前見過一些參與「其他學習經歷」（OLE）同學，明明報名來上電影工作坊，對電影卻完全提不起勁。不能怪他們，也許又（聊以自慰的說）不能怪自己（:-P）。學制既有時數的硬性要求，遇上資源錯配時（有興趣的活動開辦不成或已滿額），總有人把它當成法庭的「社會服務令」看待，這是「學校」跟「懲治」的又一共通點。

《非同凡響》談的「教育」，肯定不是「正規課堂教育」。戲裏一家名校（女校？），由校長開始已是個勢利鬼。一個有想法的 Miss Chan（蔣祖曼），要繞過繁瑣行政程序，才能給女學生一片簇新的學習天空。另一個漂亮的女老師，口睑跟作風洋化，可思想卻被考試機制牢牢束縛，不斷鼓勵學生猜想考官的要求，以體面的理由、浮誇多媒體技巧，去準備研究報告。

戲中的「教育」也不一定是「特殊教育」，啟光的校長雖比上述名校的開明，唯學校仍面對不少掣肘（畢業生就業困境）。老師亦不可能個個上心，故事主角徐寶雯老師（谷祖琳）算懂得對特殊兒童循循善誘，可她在該校八年已感厭倦，影片開始時，她正另覓高就。

《非同》的「教育」，可能還要講各人的造化。大家同樣來自名校，錢思穎不一定比另外幾個女生有慧根——順帶一提，余香凝刻意放下身段，演一個欠缺自信，背有點弓，眼鏡總往下垂的「宅女」。或許這樣說，思穎的確沒有其他女生般臭臉、偽善（其他人在老師跟前的正面乖乖女形象實在令人汗顏），對「名牌」及「是非」較不熱中；但她後來被音樂劇的經歷改變，多少源於珈朗送贈的手錶，以及她見證了一個智障孩子母親的由衷之言（可惜台上「告解」，處理得稍嫌生硬）。

同一道理，珈豪後來覺悟、頑石點頭，跟身邊某個人未必直接有關係。那是很多事件的總和，可以說跟所有人多少有關係。這不是「麻辣教師」片，相信「名師出高徒」、「棒下出孝子」；它沒有一個獨當一面、從頭至尾對自己毫無懷疑的強勢好老師，反而人人都有疑慮與苦衷。第二次再看影片，發現歐錦棠演的孔 Sir 不停嘮嘮叨叨也不壞，甚至有些大智若愚。觀眾初看竊笑，過分安全的襯衫、西褲打扮，大人大姐揹個背囊，勾起觀眾心中熟悉的老師形象。後來橋段證明，他的方式管用（「白花油」緊扣全片！）。最少，孔 Sir 永遠「在場」。比起很多立心不良嘲笑教育環境的港片，《非同》已算正面。

教師的「促進」角色

啟光校長以樹葉比喻「教育」很對，我們常說「無心插柳柳成蔭」。「樹人」要循循善誘，講造化及契機，不是教者的主觀意願即可達成。教育不（只）是傳授知識，很多人已說過，在彈指間接連網絡百科的世代，教師的「促進」角色更重要。孔 Sir 沒有教曉珈豪什麼特別的攝影技巧，但他起碼提供環境，以及百分百的託付與信任。珈豪對攝影的熱中，似乎先不在拍攝的成功感，倒是因為情感改變了他，再改變他對攝影的態度：智障孩子母親台上有感而發，他當時在場。「洗底」計劃令他來到弟弟的啟光學校，有緣好好認識一片丹心的弟弟。當然，劇本若可再完善，珈豪跟珈朗關係改變，應再多一點鋪排。

《非同凡響》深信，「教育」不容易，然而一旦「啟蒙」，效果是通盤的，從頭到尾把一個人改變，像俗云「打通任督二脈」。珈豪參加過音樂劇綵排後，連做蛋糕的態度都不同。蛋糕也是為了孝敬嫲嫲（陳麗雲）的，他不再吊兒郎當、自我中心。另一邊，思穎重拾煮食及繪畫的興趣，拉近她跟公公（鍾景輝）的距離。《非同凡響》的英文片名叫 *Distinction*，在香港受教育，慣作稱為「優異」，拿A才是 distinction。戲內幾個學生所獲得的，絕對比漂亮成績單更優異及寶貴。

受「啟蒙」的，還包括「教學相長」的徐寶雯老師。教育很難，因為「理想」及「夢想」太遙不可及，要因材施教、又要慢慢發掘、摸索、等待；反之「利益」及「金錢」就在眼前，具體到不得了。徐老師想轉名校任教，除了對特殊教育厭倦，也希望多賺一點幫補家計。兩個學生的家庭不同階級（劉玉翠及林嘉華的吳家、葉童及張國強的錢家），各有各隱衷，勞動階層、職業司機的生計不景氣；你看我好，我看你好，中產家庭開銷折騰，工作同樣困身。

電影的粉嶺背景，敲中香港當下社會神經。水貨客無日無之，北區區民感受最深。若教育只是為了賺更多的錢，中學生幫手帶 iPhone 水貨過境有什麼問題？「原來啲錢咁易賺」，水貨客如是說。再問下去，成年人既然恨發達、愛搵快錢，如果教育沒有別的意義，為什麼還要讀書？不過影片又藉北區背景，帶出一個新移民的中學生小麗（張蔓姿）。她跟珈豪讀同一學校，名校精英過分世故勢利、懂得包裝走精面，反而突出她的無私及好奇心。不敢鐵板一塊、妄下判斷，但香港的學校及應試教育如何把赤子熱情磨蝕，看上去大家都不快樂。愈高班愈見犬儒、暮氣沉沉，欠缺對任何事物的激情，又確是常見的真實寫照。

沒把現實過度簡化

印象中沒見過《非同凡響》形象的谷祖琳，她從前客串、演喜劇較多，想不到演 Miss 如斯稱職，溫文爾雅。面對智障學生，她耐心教導，真像個資深老師。徐寶雯根據真實人物成英愉事迹改編，跟《五個小孩的校長》異曲同工。最壞又是最好時候——在香港電影低迷時期，竟出現最少兩部以真實教者為藍本的本土電影，說從前港片較不關心的庶民軼事，給喜劇女星楊千嬅及谷祖琳一次新鮮的演出契機。

《非同凡響》跟《逆流大叔》亦如出一轍，同樣是平凡人物尋找價值的旅程。角色從扒龍舟、音樂劇身上重新發現自己。近年的本土電影，比從前的類型片較重人味；稍為勵志的都有雷同結構，參與→否定→重拾→成就。遺憾只是，跟《逆流》拍不出吸引的龍舟競賽一樣，《非同》最後音樂劇演繹得不夠多姿多采，有點靠剪接糊過去的味道。比起本質屬於舞台的《奮青樂與路》，末段的感染力顯然遜色不少。畢竟電影跟舞台不同，《非同》要做到有聲有色，成本及難度太高。小演員未必可配合，它不是《狂舞派》（2013），着年輕人苦練一下即水到渠成。

無論如何，《十年》及《樹大招風》導演歐文傑首次編導長片《非同凡響》（合編的還有章彥琦及鍾翠怡），幾個角色叫人留下印象；題材清新，言之有物。它是有野心的，從特殊學校出發，最後指陳的，已經是香港整體教育亂象。不妨留意《非同》最後一場戲，它沒有把現實過度簡化，正向之餘，始終有些戚然。

30-09-2018

《逆向誘拐》寄望下一場革命

看黃浩然的《逆向誘拐》納悶，他是不是選錯題材了？

本來是很複雜的故事，局中有局，牽涉投資銀行、科網公司及警察三方面的關係。影片引進嶄新手機程式及大數據的理念，由辦公室政治提升到世代矛盾，社會流動的可能。最奧妙是「綁架」：電影開始時，被綁走的不是人，而竟是一份文件。坦白說，到現在我仍好奇，為什麼叫「誘拐」？為何不是 hacked 而是 kidnapped？若說「黑客入侵伺服器盜取機密資料，以此勒索企業」，還可以明白；但說「『綁匪』把文件『綁架』了，以此勒索『贖金』」?! 難道真是改一改說法，事物的性質就跟着轉變？

更別說，「誘拐」在漢語本來不是「綁架」意思。算吧，反正我們早已習慣崇日。在一大堆什麼「期間限定」或「殘念」以外，多個日式詞彙沒大礙。

導演◎黃浩然
編劇◎黃浩然、陳詠謙、周睿琪、江如聲
演員◎吳肇軒、蘇麗珊、邵仲衡
香港◎ 2018 年

小說改編，發揮不出應有劇力

《逆向誘拐》由小說改編而來的，值得一讚。港片素來不重視改編，甚或每多反智。中學文學或通識課程，但凡談及文學改編的香港電影時，來來去去還是那些。今後，起碼多上一部十分忠於原著的《逆向誘拐》。不過，《逆向》亦帶出老生常談疑問：小說皆適宜改編成電影嗎？寇比力克（Stanley Kubrick）說過：「可以被寫出來及想出來的，都可以被拍。」（If it can be written, or thought, then it can be filmed.）或許大師真無極限，然而香港今天的本土電影，面向被大製作慣壞的觀眾，製作條件的確非常有限。影片橋段推進太靜態，加上不少專業概念，構成相當複雜世界。在文字上沒大問題，讀者有時間反復細味，搬到電影卻未必可行。

《逆向》一場戲，氣氛本來是凝重或緊張的，看着卻感尷尬，因它發揮不出應有的劇力——所有角色全神貫注在電腦跟前，在「綁匪」提出的時限內，把拍賣網的兩百個「牛屎蚊香」競投回來。不難想像，集體爭分奪秒的網上競投，很難呈現得好看。影片沒有做出很多電腦界面及屏幕數字，大抵是資源所限。所以，短時間內的兩百個競投活動，具體操作我們看不到。只聽老闆不停催促「快些，快些」，角色之間插科打諢或相互鬥嘴；吳肇軒演的阿植對着鏡頭嘲笑他們（打破第四道牆，本片另一莫名其妙手法）。於是這場戲，拍出來的盡是旁枝末節。為怕觀眾悶，它用上明快剪接，配上主題曲《妖魔鬼怪》加強節奏，令人看上去緊湊些。

黃浩然憑上次《點對點》示範，他熟悉環境，對香港有感情。可到了《逆向》因為是類型，角色被「軟禁」，場景以室內為主，調度較平淡。除了偶爾走出陽台看看中上環景色，以及最後的石澳泳灘，其他發揮不大。

「Show, don't tell.」電影敘事有別於小說及廣播劇，貴在呈現而非告知，黃肯定知道此理。奈何《逆向》的信息量太大，沒辦法之下只能靠講。「綁架」事件發生後，幾乎所有角色都成了可疑人物。至於他們如何可疑，有什麼犯案動機，邵仲衡演的警探唐輔，不用多查，去找人聊聊就行（事實上查案程序不多，「線索」往往也是講出來）。一個叫 Zachary（泰臣）的「疑犯」是這樣被發掘出來的，他的 hyper 老闆 Carlos（葛民輝）說他「比較完美主義、比較火爆，好像香港人說的廢青」。另一個疑犯叫牧野（朱鑑然），阿植向唐輔說，牧野雖然是有錢仔，可是他常對人說未婚妻「超級大洗」，婚禮要有氣派，怕超預算。於是，憑阿植一面之辭（真夠好同事！），牧野開始被懷疑。

可《逆向》終究沒辦法拍到角色各懷鬼胎，以及他們跟查案者不停鬥法。就是說，它沒法呈現出推理題材應有的懸念。原因之一是篇幅所限，原因二跟人物設定有關。一些角色太古怪，令他們看上去不具「殺傷力」。楊秉基演的Ronald，為影片加添喜劇感，唯很難說服他是投資銀行高層。觀眾應不難認定，他不是「綁架」的幕後黑手（除非《逆向》要拍成另一部故弄玄虛的《無雙》〔2018〕）。

對了，關於「說服力」，《逆向》要說一家跨國大集團，正開發一個全世界熱切期待的新軟體。而大集團的財務狀況及未來計劃，竟完全栽在幾個「荒腔走板」的人物手上？入職不久的初級分析員小瑜（蘇麗珊），可以隨時接觸及移動機密數據?!

忠於原著，承襲缺點

看畢《逆向》輕歎，原來真那麼難。外片常見的精密佈局是如何得來的？是別人天資敏悟，還是更有作法？看完《逆向》我把原著讀了一遍，發現影片忠於小說。遺憾是，小說一些缺點也因此被承襲了。小說作者文善不停在細節設限，有時略嫌嘮叨，為的是令「大局」合情理。書內唐輔有想過請警察總局的電腦專家來，卻礙於專家很忙，他的案件小而打消念頭。又比如一眾投行職員被軟禁，不准離開公寓及跟外界接觸，主管 Irene（張雪芹）開脫說他們知道要趕工，已準備這兩天留守公司，公司也將補償。然而，「加班」跟「禁錮」畢竟是兩回事吧？另外，「綁匪」留下的三封電郵，警方需按時開啟。小說花上好些篇幅斟酌如何開啟電郵。日常彈指間的瑣事被放到無限大，頗沒趣。「綁匪」反正神通廣大，為何他不安排郵件按時自動寄發?!

從小說到電影，《逆向》更核心問題，是兩者皆用「超人」去解決所有懸念。我儘量不劇透，只想說，《逆向》的全局，從頭到尾真只由一個人策劃！「綁架文件」已經是最後工序，之前聯繫兩百個拍賣網戶口、牛屎蚊香（在小說是盒裝玉米片）、準備鬧鐘、邀請鑽石買家、安排以百計旅店櫃台、在網上策劃快閃行動、做出假綁架、拍艷照以轉移視線偷電話……等等，全是「one man band」?!除此以外，這位「綁匪」還深懂人情，知道唐輔對前妻餘情未了，所以肯定他會接手奇案，亦肯定會進行非正式調查。唐直至後來需要動員更多警察時，才正式向上級蕭警司提請。那姓蕭的，又是個笨拙到不行的傢伙。

「綁匪」料事如神，所有事情完全在他盤算之內發生。除了《蝙蝠俠——黑夜之神》（*The Dark Knight*，2008）的小丑，我想像不到另一個無處不在、無所不能的智慧罪犯。至於故事中的所謂「逆向」綁架案，「人質」的家人有財有勢，為何不給投行的老闆John（王敏德）致電求證?而「人質」在軟禁前曾回家執拾日用品，差點就聽到親人的電話。若他當時接聽，《逆向》的騙局將立即崩潰麼?!還是，神似的「綁匪」，連「人質」對家人愛理不理的習慣，都已算好在滴水不漏的計劃中?!《逆向》的「綁匪」，應該可以入選影史十人頭腦最厲害的人物。

相對於幕後黑手的超級精英描寫，《逆向》呈現的「網民」、「坊眾」，說實的也叫人不明所以。它本來是個科技革命寓言，說activists透過軟體解放不公義世界，令社會真正上下流動。諷刺是，戲裏的大眾倒像民智未開，喜歡一窩蜂的打卡盲動（快閃搭小輪抗議碼頭搬遷，算「和理非非」？），有時利己為先。小瑜戲內名言：「香港人又貪錢，又貪小便宜。」科技革命、大數據的集體行動，背裏是什麼理念？對大眾到底信不信任？順帶一提，即使是「小便宜」，故事中的「黑市」買鑽石有逾百人響應，也是無奇不有的——消費者真金白銀先墊支，把錢神秘寄存在某酒店接待處，稍後取貨。雖說寄來的邀請函附有詳盡資料，網民真如此不虞有詐？戲裏的香港人，太單純了吧？

回溯雨傘革命

一句到尾，黃浩然似乎想藉《逆向誘拐》談世代之爭，回溯雨傘革命。「改變？人人都想㗎喇」、「犯法？孫中山當年夠犯法咯，而家咪係國父」、「一個新嘅世界，唔係講出嚟，係建立出嚟」。《逆向》英文名為 *Napping Kid*，不是「綁架」，而是「小睡」。小睡的孩子，既是戲裏被偷拍的阿植，也是四年前金鐘佔領區，在帳幕中的他（以至任何當時在街頭露宿的年輕人）。雨傘運動失敗，香港的抗爭力量分化；「大台」左右不是人，動輒得咎，最後被瓦解。《逆向》好心希望，世上若有像戲裏的 CHOK 程式，網民不再做鍵盤戰士，在實體世界把理想付諸實行；因有程式的大數據支持，令行動方案（無論留守、退場、圍攻、談判）更有認受性。如此，未來的社會運動將不會再是一盤散沙，同一陣營不再互相傾軋，四分五裂了。

現實的更大可能性是，世界上若真有一個所向無敵的大數據程式。它肯定不是幾個有心人，多賣一百包鑽石就可以發展及維繫的。程式要劃時代，在它解放「舊社會」前，恐怕已成科技巨人的囊中物。而且網絡講求多元，另一發展下去的結果是，在雲集千萬人意見後，它蛻變成另一個「大台」，被後來者唾棄。

回到《逆向誘拐》。我看了兩遍，再讀評論，感到有點茫然。當然明白，影片最終剪成上映，累積口碑，維持映期，一切得來不易。冷靜思量一下，無緣躋身大陸市場的「本土電影」，說香港故事，我們都想它長拍長有。但在推銷「本土」與「誠意」以外，委實也希望它好看、耐看；而不是隨便的趕一下時髦，叫幾句口號。

18-11-2018

2. 奪命金

「每個人只能陪你走一段路，遲早是要分開的。」
——《山河故人》

一代小男人宗師

《葉問》的海報是這樣的，「葉問」兩個書法字最當眼，黑地白字好不醒目。甄子丹扮演葉問在兩個大字底下，對着木人樁專注地打詠春，怪伶仃的。葉問大宅的窗戶透進了自然光線，突出了影片的舊時代氛圍。海報沒有突出明星大頭，沒有殺氣及戰意，看見的，是電影如何為甄子丹打造與世無爭的一代宗師形象，電影的焦點，是葉問的處事認真、沉着。

電影開始已很聰明，寫廖師傅（陳之輝）上門找葉問比武，碰巧葉問一家準備晚膳。廖師傅興冲冲來到，意興卻被葉問的飯局打亂。廖師傅的急進襯托葉問的從容，未輸人已輸陣。到二人正式比試，廖遠遠不敵已是意料中事。《葉問》由第一場開始，就苦心經營葉問的超凡出世。佛山武館街的幾個師傅，練功這麼久了，也桃李滿門，竟然沒一個及得上葉問那麼處變不驚；比起葉問，山東粗漢金山找（樊少皇）只有一身蠻力，專橫跋扈，一次又一次淪為葉問的手下敗將。電影的結語很明確，即使廣東佛山是武術之鄉，甚至走遍大江南北及東

導演◎葉偉信

編劇◎黃子桓

演員◎甄子丹、熊黛林、池內博之

香港◎ 2008 年

瀛，論武藝高強、宅心仁厚、與世無爭、自得逍遙，只有葉問一人。

野蠻武師襯托與世無爭

葉問說：「世界上沒有怕老婆的男人，只有尊重老婆的男人。」這句話當然很「男人」，因為它說明了跟老婆不用講理，男人站得更高更遠，逆來順受絕非弱者行為。葉問的武德推及他的夫妻生活，沉着冷靜，從不自找麻煩。影片到最後證明葉問完全正確，他被日軍捉拿，妻兒得好友周清泉（任達華）之助逃走。在途中，一直目無表情的張永成（熊黛林）突覺今是而昨非，嚎啕大哭，她懺悔自責對丈夫一直不解溫柔。熊黛林這番話是說給銀幕下的廣大丈夫聽的。丈夫醉心工作冷落家庭，或埋首興趣呼朋引伴，回到家裏卻無奈看妻子臉色，葉問嫂在重要關頭才是深明大義。

對着葉問這位武聖，周清泉何嘗沒懺悔？他的紗廠被搗亂、貨物被賊人偷走，他對葉問說，這時才明白學功夫的真義。周清泉在這裏，為利字當頭的商人代言。在《葉問》的世界，錢財、物質什麼都不重要，只要學武才能修身齊家，治國平天下。整部電影建立在這套邏輯之上，又觸及到日軍侵華歷史，注定了最後以武術抗日的結局。《葉問》作為一部2008年的武術電影，可說得幾家之長：一方面受《霍元甲》（2006）啟發，把英雄蒙難、角色成長寫成故事；另方面也受徐克《黃飛鴻》系列（1991—1994）的影響，把一介武夫的榮辱跟國家共存，響應大時代救國的呼召，捨身成仁。

恐共被改寫成負傷逃難

葉問從佛山南渡香港，據《維基百科》載並非抗日期間，實乃1950年的事。據說葉恐怕中國解放後他「被清查及連累家眷」，於是隻身赴港。來到2008年這部《葉問》傳記片，葉問卻是打日本鬼子被暗算重傷，得好友協助才逃到香港，這一變，把他正式封為民族英雄。葉問不可能「恐共」，正如林家棟演的漢奸從良（有《色．戒》的教訓在前），池內博之的三蒲將軍欣賞葉問造詣、重視公平競爭，都是遷就內地檢審的設計、政治正確的考慮。

有葉問這株「牡丹」，所有人都顯得平庸、急躁、見利忘義。武癡林（釋行宇）、廖師傅、金山找、沙膽源（黃又南）、周永泉、張永成以至三蒲，都是被矮化的「綠葉」。甄子丹在《葉問》演出宗師氣派、喜怒不形於色，與《殺破狼》（2005）及《導火線》（2007）的幹探不同，但骨子裏其實也是個人主義——只是低姿態的個人主義，靠包裝（如海報）及甄子丹抑制低調的演繹來打造，比他過去以牙還牙的暴力英雄更能贏得不同階層的觀眾認同。

我喜歡《葉問》的武打場面，很清脆及有創意（葉問以藤枝教訓金山找絕妙）。看完《葉問》後我想學詠春，試試連珠炮發拳打敵人的暢快。即使不來真的，像葉問、廖師傅那樣點到即止亦好。葉問三爬兩撥，連叫幾聲「中」，廖便只能認輸。最好玩的，是葉問與廖交手之前，看見老婆嚴肅的臉，向她輕聲說「好快！」一個自信很快打倒敵人又「尊重」老婆的小男人宗師，我鍾意！

28-12-2008

《葉問2》重彈老調，開到荼蘼

電影如何是流水作業的商品，系列影片如何利用「再生產條件」，看《葉問2》再清楚不過。

《葉問》成功，《葉問2》的結構及角色基型幾乎全是舊調重彈。影片分成兩部分，上半部重心是跟洪師傅（洪金寶）的比武，下半部打西洋拳王；好比第一集先決戰金山找，結尾再跟日本人三蒲決鬥。第一集佛山武館街一眾平平無奇、賣相欠佳的師傅，到了第二集，以香港幾個教拳的窩囊替掉，什麼羅師傅、鄭師傅，不是濫竽充數的路人甲，就是博君一笑的丑角（真好奇他們當年如何捱過一炷香時間？）。

業界投入內地市場的心聲

上集游走黑白二道的林家棟，這次由鄭則士替代，都是先內心掙扎，再選擇不同流合污。合

導演◎葉偉信　　演員◎甄子丹、熊黛林、洪金寶

編劇◎黃子桓　　香港◎2010年

拍片不敢造次，反正中國人不壞，漢奸都有難言之隱，利害關頭每每能團結和諧。這次唯一不同的是多了洪師傅角色，少見有人跟葉問不分高下。洪與葉初相識時矛盾很深，漸漸互相欣賞，識英雄重英雄。比起猶如聖人的葉問，洪師傅很入世，他不會說「貴在中和，不爭之爭」等美言，反而會打賞辛勤工作的徒兒（是七小福大師兄、影壇大哥洪金寶的自身寫照）。

《葉問2》發生在香港，洪師傅是典型香港人，他背後有種強頑的動力叫「搵食」。《葉問2》中一段葉與洪的對話，頗堪咀嚼。葉：「係你選擇同洋人妥協！」洪：「你淨係識顧住自己。你有冇二百幾人喺魚欄跟你搵食？你梗係可以唔睇鬼佬面色喇，梗係可以扮清高喇！」葉：「我明白你嘅心情，大家都係為咗生活……」洪師傅這番問心無愧、義正嚴辭的話，不知有心沒意，道出了電影業界多年來投入內地市場，從事合拍片得恪守另類遊戲規則，小心翼翼免觸碰君主逆鱗的心聲。

幾十年不變的意識形態

《葉問2》下半部更欠新意，又是一部打洋鬼子給觀眾發泄的電影。到底我們還要看多少這類以眼還眼的故事，才能拾回民族自信？中國改革開放二十年，京奧及世博都紛紛舉行了，像《葉問2》這些放諸全國市場的主流電影，其同仇敵愾的意識形態、喚起民族認同的手段卻是幾十年沒變。

上一集的日本軍官三蒲還算正氣，《葉問2》對英國拳王「龍捲風」（Taylor Milers）的描寫則完全失衡及壞品味。不談政治正確的考慮，這種描寫對故事也絲毫沒幫助，龍捲風像頭瘋牛，愚昧地在記者跟前大言不慚，看來看去都只是個二三流貨色，最後一戰哪有懸念可言？還有那貪污警察，也不高明得那裏去，一見面即說「your money stinks but I like it.」這種愚不可及的對白。《葉問2》用心良苦，突出了英國旗飄揚的氣焰，給廣大香港觀眾上了「解殖」一課。

「葉問」比「黃飛鴻」更難，在於後者距離更遠，東拉西扯天馬行空，由辛亥革命到白蓮教都可大造文章。葉問身處當代，可發揮的空間其實有限，加上合拍片要堂皇及架勢，平凡如民間一個詠春師傅都要納入主旋律的歷史框架中。葉問的故事已經被修正得面目全非，第一集打日本仔，第二集打英國佬，再有第三集的話，葉問這個「香港故事」、他背後那部香港歷史將怎樣延續下去？他除了教李小龍功夫，會去幫忙捉葛柏嗎？

下半部意象信念借鏡《洛奇4》

事實上，《葉問2》看到後面也見強弩之末，下半部甚至向史泰龍（Sylvester Stallone）二十多年前的《洛奇第四集龍拳虎威》（*Rocky IV*，1985）借鏡。葉問是洛奇，洪師傅是黑人拳師阿波羅（Carl Weathers），英國拳王是《洛奇》片中魁梧高大、堅實如鐵的蘇聯拳王。在《洛奇4》中，阿波羅挑戰蘇聯拳王失敗，為了尊嚴堅決不投降而命喪擂台，激發其好友洛奇為他一雪前恥的決心。洛奇嚴格訓練後到蘇聯應戰，能力本不及，後來竟憑意志力取勝，最後連本來對他喝倒彩的蘇聯觀眾，都站立為他鼓掌。

白毛巾是《葉問2》及《洛奇4》共用並最關鍵的意象，表示了寧死不屈的精神。其他段落的細節，像葉問離開家人集訓的蒙太奇、葉親友透過媒體觀戰、葉問戰勝後在台上的民族融和高論（憑決鬥勸人互相尊重，聽上去好像不通），跟《洛奇4》的設計也如出一轍。

八十年代的洛奇固然代表了荷李活電影的信念，他善良、重視家庭，生在無限機會的美國樂土，只要努力也能爭奪拳王寶座。反之，蘇聯拳王毫無人味，受背後的女人擺佈（當時史泰龍的髮妻），憑藉的是高科技及完全非人化的訓練（對比洛奇投入大自然的訓練方式）。鐵幕機器最終敵不過美國的溫情主義，洛奇最後在台上說，兩個人打生打死總比兩國劍拔弩張好——好個冷戰時代美國主流電影的精神勝利！

《葉問2》的核心價值又是什麼？葉問苦戰英國拳王，妻子同時臨盆。他戰勝後最想「回家」。洪師傅是幸福父親，連上集心高氣傲的金山找也覺悟成家。電影的信息清楚，有家室的男人：即使不是英雄，也壞不到哪裏去。

02-05-2010

《葉問：終極一戰》看黃秋生！

看《葉問：終極一戰》前的兩大疑團，拍葉問的有何新點子？黃秋生可以演活葉問？《終極一戰》定位明智，集中寫葉問1949年來港後，五十年代至1972年的晚年光景。葉偉信的《葉問2》曾觸及，但故事很快落入打鬼佬的宣洩。王家衛的《一代宗師》（2013）也有談到，不過焦點始終在葉問身上，人物與環境割離，空間抽象、留白（大南街非常浪漫）。同樣拍五十年代香港，若《一代》寫意，《終極》則是工筆。《一代》的環境幽暗、蕭條，《終極》則燈火通明、夜夜笙歌；《一代》用光影的曖昧避重就輕，營造詩意氣氛，《終極》則搭建一座舊香港的影城（當然只能在國內），方位及陳設均一清二楚，演員就在裏頭演戲。

合拍片盛行以來，搭景亦非新事，比如陳德森的《十月圍城》（2009）。但《終極一戰》給

導演◎邱禮濤　　演員◎黃秋生、袁詠儀、鍾欣潼

編劇◎李敏　　香港◎2013年

人更強「港味」，更像昔日「港產片」。一來是色調使然，《終極》色調很暖和，霓虹管色彩俗艷，反映出當時香港街巷狀況。二來是生活的捕捉，《終極一戰》的資料蒐集頗詳，除了建築與街道，在裏面還看到從前大牌檔的紅頭黑身木筷子，以及桃紅色的面紙等。影片不少情節、對白跟吃有關，三次拍葉問在大牌檔吃碟頭飯，交代他初到貴境、跟妻子團聚及斯人獨憔悴三個階段。大牌檔雖然是砌出來的，但人頭湧湧，頗見舊日風味。《終極》深明港人「搵食」之道，序幕葉問初遇梁雙（洪天明）就先祭五臟廟；葉問也聲明「三餐不繼」者不教。飯桌上充滿悲歡離合：徒兒餞別師母；葉問跟好友李耀華（廖啟智）重遇；葉的紅顏知己珍妮（周楚楚）在團年飯現身，令氣氛尷尬。

還有工運及工會的描寫，邱禮濤總有辦法在商業片中滲進政治、革命的元素。《終極一戰》的梁雙是工會主席，有幕拍到選舉；影片提到電車及「三電一煤」工運，源於1950年美國對中國禁運，令香港物價上漲，工人百上加斤。《終極》的女徒弟形象鮮明，李瓊（蔣璐霞）性格硬朗，巾幗不讓鬚眉，有邱前作《競雄女俠：秋瑾》（2011）味道（兩片皆李敏編劇）。邱對弱勢社羣、女性的關懷，令《終極一戰》前半段徒弟的羣戲特別好看。角色設定特意照顧社會各階層，除了工會的梁雙，還有茶樓點心妹陳四妹（鍾欣潼）、軍裝警員鄧聲（陳小春）、懲教署的汪東（周定宇）、電車司機伍贊，人物或許有些面譜化。但說實話，比起很多合拍片的裝模作樣、故作凝重高深，《終極》的坦率、市井看得舒服。題外話一則，鄧聲長期戴帽，原來髮禿像河童，不禁令人想起香港某些歌星。

五十年代香港生活味

幾名徒兒互相扶持，對師傅葉問有情有義，連受賄的警察鄧聲也不例外，師徒都很正氣。《終極一戰》發生於五十年代，羣戲及團結精細確有中聯電影味道。影片很強調環境因素，沒有十惡不赦的壞人，大家都為世所逼；識功夫又如何，朋友窮困也愛莫能助。但做人、「搵食」應有底線，葉問對徒兒說：「雖然唔可以做到最好，但最好唔好傷害人。跟良心，跟大隊，要好好想清楚。」這座右銘放諸四海皆準，也切合長期在影圈打拚的邱禮濤。邱好像有點借《終極一戰》自我開解，要做正直的人，專業也講操守，「功夫不是鮑魚，不是有錢就買到嘅。」合拍片年代，如何平衡開戲及志向是電影人的最大考驗。從另一角度看，艱苦我奮進，條件限制可激發潛能，梁雙在電影開首的旁白說：「畀師傅搵到份舒舒服服嘅工，佢唔會成為一代宗師。」

《終極一戰》「港味」也來自陣容及語言，廣東話同步錄音很好，不同口音（包括葉問及妻子的佛山口音）有生活味。《終極》是合拍片，但看上去盡是熟悉的面孔，袁詠儀演妻子張永成，戲分不多但嫻淑端莊，跟黃秋生的牀頭私語非常溫馨。曾志偉未看以為胡鬧，卻又跟黃秋生惺惺相惜（令人想起《無間道》），演白鶴派「掌門人」吳忠有些喜出望外。除此以外還有廖啟智、羅冠蘭、熊欣欣、盧惠光等演出。演珍妮的周楚楚及演葉準的張頌文是國內演員，但在戲內都說粵語。張頌文不錯，近年跟邱禮濤多次合作，無論上次《高舉．愛》（2012）及這次演葉準，形象都很正面。在《終極》中，他是故事其中一個敘事者。

黃秋生舉手投足，宗師氣派

當然最好還是黃秋生！看《終極》的時候，不消多久就一掃我對造型及口音的疑慮。黃的舉手投足有宗師氣派，節奏及神態把握得很好，佛山口音原來這麼親切，也更合符真實。黃秋生的葉問應該是幾部下來最好的，梁朝偉太帥哥，甄子丹演戲較遜色。另《終極》的葉問也集《葉問》及《一代宗師》之大成，既有武打場面（邱禮濤說《終極》的詠春更貼近當時原貌），也有失落的愛情，葉問先後失去兩個女人：妻子永成及情人珍妮。最後他睹物思人，看着沒有鈕扣及口袋的唐裝衫，以及多層的飯壺，百般滋味在心頭。黃秋生絕對是《終極一戰》的靈魂，後來才知道他為影片籌備了一年，除了練功也四處拜訪高人。他說這次壓力特大，到試裝前還沒有十足信心，但髮式、服裝及口音漸漸幫他入戲。葉問令我想起黃秋生在《千言萬語》（1999）演甘仔，同樣都是形神俱佳的代表作。少了一個黃秋生，香港電影一定失色不少！

《終極一戰》的葉問不是聖人，他的性格及健康顯得更人性化。面對徒弟汪東開武館打對台，他的態度到底是怎樣的？一個漱口盅的擺放巧妙交代。葉問跟珍妮出雙入對，徒弟嚷着要拿回送師母的棉被，葉低頭不語。後來葉更搬離徒兒合租的武館，跟珍妮同住，可見他有固執一面。這位一代宗師，在片中被牙痛、胃痛折騰。不過《終極》還是把葉問一些爭議事迹修改了，如他的鴉片癮，這方面《終極》跟《一代宗師》如出一轍。電影人、老闆始終沒信心拍癮君子高手吧？

不過《終極》的橋段還是老生常談。影片可以分成三部分，開始三十分鐘很好，直至張永成離港回佛山，白鶴派被震威拳館的魏霸天（盧惠光）挑釁，獅王爭霸、正邪對峙屬意料之內。不過葉問在九龍城寨跟「地頭龍」（熊欣欣）的最後決戰，套用了 1962 年颱風溫黛襲港算有心思。影片最後，葉問偕兒子到醫院探望臨終的珍妮，重遇不懂人情世故的小龍，葉問以書法明志，葉準替他拍片，健康已大不如前，教人動容。這時候，我們看着的已不是黃秋生，而是垂垂老矣的詠春大師了。

24-03-2014

《奪命金》傻人有傻福

《奪命金》劇情看似複雜，道理卻很簡單。

不就是叫人「別貪得無厭」嘛，這當然是老生常談了，諷刺地與生活經驗漸行漸遠。《奪命金》的英文名字 *Life Without Principle*，就是解作「沒有原則的生活／命」，杜琪峯大抵受 2008 年金融海嘯的啟發。他倒很明智，《奪》拍來警世而不說教，不少場面還處理得荒誕不經，暴力鏡頭帶黑色幽默——沒看過電影很難想像，結局某角色傷重吐血，竟是觀眾最眉飛色舞的時候?!

故事分三條主線，銀行職員的 Teresa（何韻詩）、黑幫人物三腳豹（劉青雲）及便衣警察張正方（任賢齊），三個世界互相穿插，殊途而同歸。《奪命金》要回應金融海嘯，前段不少篇幅集中在 Teresa 任職的銀行。編導不用添油加醋，憑資料蒐集，把銀行職員兜售基金的過程

導演◎杜琪峯　　演員◎劉青雲、任賢齊、何韻詩

編劇◎銀河創作組、歐健兒、黃勁輝　　香港◎ 2011 年

如實呈現，即收諷刺之效：語言乾澀無味、程序繁冗、充斥行內套語、表面禮貌周周實則一切皆為自保的所謂「服務」，那些子虛烏有的所謂「產品」，我們都不陌生，但在大銀幕看來卻別有滋味，難怪說現實比小說更離奇。還幸 Teresa 入世未深，她只是奉命行事。前一場戲她上司 Jacky 姐（車婉婉）要下屬在死期前完成二百萬數額，Teresa 不斷被臭罵也得硬着頭皮致電客戶。Teresa 與同事的最大差別在於，其他人早已內化那套只求達標不問其他的價值，偽善得頭頭是道，Teresa 卻橫看豎看像個外行。

一切皆有天命

或許《奪命金》的另一訓勉是「傻有傻福」吧。Teresa、三腳豹及張正方三個角色，無論身處哪個大染缸之中，都屬於耿直、忠誠、不貪便宜之輩。三腳豹最令人眼前一亮（另盧海鵬也非常出色）。阿豹不帥，打扮土氣，說實話他比較笨。但阿豹勝在忠心、有義氣，在這個練精學懶的年代，阿豹的死纏爛打是他行走江湖的最佳本錢（可以為籌錢保釋兄弟在茶餐廳坐上一整天）。阿豹的大佬坤哥（譚炳文）對他也特別器重。

看《奪命金》就像是一眾角色的生命豪賭，最後幾乎所有角色都輸了，有人輸錢、有人輸了自由（賈曉晨演的何小姐被捉），有的更賠上性命。唯獨 Teresa、三腳豹及張 Sir 這三個不大斤斤計較的傢伙不輸反勝，在逆市中獨善其身。

然好玩的是，一切本來不出自三人的意願。《奪命金》不是說善良的人可作準確的決定，剛好相反，像三腳豹是錯記了龍哥（姜皓文）的臨危授命，才有天降橫財；說穿了其實篤信天命，這信念也貫徹了杜琪峯不少前作。人畢竟渺小，難逃命運操控。為了突出這點，這次《奪命金》連敍事方式都幫上一把。影片可約略分為三段，首段是 Teresa 在銀行工作直至停車場的劫殺案發生，第二段是三腳豹與眾兄弟的故事，從另一角度再回到劫殺案現場，第三段先交代張 Sir 父親病危（比起劉青雲及何韻詩，任賢齊這支線劇力無疑較弱），再寫 Teresa、三腳豹及張 Sir 三人漸漸走到生命的臨界點（一再強調的抽屜鑰匙很有點題作用）。

面對小市民悲歌，英雄無用武之地

這多線、甚至倒敍／插敍共用的說故事方法，很易叫人想起如墨西哥的艾力謝路依拿力圖

（Alejandro González Iñárritu）或波蘭的奇斯洛夫斯基的影片，碰巧他們的電影也往往牽涉「命運」議題。正正因為角色在錯綜複雜的敘事時空之間，才更凸顯人物隨波逐浪的無力感。而且，角色在不同段落互相穿插，有時擔當要角，有時只是閒角，也好說明了每個人物其實都有不同的故事。攝影鏡頭從旁捕捉，好比靜觀時移世易的全知者，「祂」不大來煽情這一套，連死亡都說得像喜劇；好像是看破紅塵，早料到生命是這樣。《奪命金》的劇本結構影響了剪接，兩者加起來成了不一樣的杜琪峯電影。

連杜琪峯「個人習作」如《PTU》（2003）、《鎗火》（1999）常見的戲劇化燈光及城市夜色，這次也沒派上用場。場景看上去較平實自然。杜導這次卸下的類型片包袱不少，他不再迷戀寡言冷峻型男，任賢齊雖一貫杜琪峯電影的警察形象，專業工作狂、深色衣着，但他處理的只是長者傷人案件，還差點因石油氣洩漏而送命。反而電梯內傷人老翁一番話，是片中頗自覺的另一香港血肉寫照：「我嚟咗香港幾十年，塑膠冇得做做製衣，製衣冇得做做電子，啲廠搬走晒，我走去做看更，有得撈我就撈，我都跟住變㗎喇，我都搵塊瓦遮頭啫……」再冷峻的杜琪峯英雄，面對這港式小市民悲歌亦無用武之地。《奪命金》應該歸入香港「佔領華爾街」行動的延伸片目之中。

就連音樂我也覺得蠻有新意的，前文說影片共分三個段落。段落之間都配以無伴奏音樂（a cappella）區隔；在影片兩場最關鍵的戲，配上影片的主題曲《水漫金山》。之前沒聽過此曲及唱作的岳薇，在網上找了一下，原來是銀河影像旗下新人（銀河要全面培育歌影本土勢力？）。她飄逸的嗓子加上重複的鋼琴調子，既中聽也撲朔迷離，也很切合電影談命運的氣氛。林夕的詞也很有力量：「一個一個，一朵一朵，只能上升，不容墜落」，固然是形容金融泡沫了。

題外話，《奪命金》的外文名稱是 *Life without Principle*，《桃姐》是 *A Simple Life*，一時間兩個自威尼斯回來的香港故事都以「生命」招徠，相映成趣。「一個簡單生命」應該可作為「沒有原則生命」之精神填補。再扯遠些，a simple life 蛻變為 a simple guy（別誤會，不是說那沒能的疑似候選人）。三腳豹就是 a simple guy 的人辦！香港電影連黑幫都有這種可愛人物，足以證明我們還保留了起碼的純真。

23-10-2011

《中國合伙人》之不可一世

《中國合伙人》叫我們再次認命，有怎樣的國情、怎樣的市場、怎樣的政權，就有怎樣的華語電影。

它的包裝有點像《作死不離三兄弟》（*3 Idiots*，2009），但它的戲味遠遠不如，二十分鐘後那三個朋友的別離流於強擠淚水。坦白說，不到半個小時我已很不煩耐，頻頻看錶。陳可辛從前應是說故事的能手，為何在《中國合伙人》方寸大亂？《中國》由法律訴訟回憶的結構，令人想起《社交網絡》（*Social Network*，2010）；它有時想仿效《社交》的機智，快速的對白剪接（那場三人乒乓球的「你中有我，我中有你」真沒必要），但完全不是那回事，劇情及對白都笨拙。

《中國》的敘事更是一團糟，電影的前半段很可笑，幾個角色輪流念旁白，互相為對方交代

導演◎陳可辛
編劇◎周智勇、張冀、林愛華
演員◎黃曉明、佟大為、鄧超、杜鵑
香港◎2013年

心路歷程，王陽（佟大為）說：「成東青一面上課，一面嘲弄他的愛情，心裏一定非常痛苦。」然後到成東青（黃曉明）為王陽說話：「王陽說人一累記性就不好……不問現在做什麼，反而更開心。」知道了，你們很苦惱。

沒有哪場戲拍得好

有什麼說出來就好，省力省時，觀眾一定懂，《中國合伙人》有段時間還真像廣播劇。影片特愛那種聽上去很酷的 sound bite 對白，《中國》的百度官網已羅列出一堆所謂的「經典對白」了：「小姐心態，寡婦待遇，婦聯追求」、「愛情就像錄像機，有時候要按快進，有時候要按暫停，生活也一樣」……沒法子，活在微博一百四十字年代，電影免不了目光短淺，不講究戲劇張羅。

《中國》沒有哪場戲拍得好的，大量流行歌是劇情單薄的掩飾；旁白很多時候淪為影像的彌補、蒙混過骨的手段，方便角色互相崇拜。成東青說：「第二天來 mock interview 的學生，一直排到大街上。」畫面呢，找幫臨記扮學生排長龍，以證明孟曉俊（鄧超）的自信回來了。

但孟對着一大幫人說什麼?他所謂沒人比他更了解美國具體又是什麼?⋯⋯算了吧,連編導亦不求甚解,我們還乾急什麼。

另一問題是《中國》的野心太大,在1988、1992、1996這些年間跳來跳去,寫角色及時代,東拉西扯很難不零碎;而在今天合拍片體制下,拍歷史注定力不從心。陳可辛這次立定決心為主旋律服務,引述的幾個事件俱有「憤青」意味:1999年南斯拉夫的中國大使館被炸,2000年的新浪在納斯達克上市,還有1993年北京申奧失敗(王陽的旁白又為成東青交代心迹了)。

申奧失敗的同一夜,蘇梅(杜鵑)向成東青提出分手,於是集體的失落映照個人的憂傷——編導應該去看看婁燁的《頤和園》(2006)或麥婉欣的《蝴蝶》(2004),兩片都比你們有志氣得多!角色的愛慾糾纏、失戀的絞痛,不是跟「國力高低」而是跟六四扯上關係。「這一晚,北京申奧失敗了⋯⋯」可以有多唏噓呢?!對三個人的成長有多大意義?!

雖然早對《中國合伙人》沒有期望,但話說回來,成東青、王陽、孟曉俊三人1988年入讀燕京大學，1989年的學運、六四屠城怎能完全不記一筆？是人命還是國人的國際地位重要？面對龐大市場、動輒億元的票房，《中國》製作人的良知往哪裏擱了？國民自信真的虛怯到一個地步，非要這種阿Q的電影來自我陶醉一番？

「夢想」不知所云

再說電影唸唸有詞的所謂「夢想」，聽來聽去也不知所云。首先三人在燕京念的是什麼專業的？成東青夜裏偷偷躲在圖書館讀的八百本是什麼書？不會全是新華字典及TOEFL試題吧？影片的所謂夢想，要不是空喊的口號，就是乏味及淺薄的目標。即使最初礙於成長環境，入大學、出國後，是不是應該對「去美國」或「搞上市」這些淺薄的口號夢想作一點反思？

據說成東青的基型來自「瘋狂英語」的始創人李陽，《中國》一旦沒有深究國人瘋狂學英語、李陽的爆紅現象，成東青一廂情願的好人形象，比十多年前張元的紀錄片《瘋狂英語》（1999）呈現的要遜色得多。若《中國合伙人》真想企及《社交網絡》，它對成名、發達跟友情的討論亦幼稚得可憐，跟《社交》比起來貽笑大方，像成東青提起孟曉俊，「是追趕的對象，唯只能望其項背」。

Chinese Dreams in America

《中國合伙人》穿插很多流行歌影，它播放蘇芮的《一樣的月光》、齊秦的《外面的世界》，以為透過觀眾琅琅上口的歌詞可令影片更有深度。但你以為它真心相信《一樣的月光》中的「是我改變了世界，還是世界改變了我」這句反問？片末，成東青一臉傲氣說：「吃完飯，我們去攻陷美國。」然後在談判桌上以流利的英語重奪優勢，他們仗着國內市場龐大、貿易保護而雄據一方，連翻版都大條道理。這好比華語電影人在中國的外片配額、單邊主義及無理的審查制度中，輕易脫穎而出，平庸像《人再囧途之泰囧》(2012)成票房冠軍，更多有價值的電影卻沒法被引進，沒有開拍機會。

陳可辛說自己是《中國合伙人》的王陽，其實他更像孟曉俊，當年闖荷李活星運平平，憑藉扭曲、不健全的中國市場名成利就，再到紐約已是衣錦榮歸，由捧餐搖身一變成為實驗室的捐款主人。《中國合伙人》的英文名 *American Dreams in China* 只是幌子，真正的名稱應是 Chinese Dreams in America。這部電影，拍來不是聊以自慰還是什麼？

我甚至覺得《中國合伙人》心術不正，戲裏面的強國男人都「改變世界」，真正被「世界改變」的只有蘇梅。成東青意氣風發了，不再是戴着眼鏡的莽撞小子，蘇卻一個人帶着混血小孩（不是單親就是欠缺家庭溫暖），昔日灑脫清麗、不可方物的氣質大學女生不見了。《中國》之前把蘇梅拍得不吃人間煙火，脫俗的有些過分，原來是為了後面凸顯她有多平凡。

他們的心沒停留在 1989

單眼皮的蘇梅讓我想起《牯嶺街少年殺人事件》（1991）的小明。當年楊德昌拍《牯嶺街》不到五十，陳可辛今天拍《中國合伙人》已五十歲了，這又是另一種難望項背，難怪說人比人比死人。關於改變世界，小明有類似台詞，她對小四說：「你怎麼都不明白呢？這個世界是不會因你而改變的。」楊德昌是真心相信這句話的，小明說罷的結局你知道，小四一家的命運你記得。

在《牯嶺街》的世界，那是楊德昌成長的回憶，時代壓抑，所有人物皆有困惑與苦衷，他們的難題，並不如《中國合伙人》三傢伙來得那麼廉價、便宜，只要相信、努力就可成功，不但發財立品、為國爭光，還友誼永固。他們在紐約開車好不威風，他們的心沒停留在 1989 年，他們是當今國人寫照，被市場及名利沖昏了頭腦，不可一世，以為自己真可以改變世界。

02-06-2013

《風暴》年度奇片

《風暴》是年度奇片，反映了當今華語片某些現象。有人問《風暴》可不可跟《天機：富春山居圖》（2013）比擬，我看兩者還有些距離，但兩片勝在都有劉德華。憑他今天的勇武姿態，要超越自己應該不難。

《風暴》有點浪費了，其劇情轉折之突兀，其實可以剪成三部曲，我試簡述如下。

（一）風暴之盜火線

我們吃西片奶水大，九十年代米高曼（Michael Mann）的《盜火線》（*Heat*，1995）距今幾乎廿年，對香港警匪、黑幫片的影響仍餘音裊裊（香港電影有多愛《盜》片，可參考1998年的《職業大賊》）。《盜火線》至少有兩點港片用之不竭：一乃實感（正是《風暴》的自我

演員◎劉德華、林家棟、姜皓文

香港◎2013年

導演◎袁錦麟

編劇◎袁錦麟

宣傳標籤），二是男性形象。前者重細節，把「城市戰爭」拍得精彩萬分，《盜》中段在洛杉磯的警匪公路槍戰太酷了。

至於男性形象，米高曼的世界非常男性中心。主角無論警賊，皆專注、寡言、內斂、精準、有品味（熨貼、素色的西裝），非常精英。他們用情專一，但礙於專業身分而忽視伴侶或家庭，職業與感情是米高曼男性的兩難。《盜火線》最討厭不是背信棄義者，而是口不擇言、召妓（沒有固定女友）、壞品味的惡棍（長髮藍領老粗）。當然，這種沉靜寡言的英雄非米高曼首創，法國的梅維爾（Jean-Pierre Melville）、哥普拉（Francis Ford Coppola）的《教父》（*Godfather*，1972），奇連伊士活（Clint Eastwood）、查理士布朗臣（Charles Bronson）的以暴易暴警探均可見一斑，但只有米高曼對男角的專業形象（羅拔迪尼路〔Robert De Niro〕是大賊，閒來讀關於金屬的書自修）、衣着及生活品味（香港值得自豪的是，曼的電影曾來港為角色訂做西裝），他們情深款款的形象擁抱最力。

1995年的《盜火線》後，香港的陽剛導演，拍過多少專注、冷峻、good taste的精英（包括劉偉強一改戲路而揚名的《無間道》〔2003〕）。香港電影類型紛紛陷落，現在每年僅靠《寒戰》（2013）或《風暴》等大片喚起聲勢。有賴香港的城市味道跟是類警匪電影契合，大陸短期內學不來（安樂影片的策略很明智）；而幾十年來的西片觀影，教懂我們格調及想像（較西化），變相令有限的本土製作更具體面，看上去較國際（西片）化。

《風暴》向《盜火線》學藝不少，幾乎每個大賊都蓄了《盜》中羅拔迪尼路的 Van Dyke 鬍子，呂良偉演的啪哥最明顯。但值得留意，Van Dyke 鬚講究修剪，迪尼路在《盜》中的「骨子」智者恰當，《風暴》一些大賊太粗豪，其實不大合適，而且太類同（恕分不清盲龍周龍乜龍）。呂 Sir（劉德華）跟曹楠（胡軍）的角力有點像《盜火線》的迪尼路及阿爾柏仙奴，不過人家的咖啡館七分鐘是經典（《盜火線》後該洛城餐廳已成影迷朝聖地），曹楠拾獲警察證件，去重案組辦公室如入無人之境，看着桌面自己的照片慨歎「原來我這麼受歡迎」，勉強弄出雙雄對峙，未免令人失笑。

職業及感情的兩難，在《風暴》中交給了陶成邦（林家棟）。要辨別《盜火線》或《風暴》哪些是好人太容易，不管兵賊，有伴侶、家庭的人壞不到哪裏去（呂 Sir 搵車邊，因為他有乾女）。陶成邦叫我想起《盜火線》一個黑人配角，他是迪尼路獄中的朋友，被臨時拉夫當械劫的司機。這位司機雖是配角，有幕寫他出獄後跟愛侶談未來，好比陶成邦跟懷孕情人燕冰（姚晨），陶說洗心革面「是為了一個女人」。值得一提，《盜》的黑人司機跟《風》的陶同樣在廚房打工，同樣寄人籬下（黑人被喝斥，燕冰要討好老闆），不知是巧合還是借鏡？《盜》偏好沉實的人物，浮誇份子沒好下場，《風暴》一樣，唐強（姜皓文）就是一例。還有另一個由梁烈唯演的蠱惑仔（名字忘記了），嗑藥、勾二嫂，角色寫得真笨，第一眼就估到他不得好死，後面死得也真笨拙。

《風暴》還有些場口及對白模仿《盜火線》的，看似精心策劃的械劫就是一例。為什麼說「看似」？因為無論道路如何封鎖、現場多麼緊張，總是有輛車不知從哪裏高速撞來，第一幕把呂 Sir 撞傷，最後一幕把陶成邦撞斃。另一場在上環新紀元廣場，呂 Sir 說：「廣場多人，他們落手後唔好郁住，等曹楠上埋車先夾佢。」正是《盜》阿爾柏仙奴的對白。另外，香港市內擠迫，《盜火線》可以的《風暴》未必可行，大賊在唐樓遇警方埋伏，竟神通廣大在天台走掉；最後一場在中環十字路口的警匪大戰，警賊方向未明，大賊以寡敵眾，竟逃上堵在路上的巴士。電影厲害，它在試探觀眾的智慧。

結論：香港警匪片，大概再過二十年還會活在《盜火線》的陰魂下。一式一樣的冷峻酷斃英雄流於千人一面，極度男性中心。有時令人懷念八十年代港片，《省港旗兵》（1984）烏煙瘴氣，《第一類型危險》（1980）的老差骨羅烈，穿短褲涼鞋一樣硬漢子；不用動不動就恐怖分子、國際刑警、高科技有組織犯罪；玻璃幕牆建築、藍調攝影……

（二）風暴之魔警

中段《風暴》急轉直下，原來狡猾詭詐的曹楠不是焦點。曹楠最後的功能，是向呂 Sir 獻上「奉公守法」的墨寶，由一個大陸角色取笑港人守法，是整部電影最具時代意味的一筆。

結果呢？呂 Sir 真的懷疑個人信念。不過他的信念夠薄弱的，戲初故意強調的，不外是他說的「規矩就是規矩」、「垃圾要放入垃圾桶」之類行為（我不是好奇他用垃圾，而是好奇他的下屬會如此驚訝！編劇的公民意識有點……），像童子軍的日行一善，微不足道。至於查案講證據是不用當差也明白的常識吧？呂 Sir 準是貴人善忘沒追美劇《CSI 犯罪現場》，不知今天科學鑑證之無孔不入，竟知法犯法，土炮地鋌而走險。最荒誕的還是誤中副車，然後引起了一連串謊言、偽證，甚至借刀殺人，劉華「魔警」上身了。

我有點被搞糊塗，呂 Sir 到底是個怎樣的人？他看個人榮辱重要還是維護法紀重要？呂 Sir 不止一次理直氣壯的說「拉晒嗰班冚家X」，應該是法紀才關鍵吧。若抓犯才是前提，仕途應該次之，呂 Sir 有沒有必要連番撒謊？他當了這麼多年差，有沒有想到自己一天也變成了「冚家X」？拜託，《風暴》不是細心得在開劉華多年前的「杏加橙」in-joke 吧？蠱惑仔算了，他活該，但呂 Sir 陷害陶成邦，是含恨讀書時柔道輸了給他？

電影的宣傳語是：「人走上善惡是命運還是選擇？是性格還是意外？」我們準是 TBB 的低俗連續劇看太多，把「如果命運能選擇」當成口頭禪。要說西片對我們的啟蒙，關於「魔警」好的電影實在太多，看看 Abel Ferrara 的 *Bad Lieutenant*（1992），十年前的《邊緣特訓》（*Training Day*，2011），羅馬不是一天建成，個人選擇跟體制及環境有密不可分的關係。呂 Sir 的自我變壞、如此順利入魔，其實比較像撞邪。

我有特別留意呂 Sir 何時轉性的，明眼人看到首幕女人質被殺對他有打擊，乾女兒被殺是第二大打擊（《風暴》也太絕情了吧，女孩已經是單親、有精神問題，還要被扔落樓？）。但我亦留意到呂 Sir 在乾女兒死後開始喝起酒來，那時候電影剛好放了一半。是酒教他亂性麼？借酒澆愁這場戲有兩點趣味：一是黃德斌，呂 Sir 說同事皆有工作過勞的病態，黃德斌是酗酒，他在差館仍可盡情的喝，秉公辦理的呂 Sir 不放在心上。女孩危殆急着送院，換了是你會不會找個嗜酒的開車？

二是「長江中心」。乾女兒在車上證實死亡（這亦非呂 Sir 的責任！），黃德斌及呂 Sir 就把車靠在橋上喝起酒來，車內還有女孩的屍首（有沒犯了「非法處理屍體罪」？）。他們喝酒的背景竟是失焦的長江中心。《風暴》強調城市景觀，中環建築屢見不鮮，但長江中心被強調了兩次，一是兩警在值班時喝酒，另一場是飛虎隊行動，問重案組有沒有臥底，呂 Sir 撒謊說「無」，存心害死舊同學陶成邦；然後畫面一剪，鏡頭從長江中心高處搖下來，直到呂 Sir 座駕。似乎長江中心在製作人心目中，有象徵呂 Sir「成魔」的意味。

片首的學生柔道比賽有何意義？我摸不着頭腦，只為了交代「呂班長」的「失意」過去？《風暴》看到末段才意識，曹楠及啪哥全是幌子（後者的出場最最無謂），編導真正想拍的其實只有呂及陶二人，一個叫「明哲」一個「成邦」，細看有其含義。其他角色不是沒名字，便只叫強、龍或豹，一味放肆狂野。

「魔警」橋段離奇，卻為劉華帶來一些演「內心戲」的機會，所謂的「複雜角色」、「亦正亦邪」是也。在《風暴》中，劉華的眼瞪得特大特多。他一次又一次的想毀滅證據，最後連天都幫他了（天注定！），最後一個鏡頭為什麼他「久在自由裏，復得返樊籠」？這不是橋段自打嘴巴？別問《風暴》製作人，問大陸的檢審單位吧，這就是今天的華語片了。

結論：同時任監製及主角的大明星，影片出來通常自己威盡。海外有湯告魯斯（Tom Cruise），把《職業特攻隊》（*Mission: Impossible*，1996 –2008）系列變特攻佬，香港有劉華，《風暴》最後在中環的大戰慶幸有他一夫當關。

（三）風暴之佔領中環/中環大地震

但《風暴》最有娛樂性的還是最後三十分鐘，那場電影宣傳自詡「實感」，看上去真卡通得像「中環大地震」加「孖寶兄弟」的混合。呂 Sir 確實有不死身，他屢被重創，飛天跌撞仍完好無缺（已數不清了），對自殘的迷戀比得上《逆戰》（2012）的謝霆鋒。相對而言，曹楠果然是跑龍套的，被呂 Sir 一撞就昏迷不醒。呂 Sir 在中環的車羣之間穿穿插插，多次被炸彈炸上半空，表情驚訝、手腳離地的姿勢十分 kawaii，除了「孖寶兄弟」我想不到更好的類比。建制派看完《風暴》應該去信電影公司及政府部門投訴本片「教壞細路」，中環原來這麼容易被癱瘓，煤氣管原來這麼好炸，一下子就地陷，並摧毀地鐵網絡。我開始有點明白為何本片要搭建中環景及強調長江中心，這部戲是反「中環價值」的，而且是用一顆武裝革命的心來反。

結論：《風暴》也許受《盜火線》啟發，但憑華語片今天的氣派，原來已青出於藍了（3D、電腦特效、更大更駭人的場面），管它什麼邏輯。「罪犯把城市翻轉」，歷來警匪片只是比喻法，港片《風暴》卻 literally 做給你看。強啊！

看《風暴》至少還有一個優點，就是在它放映前，不用再看到《風暴》預告片及製作特輯了。

22-12-2013

#《雛妓》瑕不掩瑜

《雛妓》的排場很好，創作者用心、勇氣可嘉，蔡卓妍突破的演出精彩，叫人另眼相看。在當今港片低迷時候，最需要像《雛妓》這樣的電影了。不過，同時也覺得影片美中不足，看片中途總被一些瑕疵干擾，轉移了視線。

比如主角何玉玲（蔡卓妍）的旁白，如果能夠少一點更好。何玉玲在尖東海旁跟甘浩賢（任達華）搭訕，甘垂釣後離去，何坐在海邊石級沉思，看見一個推紙皮車的老婆婆經過。第一紙皮車不夠生活感，其次礙眼的是何玉玲的旁白：「我成日都喺度諗，我有冇得揀我嘅將來……」這句還好，然而接着說：「我唔想第二日好似佢咁。」其實不用說，觀眾應明白。下一場，她跟蹤甘浩賢到停車場，向她獻身，求他幫忙找 Band 1 學校。玉玲進名校後，命運的確漸漸改變。於是海傍一刻思量，改寫了她後面的際遇。只是，她的思想既已透過剪接交代（正是蒙太奇的核心精神），再說出來就嫌蛇足了。

導演◎邱禮濤　　演員◎蔡卓妍、任達華、Sunadcha Tadrabiab

編劇◎李敏　　香港◎ 2015 年

場面讓我想起 1991 年的《末路狂花》（*Thelma & Louise*），同樣慨歎女性命運悲涼的片子。兩個女角被迫走上犯法的不歸路。Thelma 一改良家婦女的怯懦性格，持槍大搖大擺走進店舖行劫，Louise 則負責把風及開車逃亡。Louise 在某個小鎮等待，看到一對閒賦在家的老婦，Louise 和她們眼神交流，默默無語。兩三個鏡頭的眼神對剪，生命的對比立即呈現：人生苦短，尤其女人較欠社會條件，到底要像末路狂花追求剎那光輝，還是像老婦在平凡小鎮守候，直至終老？選擇不用旁白表達角色心迹，除了是對蒙太奇、觀眾接收力的信任，也令畫面有更大的詮釋空間，餘音裊裊。

為女性發聲，格局野心不小

《雛妓》旁白較「嘮叨」的另外一例。差不多到了結尾，何玉玲來到泰國小村落，想找回她從清邁夜場拯救的性工作者 Dok-my（Sunadcha Tadrabiab），唯遍尋不獲。玉玲路過村莊的小路，身邊簇擁着可愛的小童。鏡頭一再捕捉天真小孩的特寫，不少更是女孩。電影較前段，玉玲在認識 Doy-my 後，她的旁白曾交代，在清邁酒吧出現的少女，不惜出賣肉體，其實都想找到 Farang（外國人）情人，找到便可以回鄉蓋大屋。我們看着結尾天真爛漫的村落女孩，一個個像年幼的 Dok-my，不難聯想到她們的宿命。不過編導還是怕畫面不夠清楚，透過玉玲的旁白補充：「我見到好多個 Dok-my，好多個自己。」女性生命的比對已經很清晰了，不說會不會更好呢？

但話得說回來，《雛妓》個半小時鋪敍過來，結局是開放的，收結有力。影片兩個主角，不止 Doy-my 下落未明，即使一直對我們傾訴的何玉玲，人生、工作及感情都準備邁向新階段（在新聞工作上，她可能過渡到網上獨立媒體）。身為女性，她自覺獨立，不當男性附庸。在中港合拍片當道，意識形態保守甚至父權的現象底下，《雛妓》的進步姿態、為女性發聲、強調 sisterhood 等，儼如股清流。它同時是悲天憫人的，由片首玉玲的個人故事，中段對 Dok-my 的同病相憐，最後上升到對整個族羣、下一代的關注。名曲 *Que Sera, Sera* 在開首放過（喜悅的樂聲配合強暴場面太震撼了！），到結局再放時，遠不止關於玉玲了。歌詞中小女孩對未來、成長的憧憬（「我小時候問母親，將來我是怎樣的？美麗麼？富有麼？」），放諸四海而皆準。當然，造物弄人的女性悲歌，無論香港及泰國同樣適用。《雛妓》的格局與野心真不小！

這就是看《雛妓》最大的困惑了，它出發點、意念很好，商業與言志的平行拿捏不錯（論聲勢及票房一定比邱禮濤兩部「性工作者」優勝），執行及細節上卻有不少沙石。除了旁白不夠精煉，還有別的問題（如美術佈景），整體不夠圓潤、世故練熟。不一一細數了，但看時不住納悶，恨鐵不成鋼，為何當今港片的製作配套如此不完善？

兩主線鮮明穿插

還是談談大處的優點吧，《雛妓》具備了港片較鮮見的敍事結構，編劇李敏功不可沒。何玉玲的故事從 1999 年說到 2014 年，兩條主線互相穿插。一是她如何由輟學、流落街頭到大學畢業，她跟甘浩賢這個「長腿叔叔」的關係；另一是她從事新聞工作後，跟進四個月的惹火新聞被刪，一氣之下到泰國散心，然後認識 Dok-my 的故事。

兩段時空交替，有時故意誤導觀眾，製造驚奇。像影片開始不久，玉玲受繼父侵犯後離家出走，她在尖東海傍看到夜釣的甘浩賢，是為 1999 年。鏡頭一轉，畫面標示 2014 年，玉玲穿得華麗，首天到夜總會上班。觀眾一下以為，家庭不幸對她影響深遠，離家出走十多年後當上舞小姐。誰料她從夜總會後門離開，由男友 Raymond（柳俊江）接走。原來這時的玉玲已大學新聞系畢業，當上雜誌記者，「高官歡場作樂」是她深入虎穴的獨家新聞。

兩段時空有時互相呼應，像玉玲在泰國認識 Dok-my 後，着她賣身世「故事」（sell me your story）。鏡頭一轉，回到玉玲的大學課堂上（2004年？），徐少驊飾演的大學講師在講課，解釋什麼是「故事」（可惜那番台詞太空泛，這種級數的講師怎可能把講堂擠滿？）。提起大學課堂，《雛妓》有別於一般港片反智，十分着重「知識」、「媒體」、「書寫」等元素。「知識」、「大學教育」改變玉玲，把她從女性賣肉的宿命中解放出來；「書寫」令玉玲為自己及別人發聲。至於「媒體」，若如電影暗示，印刷媒體太多利害瓜葛、自我審查，它提醒我們還有「黃金兄弟」網上羣組（「高登巴打」？）。在「後雨傘運動」年代，邱禮濤、李敏的《雛妓》，透過蔡卓妍的嘴，給出最少一個擲地有聲的 sound bite：「有嘢可以同人民嘅聲音鬥嘅。」

港片鮮見不尋常「父女」關係

兩段敘事，有時又以「地點」貫串。尖東海傍一塊小角落，成為玉玲對甘浩賢念念不忘的地方。《雛妓》之外，我想像不到還有哪部港片，敢於描寫這樣不尋常的「父女」關係？也沒見過像甘浩賢的 sugar daddy！《雛妓》甘浩賢與何玉玲的幾場對手戲，事關故事的命脈，包括電影最受注目對白的那場（「我有畀你X㗎？」）。甘在上班的中途，匆匆趕來玉玲的「小公館」，說：「我唔食晏都趕住嚟見你。」意下之言很清楚，不過是荷爾蒙發作吧。他的偽善、遮遮掩掩襯托出了玉玲的直白，功課忙碌還要照顧他的性需要，甚至被他無理取鬧；玉玲一輪粗話臭罵（阿 Sa 演得好！），把表面上道貌岸然，其實工作壓力大、急色慾發泄的甘浩賢罵個狗血淋頭。而因為電影是倒敘，玉玲想起不免有點後悔：「當全世界唔明白佢嘅時候，或者佢受委屈之後，佢最需要我，不過，當時我唔明白。」從關係中學乖，明白自己及別人多一點，不就是成長的最重要引證麼？只是，回想很多時候是悔之已晚，恨錯難返……《雛妓》其實蠻世故的。

15-03-2015

《迷城》眾人皆醉我獨醒

林嶺東闊別多年，這次憑《迷城》歸來，不只拍凌厲的動作片，還要藉它言志，諷喻當下的香港。

他一向擅長城市警匪片，「城市」是他電影的標記，對上一部為人津津樂道的是1997年《高度戒備》。林八十年代的成名作《龍虎風雲》（1987），英文為 *City on Fire*，套用在《高度》及《迷城》上同樣合適。

（一）醉與醒

林嶺東以「迷」字修飾「城市」可圈可點（大陸版好像叫《謎城》，從內地看香港像個謎？又別具意味）。「迷」可以是「迷失」、「紙醉金迷」，無論如何都是「清醒」之反義。由《高

導演◎林嶺東
編劇◎林嶺東
演員◎張孝全、古天樂、余文樂
香港◎2015年

度戒備》到《迷城》，剛好是香港回歸至今的時間跨度，林嶺東似乎要針對當下迷失的香港。

《迷城》的首個鏡頭是港幣一千大元，疊印在璀璨的香港夜色之上；意思明確不過了，香港的美靠錢財堆出來。古天樂演的郭天民，其開場白說得清楚：「錢是每個人的生命動力，這個世界什麼都有個價……」，畫面呈現富商跟少女在鬧市挽手同行。阿民接着說：「包括人的青春、理想、良知、公義。」特別留意，「良知」與「公義」是我們近年常掛在口邊的抗爭口號、社會的道德底線。《迷城》開始不久一宗暗殺案，被殺的是一名報紙老總，輕易教人想起現實的劉進圖事件——林嶺東借電影諷喻香港，更昭然若揭了。

《迷城》是仇富的，有錢人皆一副臭臉，在林嶺東看來全不是好東西。譚炳文演的叔父很偽善，那個叫浩少（馬浴柯）的富二代面目可憎；為有錢人打工的律師佐治蔣（謝天華）唯唯諾諾，在老闆跟前不敢造次，對着下屬及情人呼呼喝喝。黑幫分子也只為有錢人賣命，台灣幫跟香港古惑仔的分別是：以黑頭（張孝全）為首的台灣幫心狠手辣，但亦更講道義；他們四海為家，特別需要互相扶持。香港的古惑仔則樣衰沒品，仁哥（李燦森）往日虛張聲勢，死到臨頭便窩囊不堪（李演得維肖維妙）。不過，骨子裏台港的黑道乃一丘之貉，「可以賣的命，都是賤命」。《迷城》裏面的所有角色，無論富或貧，幾乎都逃不掉被金錢牽制的惡運，每人像貨品般扣上價錢牌。

「貪的世界，人不會有前途」

或許只有郭天民例外，從頭到尾他把錢財看得最淡，頗有眾人皆醉我獨醒之感。他在尖沙嘴開酒吧，自己倒不大喝酒。他從前是當差的，一次查案為保同父異母弟弟小聰（佘文樂）而辭職不幹，可說是良知覺醒。他說不相信錢，因為「錢是教壞人的」。阿民的道德感召從何而來？搞不好來自亡父。民說：「好難滿足父母的期望。」又說：「父親從前教我，叫我們不要行差踏錯，否則以後也回不了頭。」

父親的教誨，頗有粵語片況味，老套但中用。阿民的父親也是警察，電影對他的描述，其實只有倒敘的寥寥幾筆（軍裝警員，官階似乎不高），對阿民做人處事卻有深遠影響。阿民的前上司王 Sir（任達華），在民跟前亦多次提及亡父（「你阿爸一定好失望」）。昔人已乘黃鶴，但屬於他世代的規範與約束還奏效。《迷城》藉郭天民此「道德代理人」，把上一代勤勤懇懇、忠心正直的態度，帶進二十一世紀回歸後、漸次禮崩樂壞的香港。

阿民最後的旁白說：「貪心的人不可以維持公平公正，貪的世界，人不會有前途。」跟《華爾街》（*Wall Street*，1987）的「貪婪是好」（Greed is good）大唱反調。說到「貪」，今天的香港，連特首都自身難保了，按阿民的說法，此地還有什麼前途?!難怪電影要在皇后像廣場收結，難怪興建於 1912 年的前立法會大樓亦難逃厄運，百年基石毀於一旦。象徵意味夠露骨了，大樓上代表公義的泰美斯女神被子彈打斷左臂，天秤摔到地上，香港法治已死。

（二）城與鄉

《迷城》的都市危機四伏，我們熟悉的大街小巷，隨時發生暴力事件，而且程度不斷升級。由酒吧搗亂，汽車追逐，商場斬殺，到當街當巷綁架、殺人。林嶺東再次示範，什麼是實價不二的動作場面，力度猛火，充滿實感。值得一讚是戲裏一眾演員，由知名的張孝全到不知名的小嘍囉，眼神兇狠，惡形惡相，乖張暴戾演得入木三分。

林嶺東真是不到你不服，《迷城》的動作取景不少是鬧市的繁忙要道，誓要把具有特色的城市景觀盡冶一爐。小雲（佟麗亞）在尖沙嘴嘉蘭園被黑幫擄走，小聰（余文樂）二話不說，開着拖車狂追出加連威老道，拖車的拖架在路面擦出火花，沿途的車輪給砸個稀巴爛。小聰的母親花姐（元秋）在煙廠街被捉，小聰追出花園街，賊人逃之夭夭，同樣是人聲鼎沸之地。還有阿民在上環腹背受敵，台灣幫及警察兩面在追他。他一邊連消帶打，一邊從半山奔竄到電車路，好不容易才被小雲開車接走。動作場面中，角色的服飾配置聰明，主角像阿民、小聰及小雲穿的以白色為主；台灣黑幫則全身黑色，在混亂中於是易於辨認，當然黑、白也有善與惡的象徵含意。最後是教人目定口呆的中環決戰，由天星碼頭停車場開始，汽車衝進行人隧道險象環生，高速駛過太子大廈旁的行人道，再飛插進一架雙層巴士。厲害！多少年沒見過如此具爆炸力的場面了。

被利慾掩蓋良知

顯而易見，結局的中環場景做了電腦修改，名店品牌名字變了，看上去還知是名店。大追捕在中環的消費主義、大會堂等佈景下開展。製作人還在隧道內、大廈外牆加上宣傳香港「動感之都」的廣告板。對了，《迷城》中人被利慾掩蓋了良知，那個你爭我奪、你死我亡的香港，諷刺地切題，不正是個充滿動感的大都市?!

小雲嘗言：「以前的世界多好，多平靜。」林嶺東把情懷寄託在舊時代與鄉郊，來跟躁動的城市對比。這方面他算重施故技，1989年《伴我闖天涯》已有類似描寫：城市幹探周潤發與村姑鍾楚紅文化上格格不入，但周漸漸被淳樸的自然環境同化。《伴我》公映時，有評論說影片意念來自澳洲導演彼得維爾（Peter Weir）的《滅口大追殺》（*Witness*，1985），維爾電影素以「文明」與「原野」的衝突為題。當然香港的「城」、「鄉」差異難以跟《滅口》比較；《迷城》中，美好的過去或很虛幻及不着邊際（民、聰兒時與父在西貢河邊扔石）；恬靜、與世無爭的村屋（花姐家）及南丫島（民及小雲之匿藏地）或許很片面，作為敍事策略亦無可厚非，是林嶺東對「迷城」一面倒地唯利是圖的回應。悲觀中抓些慰藉，不然電影沒有宣泄出口了。

事實上，墳場也是安逸的。阿民、小聰、小雲這三男一女（又是 ménage à trois 兩男一女的配對），亡命旅途難得一刻偷得浮生，是阿民、小聰在先父墓碑拜祭時候。這小節安排為敍事的小懸念，三人喝酒，小聰說「一飲忘憂」，小雲是「一飲忘情」，一直最清醒的阿民呢？當下沒說，留待片末才揭曉。還記得前文說，《迷城》以一張千元紙幣開始？影片最後一個畫面有釋放的作用，頗教人意想不到——雖然看起來的確有點像醇酒廣告。

林嶺東不滿現狀，拍出《迷城》。故事的出路，可以在古天樂的郭天民身上找。

23-08-2015

《三人行》杜琪峯貫徹始終

《三人行》公映前，電影公司給媒體放映了一部四十五分鐘的「製作紀錄」。不得不說，製作紀錄多少令我對《三人行》刮目相看。

當然，本該以戲論戲，電影從來以成果論英雄。「製作紀錄」不就是 making of？影片的好壞，不應因為明瞭製作困難而加分。但《三人行》的「製作紀錄」，又有別於一般純宣傳性質的 making of，它由《無涯：杜琪峯的電影世界》（2013）的年輕導演林澤秋負責。《無涯》是兩年前一部以杜琪峯及銀河影像為題的紀錄長片。在戲院公映過，或許看過的人不多，但那是杜琪峯作為一位香港電影作者，面對當今的合拍片大環境，一個蠻重要的紀錄。

《三人行》的「製作紀錄」有點秉承《無涯》，不是一味唱好、只在乎大明星受訪的 making of。該紀錄片分三部分，「劇本」、「角色」及「長鏡頭」。第一部分頗凸顯了杜琪峯與游乃

導演◎杜琪峯

編劇◎劉浩良、麥天樞、游乃海

演員◎古天樂、鍾漢良、趙薇

香港◎ 2016 年

海（《三人行》身兼編劇及監製）既熟悉又矛盾的合作關係。杜說一直不擅拍完整劇本（跟電視台出身之訓練有關，他嫌完整劇本不夠刺激），即是寫起了臨場亦不斷修改。游作為銀河影像編劇的核心，即使身經百戰，還經常面對極大壓力。《三人行》在番禺片場搭景拍攝，劇組準備就緒之後，不時在等劇本的幾頁定稿。「製作紀錄」捕捉了幾個編劇，在現場不少沮喪、疲累的身影。

更吸引是「製作紀錄」的「長鏡頭」。杜琪峯拍長鏡頭不是首次，之前便有《大事件》（2004）的實景槍戰，七分鐘一氣呵成。另，說醫院內殺出重圍的長鏡，資深戲迷會想起吳宇森的《辣手神探》（1992）。但杜是次《三人行》一個五分鐘長鏡頭，卻以「人肉」慢鏡見稱：在醫院的弧形大病房內，主角跟配角好幾十人，後段上演一幕大混戰。傳統慢鏡頭是攝影機調快格，再以正常速度放映達到效果，《三人行》為了拍到眾人的動態，鏡頭在他們之間穿來插往，竟想到着演員把慢動作「演」出來。可演則演，一些不可演——像角色被子彈轟得淩空的，就用「威也」解決。「製作紀錄」把該鏡頭的拍攝經過詳細記錄，機關算盡（巨柱亦可移動），台前幕後分秒必爭。坦白說，「過程」比「結果」還震撼。看完不禁慨歎，當年《大事件》長鏡頭，正欠了如斯完整的攝製紀錄。

「動作」中見「歌舞」

而且，為了要令演員的「慢動作」更有說服力，《三人行》還找來「肢體演技」指導黃俊達，跟有份參與該鏡頭演員，上了一個多月的形體課。黃俊達的背景是舞蹈及劇場，對演技的觀念，跟慣了拍特寫的電影自然不同。「製作紀錄」指出的一個重點，黃訓練演員演慢鏡，是把慣常的動作（如開槍）分解。香港電影最常見與自傲的「動作指導」，在國外除了可稱為「action director」，也有譯作「action choreographer」的。顧名意義，動作根本像舞蹈的編排，講求韻律與變化，電影鏡框之內的造形。不是說看起來有多好打，反而是有多中看。舞蹈融合武打的古今例子不少，經典歌舞片《夢斷城西》（*West Side Story*，1961）就是一例。

由此看去，《三人行》可算是個「藝術實驗」？「慢動作長鏡頭」乃故事高潮（開首皆文戲，鋪排了逾一小時，槍戰才正式上演），說不定也是影片攝製的「初衷」？是一切（包括決定全廠景攝製）的起點。杜琪峯其實一直在拍「跨類型」，作品是「動作」中見「歌舞」：《鎗火》商場以靜制動的氣氛鋪排與人物構圖；《放逐》（2006）槍戰爆發，木門被轟得如飛舞；《文雀》（2008）的傾盆大雨、扒手過馬路的高手過招慢鏡……統統有歌舞片動作、節奏及音樂調配的味道（《文雀》的雨景及傘等元素更來自積葵丹美的《秋水伊人》〔*The Umbrellas of Cherbourg*，1964〕）。《華麗上班族》（2015）杜名正言順拍 Musical，總算一償心願。雖然，《華麗》成績不夠理想，嚴格來說有歌沒舞（取而代之的動態來自攝影機及剪接）。

回看今天的《三人行》，「歌舞」元素跟前作一脈相承。該慢動作長鏡，並不從動作片慣見的緊湊、爆炸力出發，儼然只關心動作（包括形體與影機）的韻律。藝高人膽大，長鏡的最後構圖，一共包括十多人。最微妙的還有，這鏡頭配上羅大佑作、王菀之唱的《之乎者也》，輕快跌宕、不除不疾，比《華麗》還要「歌舞片」。歌詞的古語亦暗暗呼應戲名「三人行（必有我師）」；韋家輝的影響力太厲害了？沒有他參與的銀河作品，亦不經意的來點儒釋道妙語。

即使進入合拍年代，杜琪峯仍不為自己設限，每次開拍新片都尋求創作新刺激。「限制」可逼出「創意」，他深明此道。

影射禮樂崩壞當下香港

從「作者」軌迹看，《三人行》的廠景是《華麗上班族》的延伸。上次是虛景真情，以「虛」誇張辦公室與上流社會的浮誇，並暗示故事放諸中港台皆準。這次卻完全還原真實，醫院病房、儀器，醫生言行舉止、手術過程全巨細無遺（應是歷來描述得最詳盡的香港電影）。廠景在番禺，但憑影片關於醫院與警員的一切設定，它完全是個「香港故事」。

杜琪峯（加上編劇游乃海等）似在影射禮樂崩壞的當下香港，專業人士失德：醫生疑似違背醫德，警察徇私枉法（黑警？）。當然，看下去他們皆有苦衷，「犯法都係為了執法」（還望不會被抨擊為「左膠大愛」）。而不知是不是「合拍片審查」的幽靈作祟，《三人行》的「專業人士」後來紛紛痛改前非——或許是多心了，趙薇的佟醫生其實經驗了「成長」。她的角色有一定中港影射：十七歲來港新移民，靠實力打拼、爬上社會階梯的精英。她可是來自「一孩世代」？最欠缺的是人情世故。

若替《三人行》作構成的逆向思考，它為了一個場景說完故事，搭了仿真醫院。為了營造高潮一幕的眾人「聞歌起舞」，故事必須在大病房發生。因為大病房，於是有各式各樣的副線人物：張國強、譚玉瑛（天啊！《430穿梭機》第一代主持組合?!）是面對喪偶之痛的老夫老妻；盧海鵬演的鍾伯則是comic relief，還有王梓軒演的躁狂病人，他的結局體現了銀河影像的「荒誕」（只是搞不懂他案頭上的書《Google真相》如何進一步剖析其性格?）。還有洪天明的「院霸」，把醫院當成家。陳Sir（古天樂）、歐錦棠等幹探很靜態，對比林雪的冒失、在醫院穿來插去（以「口哨」製造懸念，像費茲朗的《M》〔1931〕）。沒有林雪、盧海鵬及洪天明等人的插科打諢，《三人行》很難充撐起「半實時」的佈局。對了，「時間」也是《三人行》故事的先天限制，鍾漢良演的高智商大賊入院後，六時正探病時間最高危。大限將至，警察如臨大敵。

場面凌駕了故事

只是，為了嘗試時間與空間的高度濃縮、長鏡頭的調度，杜琪峯的《三人行》的情節有不少犯駁。它的廠景愈要還原香港醫院，一些橋段愈是說不過去。醫院再沒牀位，大賊斷不可能跟一般病人同房。還有謝天華等大賊裏應外合、鍾漢良的最後逃亡，驟看像嚴密部署，到頭來好像沒有部署，顯然都是場面凌駕了故事。至於影片最後差強人意的電腦特效，可說是華語片死症。近年來，除了徐克的《智取威虎山》（2014）最好，其他的全乏善足陳。

誠然，《三人行》看的飲恨，杜琪峯這兩年的作品總不夠完美，迎接合拍及國內市場更添不明朗因素。但無論如何，他的新片還有叫人先睹為快的衝動。他四部完全大陸取景的合拍片：《高海拔之戀 II》（2012）、《毒戰》、《華麗上班族》及《三人行》，由題材到風格完全不同，各有嘗新及自我設限。作為創作人，不墨守成規，屢創新猶，香港電影作者之中幾稀矣。

17-07-2016

《無雙》扭盡六壬

（一）《無雙》的三次扭橋

《無雙》扭橋，扭到無所不用其極。全片最少扭三次橋，容我先梳理一下。

第一扭：李問到底是誰？

《無雙》最堪玩味是，敍事全靠角色回想。如此有意識把玩「視點」、「複述」，在港片、合拍片中不多見。全片主要是李問（郭富城）在講故，小部分是督察何蔚藍（周家怡）回憶的 flashback。

何的回憶較好辦，它沒有對象，沒有撒謊的動機，曖昧的只是李問說的事件版本。何蔚藍等差人，大概沒看過《羅生門》（1950），只信李一面之詞真笨。好奇一問，警局辦事如此輕

導演◎莊文強　　演員◎周潤發、郭富城、張靜初

編劇◎莊文強　　香港◎ 2018 年

率？明明眼前這個疑犯已落案控以謀殺，DNA證據確鑿，他們卻因為想打大老虎而任他保釋候查？影片嘗試開脫，有大律師出馬，太平紳士擔保，亦難自圓其說。樂觀點看，就當編導莊文強影射香港今天制度崩壞，包括警隊的人治作風吧。

李問把遇上「畫家」吳復生（周潤發）、跟他合作的經過娓娓道來。觀眾到最後才發現，李說的全是謊話，他才是畫家本人。李問在整部片的怯懦、神經兮兮全是演出來的。勉強解釋了，為什麼周潤發的演出那樣格格不入（看得我這「周粉」非常失落），因為「畫家」一角根本不存在。這同樣解釋了，為什麼畫家初跟李問見面，竟然像「泡仔」一樣，對他含情脈脈，欲擒先縱（在畫展莫名其妙臭罵引君入甕），在酒吧「調情」（「我後悔嚟咗依度，應該為你開支紅酒……」），又在私人飛機等待（像不像《我的超豪男友》〔*Crazy Rich Asians*，2018〕結局？）。畫家向李問「表白」：「我唔係嗰啲唔三唔四嘅人」、「我係極少數，唔係為咗女人做嘢嘅男人（然則他為男人？）。」嗯，明白了，倘若一切本是李問想像，他把自己投射為慾望對象，合理之至。

《無雙》的超高智慧型罪犯，不認不認還需認，多少衝着《非常嫌疑犯》（*The Usual Suspects*，

1995）而來。對我輩戲迷、莊文強等影人而言，二十年前是西片另一美好年代。由塔倫天奴（Quentin Jerome Tarantino）計起，人才及神作輩出，經常扭橋、顛覆敍事傳統。芬查（David Fincher）的《七宗罪》（*Se7en*，1995）及《搏擊會》（*Fight Club*，1999）、塔倫天奴的《落水狗》（*Reservoir Dogs*，1992）及《危險人物》（*Pulp Fiction*，1994），沙也馬蘭（M. Night Shyamalan）的《鬼眼》（*The Sixth Sense*，1999），佐敦（Neil Jordan）的《哭泣的遊戲》（*The Crying Game*，1992），法庭片《一級恐懼》（*Primal Fear*，1996）等。1995年 Bryan Singer 的《非常嫌疑犯》至今仍叫人津津樂道，它的結局完全叫人意想不到。《無雙》說李問只憑藉跟軍裝警的一面之緣，就臆造出整段回憶，恰恰是《非常》設計的再版。

但《非常》還說得過去，嫌疑犯憑報告板上資料細節拼出故事；《無雙》卻不過是一張臉！若只需要一張代罪的臉，以李問的驚人記憶力，為什麼不回想其他人，甚或亂拼一通，竟要選用剛碰面的軍裝警？是他故意跟何督察開玩笑，還是百密一疏？若非那張每天在差館出入的臉，李問最後應該可以逃之夭夭吧？

第二扭：到底誰才是阮文？

若《無雙》的「第一扭」衝着《非常嫌疑犯》而來，「第二扭」或許是希治閣（Alfred Hitchcock）《迷魂記》（*Vertigo*，1958）。這其實沒甚必要，只怪莊文強野心太大，一部戲想說的東西太多。

初時憑李問的作供回憶知道，他跟阮文（張靜初）識於微時，後來分道揚鑣，對她一直念念不忘。他在金三角跟將軍（高捷）的手下吳秀清（馮文娟）邂逅，後來在火海中救她。她此後視李為救命恩人，追隨他左右。畫家知道李問一直記掛阮文，於是在秀清康復後，擅作主張給秀清一個新身分及護照，讓她同樣叫阮文！

結局的「真相大白」則離奇了，既然「畫家」子虛烏有，李問把秀清視為「愛的替身」，徹頭徹尾是他本人意思。李問像《迷魂記》的占士史超域（James Stewart），表面好好先生，骨子裏卻有極強的支配慾，所謂「愛情」全是偏執的「畸戀」（希翁對男性及自身的挖苦）。《無雙》甚至變本加厲，吳秀清因皮膚嚴重燒傷，李問索性請醫生為她易容，讓她長得跟阮文一模一樣——《無雙》想由此帶出「真身」與「替身」辯證，「一張臉」到底代表什麼？

影片何止是《迷魂記》？簡直要帶出《奪面雙雄》（*Face/Off*，1997）或《我的華麗皮囊》（*The Skin I Live in*，2011）思辯。

張靜初一人分飾兩角，戲裏前面出現的「阮文」，大多是「吳秀清」。於是，秀清受過李問恩惠，李的求助信件來到，她二話不說去幫他。

第三扭：李問跟真的阮文是什麼關係？

《無雙》最後一分鐘還不給觀眾喘息機會，來個「真相大白」之後的「大白」。何蔚藍去西北找真正的阮文，所謂的「國寶級畫家」。張靜初很努力演兩個模樣，在山上畫畫的阮文，較溫文秀氣。這時我們才知道，李問並非她的青梅竹馬小情人，只是她一個落泊的鄰居，兩人並不熟絡。對白說，李問只見過阮文兩次，即過目不忘，既畫出肖像（坦白說畫像不夠神似），還竟可依記憶為秀清整容。

他對阮文念念不忘，不在於跟她一起過，只在階級懸殊。他看着畫家阮文跟駱先生（吳嘉龍）身光頸靚，有些自慚形穢。《無雙》說的是，李問所以蛻變成為超高智慧的偽鈔罪犯，全因他出身寒微，無力攀附名媛之扭曲心理。《無雙》至此，已經不自覺有企及《社交網絡》甚或《大國民》（*Citizen Kane*，1941）的野心：一個呼風喚雨人物最不為人知、心靈最弱小部分。李問偷看阮文，我們看着他，電影觀眾有全知的快慰。

（二）非扭三次不可的橋段？

然後再問，《無雙》的橋段真的要非扭三次不可?!當然不是，多心也是失焦，不夠信心。處理好一項已不易，三項加起來，只令劇情過於繁雜、「局中局中局」的作繭自縛。同時又把李問塑造成過於神通廣大，無所不在、無所不能的奇人異士。

可以說，扭橋不過是重申影片的「真」與「偽」辯證：真畫 vs. 假畫，真鈔 vs. 偽鈔，李問 vs. 畫家，阮文 vs. 秀清，真愛 vs. 替身，真實 vs. 口供，fiction vs. non-fiction……戲裏姓駱的經理人說：「世界只有一個梵高，其他的沒價值。」周潤發演的魅力「畫家」卻說：「任何事做到極致就係藝術，有心，假貨都可比真貨好」、「只係睇到黑同白嘅人，永遠都係失敗者。」《無雙》果然是這個年代的出品，畫家說話，不難讓人想起馬雲名言：「假貨質素比真貨好。」

純屬戲言。但有時「虛構」的確比「真實」有趣，《無雙》以「講故事」為題，有此論調無可非議。李問的敍述騙倒所有人，證明真假並不重要，重要只在說服力。提到「說服力」，《無雙》很花心思鋪陳假美鈔的工序及細節，劇本顯然做過資料蒐集；只略嫌偽鈔的研製過程不算艱辛，幾段「蒙太奇段落」(montage sequence) 流於輕快，手法陳套。時代不同，1986年《英雄本色》的假鈔製作，純粹用 Photoshop 在畫面塗抹一下，比起來兒戲多了。

《無雙》由「真」與「偽」，再引伸到「主」與「次」辯證。對白說得最多的兩個概念，是「主角」及「觀眾」，即「被看」與「看」關係。上面提及的第三個扭橋，正正建基於此。最後一幕，把觀眾帶回很多年前的溫哥華，李問仍是窮光蛋。鑫叔（廖啟智）知道他對隔壁的阮文有意思，勸他別癡心妄想：「記住，你同世界所有嘅人一樣，係觀眾。主角，冇你份做㗎喇。」這乃影片最後台詞，配襯的最後畫面，是李問一臉機心的看着玻璃屋頂下的一雙璧人（阮文及她的經理人）。人物方位特別：李問明明在暗、是看戲的「觀眾」，卻居高臨下；一對璧人在明，是被看「主角」，卻位處下方。

把「主角」與「觀眾」看成《無雙》最分明的二元對立，無疑是給兩大明星的表演機會。他們「不凡」、「無雙」，演「平凡」只為襯托。郭富城全片努力扮懦弱，幾次聽到槍聲，雙手被嚇得倏地舉起，或抱在胸前，有點叫人失笑。港片巨星就有此煩惱，他嘗試演平平無奇角色，觀眾皆期待他們鯉躍龍門。郭富城在「虛構回憶」（假）的笨，是要凸顯他在「真實回憶」的「chok」：意氣風發，獨當一面，有領導才華。趣話一則：我以為李問講述畫家故事，因為「虛構」，主角才神通廣大，誰料當畫面換上「真實回憶」，李問勇闖毒梟大本營原來一樣威武，舉起兩支AK-47掃射！禁不住想起《樹大招風》葉國歡遺訓：AK後撞力強，要雙手按實，馬步紮穩。對比葉，李問簡直是神。

周潤發同樣如是，一方面很英雄，另方面可以很市井。《無雙》對他難度不高，只是故技重施。風度翩翩的出現，很酷；在金三角，米色西服、雙曲尺大殺四方，飛躍慢鏡頭，有點像《英雄本色III夕陽之歌》（1989）的Mark哥。稍稍不同是演「反派」，不過只是「虛擬」存在的「心魔」。結局他穿上警察軍裝被制服，立即又變回傻戇「木咀輝」或失憶「賭神」。周的平凡與不凡，多少年來互相映照，深入民心。這解釋上文問題，為什麼李問要借軍裝警員一張臉去作故事，因為影片要給發哥一個「表演」平凡的機會。

畫家說：「依個世界上，一百萬人之中只有一個做到主角。」若是，香港「主角」只有七個，《無雙》的周及郭就佔去兩席。畫家跟李問到了美國（本片角色的旅途及身處別國總是含含渾渾，敗筆也），扮鬼扮馬買無酸紙，李質疑：「買嘢啫，唔使搞成咁呀？」要的要的，香港電影工業最放不下的，是「明星形象」。

最後一問，若《無雙》不是合拍片，若李問可以逍遙法外，會不會更精彩？！香港今天大片，拍得再「有心」，仍受制於大陸迂腐的檢審制度。沒有好的土壤，怎出好藝術？硬性的好人好報，惡人惡報，警察盡是英明，永遠拍不出《非常嫌疑犯》。「只係睇到黑同白嘅人，永遠都係失敗者。」畫家這句 sound bite，我們銘記於心。

14-10-2018

《唐山大地震》唐山喻國，一片欣欣向榮

都說國片厲害，災難片荷李活拍過這麼多，都沒《唐山大地震》那麼徹底。

誰說IMAX只可以上《蝙蝠俠》（*Batman*）、《變形金剛》（*Transformer*）那些無傷大雅的東西？《唐山大地震》示範，死人塌樓的災難片也可盡用五層樓高的大銀幕；IMAX強調晶瑩剔透的影像，用來看角色呼天搶地同樣合適。那些名人嘉賓不都看得涕淚交橫嗎？很快我們可以用淚水多少去評論一部電影的好壞了，這也是《唐山》給我們的啟發。

遺憾馮小剛沒搞出個IMAX立體版，不然地動山搖更有臨場感，壓着那對小姊弟的石屎，說不定就像壓着觀眾席上的你和我。片子開首數以萬計的蜻蜓奇觀，要朝觀眾飛來而不是飛走，碎石也應該往鏡頭擲過去，都弄成IMAX了，就只差這一步。

導演◎馮小剛　　演員◎李晨、徐帆、張靜初

編劇◎蘇小衛　　香港◎2010年

十年一段，橫跨兩地震

《唐山大地震》很「忙」，它時間不少，一百四十分鐘，但要說的東西很多，總是在趕路似的。我沒看故事及宣傳資料進場，以為馮拍《唐山》只是受了汶川地震啟發，看過才知根本就是拍汶川。1976年的唐山大災難，一晃眼十年，是八十年代，再晃眼是九十年代，再去，就是2008年的汶川了。

電影兩個多小時要橫跨三十二年，而且每十年平均分配（除了1976年有四十分鐘左右，其他十年只佔二十分鐘），時間成了戲劇及人物塑造的最大敵人。要交代角色長大，要說家庭及個人掙扎，又要觸及角色災後心靈創傷，真替編劇叫苦。如此格局，真虧內地媒體把《唐山》稱為「大量留白的電影」。按此邏輯，其實整部片不拍出來更好，因為在觀眾腦裏無限留白。

我後來才明白，為什麼要拍「唐山大地震」？為什麼故事要由1976年開始？為什麼每十年一段？《唐山》中舉國哀悼毛澤東的段落露了端倪。今人看中共歷史，1976年往往是分水嶺，這一年，老毛去世，四人幫被抓，文革結束，好像天意安排，為幾年後的改革開放奠定基礎。於是，《唐山大地震》就像任何粗疏的官樣歷史，十年一閏，總結中國幾十年來的「輝煌成就」。

暗喻走過煉獄再回春

一市乃一國縮影，看着此地如何從人間煉獄，一步步走向欣欣向榮，由最壞到最好，好比中國解放後經歷了連串政治鬥爭再扳回正軌（走資）：文革黑暗，改革開放光明。「前面的路口原來就是我們家，現在蓋百貨大樓了。」姊姊方登（張靜初）三十多年後重遊故鄉，看着唐山市面恍如隔世，弟弟此話不正有點題作用？當然，若你知道唐山市政府有份投資《唐山》，就更明白那為改革開放豎碑立傳的因果關係了。

也試比較兩場地震。1976年色調陳舊，災難恍如鬼哭神號，把蟻民殺個措手不及；2008年那場，第一個鏡頭就是三台直升機劃破長空，畫面明亮，依次出現的是嚴整的救護部隊（解放軍總是最可靠的！），從四方八面而來捨己救人的民眾（包括影片的一對姊弟），他們都爽快乾脆，信心滿滿（「看到唐山救援隊就到我喇」）。如果只憑電影印象，會感到祖國的天災應變力，三十年間如此突飛猛進，大抵也是拜國家富強、社會和諧之賜。看來汶川地震是給騎劫了，為《唐山大地震》的「先苦後甜」服務，無數的家破人亡、小學生葬身瓦礫，好造就一對姊弟三十年後錯摸重逢。

電影的「啟示」

《唐山大地震》的啟示很多，最後多說兩個。一是飽受災劫的人確實與別不同（還是唐山人與別不同？）。2008年，弟弟方達（李晨）在自己的旅行社公司遇上地震，同事慌忙走避，方達臨危不亂，說「小震不用跑，大震跑不了」，着所有人回來工作（看！努力工作仍是王道），他不慌不忙給母親致電問候。方達「小震」、「大震」那兩句話太有智慧了，我很希望台灣、日本酒店的地震告示換上，紓緩住客情緒，人反正一死，對不？姊姊方登跟大學情人未婚懷孕，兩人因此鬧翻，情人雖不負責任（說懷孕是錯誤可「糾正」），但方登的話也令人莫名其妙：「我是唐山人，是在拉屍車上醒來的。我爸就在我旁邊。」想像你每次跟女友吵架，她都回你這番話。

另一啟示，身為今天的中國人，要貪新又要念舊。方達發了迹（單手打出一己事業，何嘗不是改革開放成就的典型個案？），老婆的心願是遊歐洲及買LV，方開BMW帶母親看房子，但他給亡父墳前倒的酒，三十年後仍是「劍南春」。馮小剛繼續他的大腕本色，電影吸引全國眼球，拍電影不能不硬銷廣告，即使曇花一現的小品牌，都要請來當金主。

有些是沒有露面的，如方達同事問旅行團保險投保哪家好？方答「中國人壽，踏實！」是啊，1976年大地震就差在沒有中國人壽！不然災民的命運就不一樣了。「劍南春」、「BMW」、「中國人壽」的標誌在影片的End Credits一再出現；看着吧，一天電影人及金主都知道什麼叫品味，銀幕上的品牌廣告用得再subtle一些，就是咱國大片真正出頭，躋身國際的日子了。

25-07-2010

《智取威虎山》對得起過億票房

當初知道徐克要拍《智取威虎山》很錯愕，怎麼連我們熟悉的老怪都「又紅又專」起來？大陸電影圈果真如此難混嗎？

但看完電影後完全改觀，故事教訓不要「望名生義」。《智取》雖是樣板戲新拍、「八一製片廠」出品，拍來卻十分明快，豐富熱鬧，動作凌厲，漫畫感很強，完全一貫的「徐老怪」作風。由八十年代開始，無論是《蜀山傳》（2001）或《七劍》（2005），徐克對奇幻武俠、漫畫式的題材樂此不疲，《智取》是他迄今最圓滿的典範。當我們以為徐克拍《智取威虎山》是為了「投其所好」，徐克以作品說服我們：恰恰相反，他不但沒有忘記初衷，還動用了大陸電影今天的龐大市場、更充裕資源，炮製一道絕對港式的娛樂大拼盤，一償多年宿願。很多香港電影人北上碰得焦頭爛額、迷失自我，徐克算是知己知彼的異數了。

導演◎徐克

編劇◎徐克、黃欣、李楊、吳兵、董哲、林啟安

演員◎梁家輝、張涵予、林更新

中國、香港◎2014年

跳出紅色樣板

徐克的《智取》，開宗明義改編自曲波五十年代的小說《林海雪原》。小說之前有兩個電影版本：1960年《林海雪原》及1968年的革命現代京戲（樣板戲）版《智取威虎山》。但無論小說及電影，徐克的新版比起來完全大相逕庭。樣板戲不用多說了，「三突出」（突出正面人物、英雄人物及主要英雄人物）的教條主義，今看迂腐。不過話得說回來，文革期間只有樣板戲可看，僅有的娛樂成了一代人集體回憶。當年飾演《智取》主角楊子榮的童祥苓，更是家傳戶曉的名人（可參看2005年荷蘭紀錄片《樣板戲》〔*Yang Ban Xi: The 8 Model Works*〕）。徐克說，他七十年代在美國留學時看過《智取威虎山》，印象很深（就像電影裏頭的留學生Jimmy），說的就是樣板戲。

樣板戲不說，即使1960年的黑白電影《林海雪原》，也充滿了1949年後「十七年電影」的政治色彩。《林海》說的是1945年後國共內戰的故事，竟然在電影中歌頌「人民政府萬歲」。英雄形象非常刻板典型，一式一樣的光明自信，神色飽滿。集體勞動、軍民一家親（小孩看見解放軍歡心），羣體意識強。主角少劍波、楊子榮早就很英勇合羣了，土匪是完全不堪一擊的販夫走卒，連主腦座山雕亦不過爾爾，「智取」行動毫無懸念。顯然，《林海》把正面人物（軍人、民眾）拍成鐵板一塊，服膺當時政治需要，犧牲了戲劇矛盾、正邪對決故事應有的張力。

徐克的新版《智取》遠遠不同了，角色更有人味，敍事更有懸念。片初，解放軍小隊來到嚴寒的東北，面對軍餉、糧餉不足問題。直至楊子榮（張涵予）及小白鴿（佟麗婭）來了，總算解決了糧食需要。但玩世不恭的楊子榮，卻又惹起了正經八百的小隊首長203（林更新）懷疑。令小隊更難堪的是，他們遇上野孩子小栓子。小栓子失去雙親，充滿惱恨，像癲馬般亂竄。善良的警衛員高波（陳曉），設法贏回小栓子的信任。高波及小栓子這對忘年之交，在《智取》很動人，尤其以食物貫徹關係的進化很細心。

楊子榮英勇（打虎一幕精彩），深入敵陣、足智多謀，在原來故事中就有；新版的楊子榮還酷愛畫畫，他忙裏偷閒的速寫，緩和了交戰氣氛。那些繪畫說明了，藝術應該「以人為本」：我們看到的兩張，一是小白鴿這位可人兒熟睡的畫面；另一是小栓子打開心扉，向小隊說出自己名字一刻。楊的繪畫傳世了，新版《智取》多了今昔時代的連繫。速寫簿流落在留美中國學生Jimmy之手，他已大學畢業，將到矽谷工作，前途無量。但Jimmy沒有忘本，拿着楊子榮的速寫簿，開展了一次回東北之旅。Jimmy的美國同學愛打鬧、唱卡拉OK，好像很沒耐性，只有他看見小米電視（是的，大陸片的植入廣告仍欠品味）播放的《智取威虎山》畫面，含情脈脈、目不轉睛，想起了他爺爺一代人的往事。

反派卧底統統出籠

新版《智取》的「反派人物」，亦比《林海雪原》威猛得多；敵眾我寡，203的小隊要不停施計（土製炸彈，佈陷阱），始可牽制敵人，「智取」於是更到題。威虎山的幾大惡人，個個目光如炬；從化妝到技能，各具特色：老六擅飛刀，老七把人當狗養，老八最單純，跟楊子榮此「卧底」兄弟的關係最好（對了，《智取》其實是港片最擅長的「卧底片」呢）。座山鵰三爺最神秘、心狠手辣、陰險詭詐，未見其人，先聞其鵰。

《智取》的要角都是大陸演員，這方面必得承認，中國演員的底子厚，像張涵予在本片很神，想不出哪個香港演員能勝任。唯有座山鵰這個大反派，徐克找梁家輝飾演，初看完全認不出來。威虎山的土匪大本營像人間煉獄，其顏色、煙霞到環境的肌理，活像徐克《刀》(1995)或《七劍》武俠世界的翻版，雖然危機四伏，惡人的設定卻有濃厚的漫畫作風。

徐克的《智取》策略聰明，正邪對決上淡化「內戰」成分。座山鵰只是個山寨王，「智取威虎山」是名正言順的「剿匪行動」，匪者害民傷財的山賊也，故事之初還羅列出村民的遇害數目。國民黨的侯專員當然不是什麼好東西，他教土匪內鬥，坐收漁人之利，但故事中他不是解放軍的真正敵人；而吃裏扒外的欒副官(那演員的「動作很劉華」，我真是好奇)，不過是沒殺傷力的悲劇小人物(欒：「第一次說真話，卻死在騙子手上」)。除此以外的「內戰」信息，開首時軍人的對白提到，土匪穿上他們的軍服，「肯定是收了老蔣的好處」抹黑他們，對白用詞很謹慎。昔日紅色、樣板電影那種「高大空」的政治口號及圖騰，在徐克的《智取威虎山》已經少之又少了。

皆是港式調皮

至於那句「技驚四座」的「我們是中國人民解放軍，繳槍不殺！」呢？我看的那場放映，全院香港觀眾，此話是咱們的哄堂笑位。也問過大陸的朋友，據說國內影院觀眾也笑。如此義正詞嚴的口號，尤其經過了舊時代電影的洗禮，大概不會有人再認真看待吧？徐克的《智取》我看了三次，看到第二次時始發現，這句對白的處理曖昧。那時候，電影大約剛放了兩小時，話說解放軍侵佔了座山鵰的大本營，三個軍人走上「大台」（留意領頭的並不是小隊的隊長203而是另一角色「坦克」）；低角度拍軍人，但這個威武的鏡頭很快剪走。到他們說「我們是中國人民解放軍，繳槍不殺！」時，畫面竟然對着台下繳械的土匪，構圖有點凌亂，主體不清楚。待「我們是」的對白說完，才剪回「坦克」他們在台上的低角度英姿。三個鏡頭一閃而過，第二個完全沒有必要，倒把那道氣切斷了，削弱解放軍降臨的威勢。我又難免多心，覺得徐克此舉暗渡陳倉；劇本中此話刪不得，他就用最違犯「三突出」、最不歌頌的手法來呈現。畢竟，徐克跟無數港人一樣，對解放軍首個印象來自1989年，他因此還拍出了呼應六四意象的《英雄本色III夕陽之歌》。

《智取威虎山》又何止「軍臨」一個笑點呢?!徐克的港式調皮，通篇皆然。好像座山鵰高深莫測，但他的「一個字」口頭禪很有趣，是角色設定的亮點。楊子榮借肚痛藏密函，老八湊熱鬧的跟上來拉屎，其他土匪起疑心，被老八開槍趕走，楊於是慨歎「唉，拉屎也要開槍的。」解放軍小隊跟司令部的關係呢？203的部屬向司令部打聽楊子榮底細，司令部的回覆是：「目前東北形勢險惡複雜，特派二人協助。有問題，……」部屬猶豫，看了看203（停頓位真一絕！），說：「自己克服。」然後，全院觀眾又爆笑。如此幽默、自嘲的筆調，別說在「十七年電影」及樣板戲中難以想像，在今天新一波的民族主義影像中（如臭名遠播的《抗日奇俠》）也是椽木求魚吧?!還有《智取》最後疑幻疑真的結局，徐克索性漫畫化到底，也令《智取》的奇情武俠，多了一個閱讀層次。

從「集體」回到「個人」

新版《智取》，從「集體」回到「個人」。戲裏每個人物，都有他/她的故事，比方被擄走的馬青蓮（佘男），神志不清的，但聽到兒子名字時，母性便迅即回來。《智取》的農民、低下層不再鐵板一塊，工農兵不再是一家。除了上面說，司令部愛莫能助，遠水救不了近火；軍人眼前一幫村民亦毫不勇武，他們怕生事端，甚至着軍人別多事剿匪。徐克這裏參照，不再是解放後的電影吧，反而三十年代費穆的「國防電影」《狼山喋血記》（1936）。狼羣襲村，村內有主戰及主和派，主和的說，狼打不過，愈打愈多。當年國民政府無能，費穆等人拍片只好避諱，《狼山》其實是借狼襲故事，影射日本侵華。

由「集體回到個人」、「人味」及「幽默感」幾項，便是徐克沾手《智取》此「樣板戲」後，把教條舊作煥然一新的元素。感謝他給當今大陸熾熱、浮華的電影圈示範，怎麼才算一部對得起上億票房的認真電影。

10-05-2015

《山河故人》讓人魂牽夢縈

看罷賈樟柯的《山河故人》，葉蒨文的《珍重》在腦裏縈繞不退。一個山西的小人物故事，配上久違的香港粵語流行曲，意境互相補足，有說不盡的神采。

今天再也寫不出、唱不出如此好歌了。不是因為《山河》還不特別查看，《珍重》乃1990年出品，王文清曲，潘偉源詞，葉蒨文正值當紅時。《珍重》固然是情歌，淡淡哀愁的，聽着惆悵；然而現在回看，歌詞說戀人分隔二地，他方「天氣涼」、「白雪飛」，似乎還有八九後港人新一輪移民潮的寫照。說不準歌中的戀人，就是因為顧慮前途才分開的。

《珍重》於《山河》，先是時代脗合。電影故事由1999年說起，歌曲選得恰當。那些年香港流行文化無遠弗屆，賈樟柯從前就在錄像廳看港片長大，港式文化如吳宇森電影影響之深，在他的作品已不斷重申。葉蒨文的歌更是第二次用了，對上一次是《二十四城記》（2008）

導演◎賈樟柯　　演員◎趙濤、張譯、董子健

編劇◎賈樟柯　　中國、日本、法國◎2015年

中的《淺醉一生》（《喋血雙雄》〔1989〕主題曲）。《二十四》一幕工人夜裏騎單車，流動的畫面，僅有的電筒光源，和襯《淺醉》的旋律、歌詞孤獨意境，很有詩意。

都說流行曲替我們說話，《珍重》是《山河》女角沈濤（趙濤）的心聲，她跟情人由熱戀到仳離，最後天各一方，甚或人鬼殊途（梁子的病得以治癒？）。歌在戲裏猶如當年出台，有從小見大之效，訴說國人／港人為前途離鄉的現象，在海外漂泊終老。另一方面，《珍重》指涉的不只男女之情了。歌曲在戲裏出現最少三次，橫跨四分之一世紀。在「2014年」段落，沈濤快將與年幼兒子分別（子隨父移民澳洲）。濤依依不捨，給兒子包餃子，弄美食；送行不坐飛機，寧選擇軟卧列車，跟兒子更親近，爭取與他相處時間。濤在車上話不多，合聽心愛的歌，送他老家的鑰匙。濤應該料到，這一別其實是永別了。《珍重》歌詞「縱在兩地一生也等你」，在《山河》之後，多了份母子情意。

《山河故人》配上《珍重》，感覺戚戚然。回想仍很惦念一對母子，他們最後相處的身影歷歷在目。的確，兒子離開母親後，生命便沒着落了，愈大愈見迷失。他本名「到樂」，洋名是音似卻俗氣的Dollar，呼應父親當年要賺美元的狂言。2025年，Dollar（董子健）十九歲，他不會中文，準備輟學，對什麼事都提不起勁。他對生母印象模糊，只依稀記得叫「濤」，繼母已無影無蹤（觀眾從沒見到她），失婚的中文老師 Mila（張艾嘉）於是取而代之，順理成章滿足了 Dollar 的伊狄帕斯情結。

Dollar 跟父親關係差，更且語言不通，即使叫 Mila 翻譯，還是 lost in translation。父親張晉生（張譯）移民澳洲十年，眷戀舊世界不捨，拒絕受異邦同化：社交圈子全是同鄉，在家無所事事，捧讀金庸小說；英語說不好，lifestyle（衣着、茶杯）盡是老派的。彼邦生活毫無安全感，張的日常家居竟然放滿槍械！《山河》的未來世界，未見科技如何造福人類，便見國人的惶惶不可終日了。

殊途同歸，心無所靠

Dollar 跟故鄉與生母，物理及心理都有遙不可及的距離，他身上唯一跟汾陽／山西／中國的對認，乃頸項的老家鑰匙。《山河故人》的敍事凡二十五載，由從前說到未來，關鍵詞在「變幻」。前文愈是強調人物和顏悅色，跟土地的結連（黃河流域、文峰塔），中國人的文化風俗

（片名的顏真卿墨寶，故事裏的春節、婚嫁及葬禮）……愈是襯托出後面的人面全非、無根與荒涼。時移勢易，什麼都變了。資本是萬惡之源？或許吧，戲初「先富起來」的張晉生好不威風，開着紅色德國車在沙塵滾滾的土地奔馳；「生活條件」決定了三男女戀愛命運。

故事再說下去，梁子（梁景東）固然坎坷，煤礦工人的命很賤，貧病交迫，談不上什麼做人尊嚴了。但另一方面，資本家張晉生、妻子沈總表面風光，內心亦「富足」不到哪裏去。兩個人很快離婚，張另娶，改洋名 Peter；到樂跟他搬到上海，入讀國際學校，後來再舉家移民。到樂的 iPad 裏照片很浮誇，騎馬、遊艇、名車，跟 NBA 球星學球……崇洋、盲從、炫富的背後，除了數典忘宗，把故鄉跟習俗拋諸腦後，更是源自內心深處的不安與虛怯。《山河》的人物不論貧富，年輕到中年各走各道，最後倒有點殊途同歸：貧者無立錐之地，富者骨肉離散、心無所靠。

怎樣安身立命？何處是吾家？由此看，《山河故人》算不算是賈樟柯給二十一世紀中國人譜寫，語重心長的時代寄語？還是，賈甚至不彈「桃花依舊」的老調？沈濤對兒子說：「每個人只能陪你走一段路……」山河跟前我們皆故人，沒有誰敵得過「時間」，萬物皆有盛放與凋零時。放長線看，連山河都不倖免（英文片名為 *Mountains May Depart*）——像戲裏想像的 2025 年，澳洲的「十二門徒石」便僅餘三座了。

《山河故人》的趣味也在於形式，整體很寫實，突如其來的 Pet Shop Boys 的 *Go West*，張揚的音樂配上「大媽舞」，一首一尾的味道竟如此不同。初段有幾場戲疑似錄像拍攝，據說是賈樟柯從前拍下的影像，似要把虛構人物置放在真實時空。影片一些細節不錯，像梁子得知病情後，跟動物園的老虎相視，老父悄然離去巧遇出家人等；不過少年背大關刀兩次經過、播種飛機墮毀有點莫名其妙。

闊銀幕鏡頭切合未來

《山河》更堪玩味的是結構與構圖，結構是工整的三段式，1999、2014 及 2025 年，片名與片首字幕，竟然在 1999 年段落完結後（戲放了四十五分鐘）才出現。構圖跟着段落改變，拜今天數碼電影之賜，導演可大玩特玩銀幕比例；《山河故人》跟《刺客聶隱娘》（2015）及《慈母多惡兒》（*Mommy*，2014）異曲同工，同樣作銀幕比的試驗。

《山河》「1999年」的銀幕比是「1比1.37」（即常說的4比3），鏡頭較近，長鏡頭不少，三個角色常在一起，畫面很充實；春節的畫面色彩濃烈，日光暖和。「2014年」的是「1比1.85」（即16比9），第一個畫面是寬闊階梯上的工人合照，照完工人散落，餘下孤零仃的梁子。這一年，三個主角的改變很大，構圖及色彩都跟之前不同了。「2025年」是「1比2.35」，不曉得賈樟柯對此闊銀幕格式有沒偏好／見（上回《天注定》〔2013〕也用此比例），很多年前大導演費茲朗（Fritz Lang）嘲諷說過，「1比2.35」的CinemaScope只適合拍「蛇」及「棺材」。《山河》第三段首個闊銀幕鏡頭已很妙，拍長長地鐵車卡，Dollar巧遇老師Mila。這段戲，畫面最飽滿也是他們最親密時候，母子、情人，前世、今生（Dollar說的Déjà vu），盡冶一爐。當然，闊銀幕更切合這段落的未來背景，美國的所有科幻blockbuster都是闊才中看。而最後沈濤在汾陽遛狗，淒美的雨雪紛飛，闊畫面更形空洞，更顯她形單隻影。

「多年情，不知怎說起。」然而，在恍如隔世之間，人與人的心又好像奇妙的連上，這正是《山河故人》讓人魂牽夢縈的所在。

22-11-2015

《大象席地而坐》給糟透社會來一記悶棍

胡波編導的遺作《大象席地而坐》，背景是河北省井陘縣，煤礦區附近。城市看來灰濛濛的，攝影全用自然光，室內十分黑暗。看完整部片，學生校服上的暗紅，已經算全片最鮮亮了。《大象》初看要些耐性，然細看其實不陌生。換個香港當下處境，完全可以把它想像成「香港故事」。可不是麼？想想戲內三個「社會邊緣人」，一天內不勝唏噓的遭遇。我們要找出身邊類同個案，一點不難。

（一）一個叫韋布（彭昱暢）的高中生為朋友出頭，力證他沒有偷手機。在學校爭執時，韋布推跌欺凌者令他重傷，被迫逃學、離家出走。這家中學堪比香港董之英，校內不止欺凌，甚至有黑社會橫行霸道，教書先生統統置若罔聞。學校發生傷人事件，校方寧願私了而不報警。對白不止一次提及，它是城內最爛中學（我們的 band 3 等級？），快將被殺。教師不似教師，學生鬱鬱寡歡。偏偏在學校梯間，仍然貼着鄧小平的「三個面向」口號：「教育要面

導演◎胡波

編劇◎胡波

演員◎彭昱暢、章宇、王玉雯

中國◎ 2018 年

向現代化，面向世界，面向未來。」韋布在家也不快樂，父親總是呼呼喝喝的。母親的工作卑微，韋曾被同學竊笑；父親的腿不行，之前又被下崗，整天在家，父子碰面即吵架。韋布坐車探望嫲嫲，嫲嫲似乎最疼他，常給他零用。可是他到埗發現，嫲嫲已在牀上離世。到樓上通知姑母及姑丈，他們才猛然驚醒。父輩有多孝順，不言而喻了。

（二）另一個叫黃玲（王玉雯）的高中生跟韋布同班，青春標致，卻同樣一臉愁容。沒法子，父母仳離，母親一力承擔養育責任。未知是工作壓力，還是婚變影響心情，母親嗜杯中物，弄至家不成家，住所千瘡百孔。黃玲剛出場，就發現廁所漏水（當然，比起香港的劏房，黃家的空間已叫體面）。她嚮往乾淨的生活空間，搭上了學校的教導主任，愛到他家作客。黃玲看來喜歡韋布，韋布亦喜歡她。唯她在韋布及主任之間，選擇陪伴後者。這大是她的生日，她吃了兩遍生日蛋糕，都是甜在嘴裏，苦在心頭：早上第一次和母親吃，蛋糕前一晚被喝醉的母親壓毀，母還惡人先告狀責備她。第二次跟教導主任吃，吃着聊着，冷不防韋布在咖啡店窗外張貼「你完了」紙條，害她情緒低落。她到了教導主任的家，那裏果然較明亮舒適。只是好景不常，同學來電說她與主任在卡拉OK的視頻已被上載，他們的關係眾所周知。主任埋怨她影響自己仕途，立即把她攆走。

（三）一個叫王金（李從喜）的老頭，跟女兒一家三口同住。地方淺窄，王金的牀鋪在陽台。女婿正打算搬去另一間更小的，為的是女兒升學的校網。女婿也是當教師的，卻萬萬不想下一代升讀自己的爛中學（猶如香港教育官僚把子女放洋）。母親則像香港父母一樣望女成龍，女孩年紀輕輕就在苦練芭蕾。王金一大清早被女婿勸喻，着他搬到養老院去。王推辭的藉口是，院舍不能養狗。說來諷刺，一家四口的房子，本來是老頭的物業；他倒像寄人籬下，有口難言。這天他遛小狗，在巷子遇上一頭走失的大白狗，小狗不幸被咬死。他循着尋犬告示，找到大狗主人。主人家是對不可理喻的中產夫婦，典型的大陸暴發戶。王金被男的臭罵、恫嚇。王金唯有把小狗的屍體草草丟棄。在橋上遇上鄰居韋布，韋布把一支名貴桌球棍交予他。此後王金有點莫名其妙的，一直替他保管着棍子。骨肉情不可靠，還幸爺孫關係很好。王金的孫女天真爛漫，跟外公特別親。整部《大象》描繪的城市虛無又焦躁，爺孫倆是當中碩果僅存的親情。

「世界是一片荒原」

老鄧「三個面向」說教育要面向的「世界」，在《大象》中是怎麼回事？有角色說：「世界是一片荒原」；有說「活着就是痛苦」、「活着就是很煩」。影片差不多結尾，還有學子以死直諫：「這世界大惡心了！」連誤人子弟的教導主任，在知道視頻被上載後都慨歎：「這個國家的人為什麼這麼邪惡呢！」然後，上面說的三個主要人物，被生活迫得走投無路。各自從不同地方聽來滿洲里有頭大象坐着的傳說，不約而同來到火車站，想一走了之。然而，坐着的大象真的存在麼？看到又如何？跟自己有什麼關係？換個地方就可以改善自己的困苦？到新地方靠什麼過日子？老頭王金結尾一番叮囑，足以概括全片，為編導代言：「……最好的狀況，就是你站在這裏，你可以看到那邊的地方。你想那邊一定比這兒好，但你不能去。你不去，才能解決好這兒的問題。」香港近年每下愈況，很多人嚷着要出走、移民，王老先生的寄語，於我們有沒啟示？

《大象》的原著，「滿洲里」本是台灣的「花蓮」。對身處井陘縣的角色來說，同樣是遙不可及的國度；但「台灣」比「滿洲里」，卻蘊含多一重政治及文化遐想。胡波是不是在改編時，礙於地名太敏感而改動？電影畢竟是大眾媒介，比文學更易樹大招風。無論如何，《大象》跟台灣的確有不解緣。不說別的，胡波五年前去過「金馬電影學院」，幾年後他的首作《大象》在金馬獎奪魁。如此喜出望外的結果，似乎只有台灣能做到。李安當上金馬主席後，該獎項再次示範如何不計名分、資歷，有能者居之；一如幾年前他出任評審主席的第五十屆，把大獎頒給《爸媽不在家》(2013)。去年年底，片長四小時、充斥無數長鏡頭的《大象席地而坐》，扳倒產業巨頭，包括大導演張藝謀的《影》(2018)，及票房、聲勢無可匹敵的《我不是藥神》(2018)。最遺憾只是，編導胡波已不在人世，無法親身見證。他的自殺，網上熱話紛紛，一說認定是被監製、資深導演王小帥逼害。若屬實真諷刺，《大象》中學裏惡形惡相的傢伙，也叫帥。

《大象》對長鏡頭的執迷與貫徹，簡直令人咋舌。胡波選擇大膽又陌生化的手法，把四個主人公一天的經歷娓娓道來。是的，除了韋布、黃玲及王金，影片還有個重要人物叫于城（章宇）。他是黑道中人，開始時很冷，慢慢才見仁慈一面，最後似乎有些覺悟。《大象》攝影師是范超，他的攝影機全程跟着演員，以大光圈長時間捕捉他們的特寫。幾乎全部「一場一鏡」，極少遠景、建立鏡頭，我們很少看到建築以至城市的全貌。因為是大光圈淺景深，畫面在拍着人物當兒，能提供的環境信息非常少。初看《大象》，尤其影片前一小時，真如墮五里霧裏；再看、三看始弄清大部分細節。再加上四人敘事交互剪輯，令人更不明所以。其中一例，片子開首不久，于城在好友家，趁好友不在，與他的妻子通姦。姦夫淫婦在睡房，突然聽到敲門聲。接到下一場，敘事轉到韋布身上。足足在五場戲過後，才回來交代于城這邊敲門的是誰。

胡波是故意令觀眾迷惘的。看片的一大段時間，角色我們叫不出名字（對話生活化，不用呼喚彼此名字）。四個人物交互剪輯，有時甚至在開視點或時空的玩笑。另一初看丈八金剛的例子，韋布在街上不知眼定定看什麼（前面在焦距之外），碰巧（是碰巧麼？）于城來到。于城見到他，叫他過去打教導主任。鏡頭只拍着韋及于二人，于城看到及知道的，比觀眾還要多。然後氣結的韋布，匆匆寫出了「你完了」紙條。下場戲，黃玲和教導主任在餐廳吃生日蛋糕。我第二次看時才意會，他們窗外有個隱約、失焦的背影，正是上一場戲碰見韋布的于城。此兩場戲憑什麼連結起來？就憑「你完了」紙條。即是說，吃蛋糕這場戲，時間其實倒回上一場，只是用上不同視點。前面韋布氣結，源於看見黃玲跟主任約會。後面黃及主任在餐廳裏頭，卻未知外面不遠處，韋布正看着他們。而那家餐廳的正門，在另一場戲（于城約會前度女友）再次出現。前面一直在焦距外，這時候，我們才正式瞥見它的名字，原來叫「尚撈港式旋轉撈吧」。

「背影」

《大象》的交互剪接猶如拼圖，觀眾要費點神才弄出所以然。但不容否認是，每場戲的長鏡頭十分中看。舉凡藝術創作，先不計水平高低；同一模式持之以恆去做，即可演練出別樹一幟風格。《大象》跟隨角色在市內踱，甚至跟他們實時（！）搭電梯！攝影機與演員一起上路，步伐徐徐，背影鏡頭樂此不彼，看着看着成就出本片最讓人難忘的圖像。忘了在哪裏看到，好像已有人聯想出，《大象》對「背影」的敏感度，恍如楊德昌的遺作《一一》。在《一一》，「背影」是人們的盲點，所以小孩子洋洋要拍給他們看看。看不見的東西，不等於不存在。《大象》一眾角色，大都悵然若失。他們的背影，是拍給我們看的。影像時而和襯着低迴又重複的電結他配樂，瀰漫着一片淡淡哀愁。

不過也有例外的，戲裏一個最深刻，足足有十分鐘的長鏡頭。黃玲被教導主任趕走後，回到家裏，照例和母親鬧個面紅耳熱。突然主任的妻子帶同丈夫來找晦氣，黃躲在房內，母在外面招架。黃聽他們吵嘴不耐煩，穿上大衣從窗口爬走（她住在地下）。從黝黑的室內走到光明街頭，原是要逃離窘境的。誰料她想了想，折回家中，拾起正門口的棍子（之前她曾想過用來打大白狗），電光火石間揮棍打向主任及其妻，兩人立即不省人事，母親看着呆了。黃玲再往室外走，棍子隨手一扔。此時配樂響起，氣氛前所未有的激昂。她昂首闊步，走出屋苑的大閘；身上的紅大衣，跟後面的樓房配合得煞是好看。《大象》某程度是代際矛盾，貪腐、偽善、中飽私囊的成人社會，逼下一代無可退路。黃玲小姑娘兩記悶棍打得好！敍事三小時以來的鬱結，至此得以紓解。

為什麼如此執迷長鏡頭？胡波在《大象》借踢毽子比擬。韋布只會踢毽，踢得出色，曾拿獎。黃玲讚他厲害，他說不厲害，「任何人浪費了時間在任何事情上，都能這樣」。再問，那為何是「踢毽子」？「其他事情讓我感覺更差」。拍電影很厲害？Commitment 而已，都說生命是一生行為的總和。沒大不了的，也不神秘，人人可以，持之以恆就是。更不是什麼驚天動地，比起別的事，它沒那麼討人厭吧。胡波前年離世時，仍不到三十歲。觀乎《大象》，真是我們的損失。願他安息。

03-02-2019

《爸媽不在家》我們應該慚愧

看《爸媽不在家》（*ILO ILO*），你大概想到編導陳哲藝在怎樣的家庭中長大。

影片開始時，還以為父親（陳天文）是個不好惹的大男人，日常生活頗不檢點。妻子（楊雁雁）洗澡他小便，幾乎忘了沖水，弄髒廁所還得妻子善後。後來父親出場多了，才知他工作不如意，金融風暴害他股票輸錢。他垂頭喪氣，有苦自己知，躲在梯間抽煙納悶，回到家還算隨和。他對兒子家樂（許家樂）最嚴厲一次，是跟妻子因為錢財鬧意見，一氣之下把家樂嘈吵的「電子雞」（Tamagotchi，父稱為「他媽的雞」）丟出車外。父暗悔那次脾氣大，某天受電視紀錄片啟發，趁兒子生日送上可愛的小雞（好一招以雞換雞！）。父親對菲傭 Terry（Angeli Bayani）不差，Terry 知道他抽煙秘密；差不多結局時，兩個人在露台吞雲吐霧，一起看着夜深的街道。同一屋簷下，他們各有苦衷，無聲勝有聲了。

導演◎陳哲藝

編劇◎陳哲藝

演員◎ Angeli Bayani、楊雁雁、許家樂

新加坡◎ 2013 年

金融危機下的生命挫折

那是1997年，金融危機令不少人走投無路，主角一家三口算是不幸之幸，還期待新生命的降臨。母親頂着大肚子上班，天天為老闆打辭退信，看着同事一個個黯然離職。她當然誠惶誠恐，偏偏家樂不懂性，屢在學校犯事，不時令她在工作及家庭之間進退兩難。母親後來去聽「成功教主」的講座，口邊念念有詞「希望靠自己」，增多了點自信心，誰知教主原是騙局一場，只好笑自己愚笨了。

《爸媽不在家》最高明的是每個人雖有難處，但它沒故意誇大、戲劇化，也不道德審判。「不如意事十常八九」，挫折本來就是生命重要的部分；無論為人父母還是伴侶，最親密的人也有進不去的心結，末了還是要自己面對。Life goes one…

生命終究是孤獨的，小孩子不例外。《爸媽》初段的家樂不討好，父母各自忙碌，他在家裏一人獨大，是個被寵慣的孩子，還欺負新來的Terry。可幸家樂本性不壞，跟Terry「日久生情」。他的彩票剪報最堪玩味，多少影射投機社會如何「禍延」下一代，但家樂演來不但不惡俗，還滿有童真。彩票幫他在學校脫身（道出師長的偽善），他更想藉此挽救家庭的經濟困難，把 Terry 留住（聰明的故事懸念，訓育主任曾經中獎，令觀眾更好奇家樂的結果），全程不讓父母知道。

一代對外傭的回憶

家樂這個十二歲小孩，由了無牽掛、飯來張口、胡天胡地的小皇帝，到漸漸懂得付出，為別人着緊（就是愛了），天真地承擔家庭責任。《爸媽》若有陳哲藝的自傳成分，無論細節準不準確（比如他說離別的剪髮只是虛構），小孩的感情非常真實。影片中家庭和睦溫馨，但家樂的傷痛亦難尋分享對象，「如人飲水，冷暖自知」。

我們應該慚愧。香港菲傭這麼多，幾多代孩子被她們帶大，父母安心工作，GDP 增長、社會所謂「繁榮」全賴她們作後盾。但好事不出門：知恩圖報的聲音少之又少；壞事傳千里：媒體中傷，把她們抹黑、妖魔化的不計其數。在香港，她們「名正言順」的領不到最低工資，在這個富庶、物價每天飛升的社會中，是邊緣中的邊緣。往日街頭所見，對菲傭呼之則來、揮之則去的僱主大有人在（不用擔心，他們的子女看清楚，家庭教育的惡果，未來將由父母領受）。像《爸媽不在家》父親叫 Terry 同枱吃飯的，我未曾在身邊親友身上聽聞。人畢竟是有感情的，香港小孩長大了對 Auntie——這個當年比父母還親的養娘回憶，終於在這部新加坡電影中找到認同了。

離家照顧別人留在家的孩子

《爸媽》寫出幫傭跟小孩的微妙關係。母親因工作缺席，幫傭意外兼擔了她的角色。影片的 Terry 穿上母親揚棄的裙子，偷偷塗上僱主的口紅，打扮年輕了，更有「戀母」味道。Terry 跟家樂的親密也是母親不能比的，母親漸漸對 Terry 有妒恨，她跟孩子的距離愈來愈遠。對 Terry 而言，家樂也取代了她在家鄉的孩子。現實是，菲傭多為人母，她們的孩子叫別人託管，自己卻千里迢迢到陌生的地方照顧別人孩子。

家樂生日，嚷着跟 Terry 合照，把母親冷落一旁；諷刺地到 Terry 子女生日，母親永遠不在身邊。外傭經濟帶來多少家庭問題？孩子欠缺母親照顧，很早輟學，奉子成婚的個案不少。

少婦為了生計，只能選擇到外地打工，下一代又疏於照顧，問題循環不息。《爸媽》寫得最含蓄、可能也是陳哲藝回憶最過不了自己的，是 Terry 對家樂的性啟蒙、吸引力，家樂一次拿 Terry 的胸部開玩笑，一次借故觸碰她的胸部。最後家樂在車廂斯人憔悴，拳頭緊握撮髮也太纏綿了。小孩或許不懂，但背裏寫劇本的陳哲藝一定知道，哪一種關係的別離，才會以頭髮紀念。

陳哲藝說，新加坡急遽變化，社會從不惜舊，要重塑九十年代殊不容易。但他還是很用心的把他成長的時空還原了。巨型電視機、Walkman 已經比較容易看出，據他說所有的道具，包括衣服、牀單、窗簾皆考究，還特意去馬來西亞訂做仿古樣式。對生活的敏銳觀察，對微細處的執迷，為《爸媽》提供了令人信服又不賣弄懷舊奇觀的場景。流行曲他不濫用，只有一幕響起了王傑的《一場遊戲一場夢》，歌詞選段不知有心無意：「在兩個人的世界裏，不該有你」，恰恰暗示母親、家樂及 Terry 三個人的關係。

喜歡陳哲藝對世情的態度。他很念舊、家庭觀很強，故人故事記之甚詳，他成長的環境一定充滿愛，家庭對個人成長太關鍵了。陳把往事道來有淡淡哀愁，起落如行雲流水，用不着大喜大悲，年輕的他似乎已經看破。《爸媽》露台三隻小雞，換了別人一定大做文章，他拍來卻很從容。

回看陳哲藝的短片，也涉家庭題材，像 2007 年的《阿嬤》拍祖母彌留之際，家人的不同反應，包括當兵回來、阿嬤最疼愛孫兒，他跪在牀邊痛哭。阿兵哥就是陳哲藝的投射，他從小跟着阿嬤，這短片跟《爸媽不在家》異曲同工，都獻給生命中的女性。2011 年的另一短片《回家過年》亦是家庭故事，跟《爸媽》一樣重塑舊時代，描寫家庭在三個年代過農曆新年，很溫情窩心，細節（如團年飯桌上的雞腿）的呼應非常巧妙，選角、美指，化妝及道具一絲不苟，鏡頭極多變化。《回家過年》對舊時代、街角小店的依戀，家人濟濟一堂，過年的溫暖氣氛，一樣是港片少見，一樣令我們共鳴。

Terry 來到現實重聚

《阿嬤》及《回家過年》都是十五分鐘短片（可在 YouTube 找到），陳哲藝的才華、品味已經很出眾。他在英國念電影，對老師的三字真言銘記於心：拍電影只要把「形狀」（shape）、

「力量」（energy）及「張力」（tension）三者弄好即可，已夠一輩子的摸索與追求。所以陳哲藝的電影好看，是他很在意節奏及造型的變化，知道剪接及配樂的分寸。

《阿嬤》及《回家過年》圍繞家庭，兩短片手法大不相同，《回家》很輕快，一開始就是明快的配樂，小孩子踏單車在小巷穿梭；《阿嬤》則很安靜，十分沉實。《阿嬤》雖說生離死別，陳哲藝竟全不用音樂，只在片尾字幕（結尾很有力量）配上兒歌《小白船》，令音樂的感染力更大！這次《爸媽不在家》故技重施，《爸媽》給人自然、不渲染感覺，來自他對配樂的克制。但最後當片尾曲響起的時候，觀眾被優美的旋律深深吸引了。

順帶一提，陳哲藝跟真實 Terry 相認的故事也十分傳奇。他與家人記不起 Terry 全名，只知道她住在菲律賓的 ILO ILO（片名來由），本來是大海撈針。可幸《爸媽》在康城得獎，消息傳回菲律賓，很多人想知道 Terry 是誰。菲媒體於是發動尋人，竟令兩人二十多年後重聚。都說現實比小說離奇，單這個重逢故事，又是一部電影的好題材了。

24-11-2013

《分貝人生》陳勝吉的圓滿首作

因為鮮浪潮短片獎，過去一週幾次碰到《分貝人生》的導演陳勝吉，自然問起他馬來西亞電影的情況。他說，語言是一大障礙，華語、馬來語及英語，各有自己的電影市場板塊，一部電影不可能同時穿透。而當地出品的華語片，每年大概才十部。大都是類型片天下，喜劇或已佔去七部，餘下的就是鬼片。像《分貝》這種寫實作品？絕無僅有。

今年三十二歲的陳勝吉，真人非常可愛，極有幽默感，才思敏捷，絕對可以去拍喜劇。找他跟莘莘學子分享最好，謙卑、親切、風趣，經常自嘲；他科班背景，拍短片到長片，過來人經驗很有參考價值。只是他不喜歡坐太久，在電影學院的映後談，他按捺不住要站起來。若你問起他，他會侃侃而談自己的出身，如何讀書不成，曾在五金店打工，後轉讀專科，輾轉再到台灣藝術大學念電影。

導演◎陳勝吉
編劇◎陳勝吉、梁秀紅
演員◎張艾嘉、陳澤耀、陳彥雯
馬來西亞◎ 2017 年

拍過一些短片，欠債纍纍。幾年前一度心灰意冷，幾乎想認命轉行，命運卻偏偏不容許——他的電影計劃入圍金馬創投會議，最後竟贏得百萬首獎。他只想講馬來西亞的故事，《分貝人生》於是回到家鄉的半山芭取景。本片得以完成，幕後有不少台灣人脈，如剪接的陳曉東、攝影陳克勤，以至聲色盒子的聲音設計等。

陳勝吉一再強調，電影最重要還是「故事」。去年年底，他憑新計劃贏得另一屆金馬創投百萬首獎，這是該會議設立以來，唯一兩度奪獎者。若你問他到底有何竅門，他很會自我調侃，說準是評審可憐他，看他像很潦倒、眼圈深得如很久沒睡。《分貝人生》已有盜版下載，問他有何感受，他說那個檔案比自己手上的更高質素，而且沒有水印！拍電影他說自己執著，經常跟監製僵持不下、吵個不亦樂乎。別的事情，他好像完全不斤斤計較。不在乎得失，讓人立於不敗之地，在電影圈這個名利場談何容易？幾天下來，從陳勝吉身上感受到最獨特的，是一份毫無機心的率性。

《分貝人生》之前在香港匆匆公映及落畫太可惜，它是華語片少見佳作，作為年輕編導首部長片，更是毫不簡單。《分貝》去年角逐金馬獎，提名「最佳新導演」及「最佳攝影」。剛過去的香港電影金像獎，它不是「香港電影」故沒資格參與，但坦白說水平比大部分提名片高。《分貝》也無緣躋身金像獎的「最佳兩岸華語片」項目。雖是「華語」，甚至是我們熟悉的廣東話，唯不屬於「兩岸」，可見該獎設定之荒謬——台灣片的藝術成就與光譜，已經超越港片；至於大陸幾十億票房大片，才輪不到你「位於南方」一個小獎去錦上添花。

不煽情，到最後沒有仇恨

陳勝吉的《分貝》劇本（合編的還有梁秀紅），橋段及人物想得透徹。驟看頗像香港近年一些（突然）關心社會的本土電影：一個窮困的單親家庭，張艾嘉演的立君患有精神病，不肯吃藥，總是躲在漆黑、凌亂屋子裏，不願意跟外人接觸。身為母親盡不到管教責任，她的一對子女，廿多歲的哥哥阿強（陳澤耀），跟六歲的妹妹惠珊（陳彥雯），早已習慣相依為命。

陳勝吉把背景設定在2014年，從而涵蓋兩個重要的「歷史事件」，一是馬來西亞大規模制水，二是馬航飛機神秘失蹤。影片序幕，竟然像部「末世啟示科幻片」。兄妹提着大大小小水桶、水樽到處找食水。某地四野無人，阿強爬上一個高處水缸，妹妹在地面不停叫喚他。偌大、黝黑的水缸完全乾涸，只有一隻青蛙在叫，阿強跟牠打了個照面，相當超現實。

再看下去，會發現《分貝》不止在講一個悲情家庭。它不煽情，到最後沒有仇恨，比香港不少寫低下層的「本土電影」高明。在馬來西亞的華語片生態，《分貝》能達此高度，香港電影應感到慚愧。首先，它不是為小人物「發聲」。兄妹生活匱乏，哥哥找不到工作，妹妹沒機會讀書，母親的病令人頭痛，加上沒有自來水，但他們算過得自在，有自家「生活」法度。阿強有個性（陳澤耀粗中帶細，演得極好），妹妹可愛（據說陳彥雯現場甚難服侍，是劇組的災難，現在看來倒很自然、討喜），加上阿強兩個好友爆頭及阿飛，四個人在一起混，做不法勾當（三男乃偷車慣匪），打打鬧鬧氣氛融洽，阿強朋友竟叫妹妹作「珊姐」，十分有趣。

其次是影片敍事，濃縮在兩天時間，劇情推進的動機很清楚——為妹妹辦張出生證明書。戲演了三分之一，兄妹坐電單車遇上意外，有汽車撞到他們後不顧而去。阿強第二天從醫院昏迷醒來，身邊坐着神志不清的母親。他好不容易才知道妹妹身亡，來不及悲慟（陳勝吉的處理無比克制），就要想盡辦法到殮房領回妹妹屍首。然而，由於妹妹不是親生的，沒有出生證明。於是，一天之內，疼妹心切的阿強東奔西跑，無所不用其極，想盡回他當哥哥的應有本分。

與《單車竊賊》對照

電影畢竟是講故事的藝術，在弘揚什麼宏大議題前，編導都先得學會把故事說好。《分貝人生》角色惹人同情，橋段引人入勝。全片可分成兩個部分，下半部由「出生證明書」引發對「金錢」需求，「金錢」帶出阿強昔日工作的電單車行、他「非法」偷車慣技、母親為人改衣服的僅有積蓄。直至社工小川（顏薇恩）提醒他，假證件可能沒用時，他嘗試循「合法」途徑找幫忙，由此領觀眾走進泊滿名貴房車的大宅。

想起來，《分貝》甚至有點像新寫實主義經典《單車竊賊》（*Bicycle Thieves*，1948）——情境迫切，兩天下來，我們見證絕望角色，如何走過一趟面對自我的旅程。此外，它跟《單車》

至少還有兩點共通,一是沒有/沒法簡單怪罪任何人,真相比想像複雜。世界的善惡不是那樣黑白二分,「不顧而去」固然卑鄙;但法治需要繁複程序,手刃仇人解決不了問題。更諷刺是造物弄人,「堅強意志」原來可令情況愈來愈壞……

《單車竊賊》的外文名字是眾數,戲裏不止一個賊;《分貝人生》共有兩次車禍後的「不顧而去」,很難想像,哥哥的「愛」,間接會釀成對他人的殘害!如是,我們對第一次的「不顧而去」(觀眾看不見司機,但憑汽車外形一定先入為主,覺得他準是個「不負責任」年輕人),會不會多一分理解?《分貝》警局內,馬來警察教訓阿強,「要為自己的行為負責」。對,他好像一直吊兒郎當,書讀不成、打工又手腳不乾淨。妹妹的死,錯不完全在他,但亦難辭其咎。其實阿強對家人一直很好,從片首餵母親吃藥可知。這次他為亡妹四出奔命,亦是「為自己行為負責」。然而,這表示一切即如願以償了麼?

言簡意賅,寫出複雜微妙世情

佩服陳勝吉言簡意賅,以個半小時篇幅、角色兩天經歷,寫出複雜微妙的世情、呈現一眾立體人物。小川漂亮又心地善良，卻始終人在江湖，身不由己，得關顧貴人臉色。議員家的派頭不小，隨時享用美食自助餐；當全城鬧水荒時，他們有水車，水源用之不竭。然而那是「朱門酒肉臭，路有凍死骨」麼？似乎不是，達官貴人甚至大條道理，詳談自己的環保、素食觀（阿強跟朋友等「低下階層」正好在大宅的另一頭大快朵頤）。醫院的領藥處曇花一現，戲裏一個長鏡頭交代，演護士及病人夠實感。

做假證的老闆很臭臉，說話永遠沒有眼神接觸，我們卻不會覺得他是壞人，他對阿強等人有一絲體恤。最精彩的小角色，不用多說是粉腸哥，初看只覺他賴皮、口不擇言、粗話連篇，不過當他一知道阿強委屈，立即二話不說，盡顯江湖人物的情義。想不到一場簡單的網吧戲，可以如斯濃情化不開。張艾嘉經驗老到，放下明星身段，演病母好得沒話說。在一眾自然、直率的演員之間，她應該不介意戲分不多，幫忙成就漂亮的整體吧。

陳勝吉首部長片，自信心十足，家庭倫理題材，完全不靠音樂渲染。他說，本想連片尾曲也省掉，只礙於監製堅持，希望讓旗下藝人有表演機會，現在的《漂流》不俗，動聽又有圓場味道。論音樂，《分貝人生》反是妹妹清唱兩首馬來童謠，鄉愁與純真交集的味道（「回家吧，回家吧，我們一起回家吧」），叫人印象最深。

年輕新秀拍戲往往形式先行，《分貝》毫不賣弄花俏，一切以戲劇為重，細心經營每場戲，技巧恰到好處。阿強整天穿着那件 Virgin Record T恤、「三腳骨」短褲、斜揹袋（袋裏一直夾着亡妹的布偶），好幾次孑然一身，一個人騎摩托車在途上。從早上到夜晚，一次經過「吉隆坡與你同在」的宣傳牌，政府淺薄的宣傳口號，跟主角真實的困境形成極大諷刺。城市/現實的無情，生命的孤獨、乏力，用不着醜化別人（戲裏沒半個壞人），已經被《分貝人生》兩三筆，輕輕勾勒出來。

非常期待陳勝吉下一部《風和日麗》。

22-04-2018

3. 看見台灣

「你先睡，睡一覺起來，台灣就不一樣了。」
——《女朋友。男朋友》

我們失了一面電影照妖鏡

2007年7月1日，回歸十年的日子。參加完民陣的遊行，本來興致勃勃。突然收到朋友短訊：「楊德昌死了。」簡單五個字，心情即時涼了一截。

楊德昌因為結腸癌在6月29日星期五在美國辭世，享年才五十九。收到消息，我們幾乎離不開兩個反應：先是很意外，沒聽見他的消息好久了，一來竟是噩耗。其次，覺得很惋惜，他電影拍得這麼好，產量本來已經少（長片才七部）。今天身故，遺作竟要追溯到2000年的《一一》！

光怪陸離的都市面貌

八十年代「台灣新電影」的兩個核心人物：侯孝賢及楊德昌，本來各有題材及美學偏好，但楊導擅寫當代都市，從他成長的台北切入，使身處香港的觀眾特別易生共鳴。他的《麻將》（1996），影射台北華洋雜處的媚外現象，同時寫年輕人頹廢的生活，香港幾乎可以一一對號入座。《獨立時代》（1994）寫傳統與現代的糾纏（電影的英文名 *Confucian Confusion*，直譯是「儒者的困惑」），價值的失落。乃至最後的《一一》，影片以婚宴開始，以葬禮結束——從小家庭窺見生命之悲歡離合。《一一》以人倫關係的變質來襯托出社會的荒謬及都市的異化，儼然與小津安二郎的《東京物語》（1953）一樣迎風而立。

楊德昌電影的主角往往沉實、內斂，在那淌混水之間總顯得不大入流，總有些顧影自憐，甚至導演的夫子自道。《獨立時代》的琪琪（陳湘琪），生就一張討人可愛的臉，猶如柯德莉夏萍（Andrey Hepburn）般惹人憐愛，偏偏在她身邊出現奇形怪狀的人物，教她都迷失了。《麻將》的綸綸（柯宇綸），性格溫和，在他財大氣粗及淫亂縱慾的朋友之間，是那麼格格不入。《一一》的NJ（吳念真），在IT公司工作。他的老闆一副趕時髦的俗不可耐，NJ唯一可交心的對象，是一位來自日本、跟他同樣耿直忠厚的生意夥伴大田。大田對NJ說：「你是一個好人。」是電影中一個十分動人的場面。這種溫情在楊德昌的作品並不常見，因為他描繪的是光怪陸離的現代都市。

楊德昌作品的都市眾生相，調子幾乎都是悲觀的，他對城市一定既愛且恨。他後來的影片有很強的幽默感，但真的笑中有淚。那些喜劇的元素，幾乎都是奠基在戳破人性假面及瘡疤之上：《一一》第一場婚宴的捉弄新人很荒謬絕倫，但又相當真實。我常有疑問，我們都去過那麼多公式的婚宴、見證過那些胡鬧場面，為什麼只有台灣的楊德昌最能夠把當中的窘態寫得淋漓盡致？《麻將》中幾個出來混的年輕人，都抱持「要動腦筋而不要動感情」的誡命，但結局都一一被自己的感情傷害。那句兒子「稱讚」父親的經典對白：「你是這個不要臉的國家裏面最不要臉的人呀。」也許正道出楊德昌對台灣的態度。楊導的《一一》以當代台北為背景，卻從沒有在台灣公映，也是因為他對台灣電影發行體制的不滿，於是乾脆把觀眾的選擇都剝奪了。

當代社會的一塊照妖鏡

反而我們在香港更幸運，《一一》在當年香港電影節閉幕放映之後（楊導曾來港出席討論會），曾在影院正式公映。香港推出 DVD 後，更是不少台灣影迷一睹《一一》最便捷的方法。我們在九十年代成長及看電影，楊德昌的產量不多，但一直佔據了很重要的位置。其中一個原因就是他那四小時的巨構《牯嶺街少年殺人事件》（1991），在電影院一看再看，神迷於那個六十年代的台灣，以及幾個中學生錯綜糾纏的愛慾與妒忌。很多年前第一次到台北，我去看今天住宅林立的牯嶺街，像個不識趣的遊客般拍照留念。電影中的六十年代牯嶺街，其實取景自台南，與今天的景像經已大相逕庭。

楊德昌處理角色感情的精細、微妙作風，以後又成為另一絕唱。他捕捉都市即景，以辛辣批判的筆鋒寫盡拜金社會的芸芸眾生，今後只可在他的舊作中重溫。失去了楊德昌，不獨是台灣電影界的損失，也是香港以至舉世影迷的不幸。我們的世界電影版圖，自此失去了一面當代社會的照妖鏡。

08-07-2007

《牯嶺街少年殺人事件》的手電筒

（一）指路明燈

楊德昌《牯嶺街少年殺人事件》，四小時的巨構，再看仍值得細味推敲。一個小道具貫串全片，堪稱是最神來之筆的設計：小四（張震）手上那支巨型手電筒。

原本只是惡作劇，小四跟小貓王（王啟讚）到片場看拍戲，小四被看更逮個正着（電筒光打在他臉上）。小貓王打爆玻璃窗替他解圍。小四逃脫前，隨手奪走放在案頭的手電筒。

手電筒具有寫實意義。《牯嶺街》呈現的六十年代初，台北市看上去照明不多。加上小四讀的是夜校，街道永遠是黑漆漆的，故事又涉及不見光的少年幫派鬥爭，特別多晚上的情節（拜今年電影節放映的第二度修復版，夜戲的細節終於一覽無遺）。而眷村的供電又不穩定，

導演◎楊德昌
編劇◎楊德昌、閻鴻亞、楊順清、賴銘堂
演員◎張震、楊靜怡、張國柱
台灣◎ 1991 年

為後文鋪墊伏筆，手電筒於是大派用場。據當天放映後講座的小野說，《牯嶺街》劇本籌備多年，初稿並沒有電筒。看來楊德昌及鴻鴻等編劇，幾年間的確把故事愈改愈好。

手電筒同時有象徵意義。《牯嶺街》敘事時幅約一年多，從一個夏天講到翌年夏天（1960至1961的學年）。小四念初二，他在學年初得到電筒，到學年末時無意中把它遺落在片場。因為有手電筒，他才有私隱（在牀上寫日記「滑頭逃不過這一天」）。另一方面，電筒也是他這年的「指路明燈」。電筒首次照到的是植物園某對情侶接吻（「打Kiss，泡Miss」）；中段，看過影片一定不忘記，電筒讓小四（及觀眾）看清楚滂沱雨夜大廝殺的死傷枕藉。強光把「性愛」到「暴力」從漆黑（潛意識）中召喚出來，給小四狠狠上了成長一課。

（二）電影啟蒙

而因為手電筒是從片場獲得的，後來又回到那裏；楊德昌又似在暗暗說明，「電影」對小四／楊德昌本人的成長意義。電筒的強光像放映機投影，「要有光，就有了光」。光照耀銀幕上眾生，同時也照出「性愛」與「暴力」。電影教我們認識世界，折射出我們內心渴望。小四及小馬（譚志剛）泡妞，四個人在影院看西部片《赤膽屠龍》（*Rio Bravo*，1959）。小馬一面看尊榮狙擊敵人，指頭在小翠（唐曉翠）大腿上有所動靜，要像牛仔英雄般「直搗黃龍」。小四在學校的醫務所拿起小醫生的絨帽，把帽邊摺起扮成西部牛仔，開火竟「誤中」心上人小明（楊靜怡）。好個愛與暴力，難道是結局預示？

讀楊德昌的訪問或年譜，就知道「電影」對他多重要。他說受德國的荷索（Werner Herzog）影響最深，但從他作品所見，荷李活的啟蒙絕不少。《牯嶺街》中山堂演唱會，小公園大哥Honey（林鴻銘）單挑眷村幫。在文化中心大銀幕看，特別留意到一班人衝突背後，有兩張「下期公映」海報，同是1961年的美國影片：一是馬龍白蘭度（Marlon Brando）自導自演的《獨眼龍》（*One-Eyed Jacks*，港譯《龍虎恩仇》，1961），同樣的西部片，戲裏「弒父」式橋段，頗呼應《牯嶺街》外省移民第二代的心情。

另一海報是比利懷特（Billy Wilder）的《公寓春光》（*The Apartment*，港譯《桃色公寓》，1960）。談《一一》時說過，楊德昌影片拍的雖是惡俗卑污世界，裏面總有善良小人物，是導演的顧影自憐（小明：「老實人是要吃虧的」）。《牯嶺街》中善良代表首先是Honey（楊德昌自行配音），其次為小四父子。《公寓》中積林蒙（Jack Lemmon）角色，亦是老實人的典型。這次從頭再看楊氏，更覺得《麻將》原來是《公寓春光》的重拍呢。

「電影」的影響，甚至不只歐洲電影、荷李活電影，也許還有「國片」，儘管楊德昌不大願意承認。他說年少時隨父看國片，曾迷過尤敏及丁皓——《牯嶺街》大姊照着電懋官方雜誌《國際電影》縫製衣服，書中模特兒正是丁皓，「電影啟蒙」戲裏又一例。

不能否認的是，楊德昌在建國中學念書年代（1959至1965年），學校附近電影製作風氣頗盛：第一，《牯嶺街》中被拿掉電筒的是「台灣製片廠」，攝影棚在建中對面的植物園。另一導演王正方，即《半邊人》主角，比楊德昌大九歲，同樣是外省人，移台後亦在建中念書，他曾在回憶錄《我這人話多》裏提到在台製廠看拍片的往事。第二，由虛構到真實，「少年殺人事件」發生後兩年（1963年）的平行時空，李翰祥離開邵氏，拉隊到台灣成立「國聯」，辦公室就設在建中旁邊泉州街。國聯大大提升台灣民營電影的水平，拍出像《破曉時分》（1968）及《冬暖》（1969）等佳作。我總在幻想，三十多歲事業如日方中的李翰祥，說不定常跟十五、六歲的中學生楊德昌擦身而過。

（三）男性糾結

再穿鑿附會下去，巨大的手電筒當然是「陽具」。

《牯嶺街》片首文字開宗明義，道出兩岸時局，間接令幫派蔚然成風，像小四的少年不斷尋找認同對象（Honey 是理想化身）。《牯嶺街》是楊德昌最好的電影，在於每個人物都惹人同情。即使是深藏不露的眷村幫大佬山東（倪淑君的角色「神經」戲分不多，卻有很重要的中和作用），還是不可一世的軍二代小馬。「哥兒們」、「夠意思」、「給臉子」等流行空話背後，是扭曲及虛妄的男性中心世界。

父輩呢？只是五十步與百步之別。張國柱演的父親張峯放不低讀書人身段。他在母親、汪狗（徐明）、鄰居胖叔及警備總部跟前，裏外不是人，父權一早崩壞。但他一直堅信男性情誼，做人講原則，對汪狗不懷疑（起碼在觀眾看來）。張峯是廣東人、在上海念書及結婚（楊德昌家庭寫照）；他兩次氣急說廣東母語，粗話全跟陽具有關（「冇春袋都係好麻煩㗎」、「有乜X嘢用？」）。對比起來，小四的二哥（張翰為張震的親兄）寡言，不嘮叨，但四弟金錢上有任何需要，他即二話不說幫忙，反而是戲內最令人嚮往的關係。

幫派械鬥，維護的是男性脆弱不堪的自尊。武器都是陽具的延伸，《牯嶺街》戲內由電影到真實，牛仔及東洋劍客打扮，武士刀，小馬給小四玩的獵槍，還有最後行兇的匕首。最不具殺傷力的，卻是最「形象化」的器具，大抵只有小四的手電筒。小四拿着它東照西照，好像唯一一次不是由他拿着，是他跟小明最情投意合之時。上一場籃球員小虎（周慧國）垂頭喪氣，他被小明正式拋棄，下場小明即把玩小四的「電筒」，然後震耳欲聾的坦克在他們身邊駛過（軍備、專權絕對的男人中心）。最後，小四在片場遺下電筒，隨即在小貓王家取匕首。男性的所謂「愛」與「保護」，「做你一輩子的朋友」，到頭來替你了斷作結。

（四）後記

楊德昌的電影，最清醒的還是女性。

《牯嶺街》對上海念念不忘的母親金老師（金燕玲），虔誠教徒二姊張瓊（姜秀瓊），永被看作二線但心水清的小翠，甚至「機關算盡」的小明。小明的單親家庭、眷村背景，回到舅舅家寄人籬下（金士傑在漆黑中幾乎看不見）。飄泊無依的生命，多少補充了她的性格與行為。

真實的殺人事件發生在 1961 年，殺人犯茅武是楊德昌的鄰班同學。楊德昌初進建國中學，念的也是夜間部。第二年他考到日間部，幾年後還考上交通大學電機系，後面的故事大家知道。《牯嶺街》的小四，卻沒有楊的福氣。茅武事件當年一定教楊德昌驚訝萬分，甚或長大後一直揮之不去。直至 1991 年拍罷《牯嶺街》，他把事件放進整個時代思索，結論是，絕非個別「太保」（不良少年）或家庭管教不善問題。

《牯嶺街》的小四，其實加進了更多楊德昌自身故事。他把《牯嶺街》故事拍來，有點像歌德寫《少年維特的煩惱》一樣，跟主角走上同一段路，自己才可釋懷。兩個平行生命，現實中的茅武，據說 1976 年已出獄，若在世已經七十多歲。由 1991 年到今天，他會看過以自己為藍本的《牯嶺街》？楊德昌從那個年代，幫派成風、一黨專政、陽具中心的氛圍中解放出來，蛻變成為精雕細琢、擅拍女性的導演。作品不多，但每部每看一次，都讓人更明白時代，更明白人。電影，本來就是要拍成這樣。

23-04-2017

《恐怖分子》冷眼看都市眾生

楊德昌1986年的《恐怖分子》，套用影片一句對白，三看仍「讓人混身發冷」。

故事穿插不同支線，較核心是周郁芬（繆騫人）和李立中（李立群）一對夫婦。他們的婚姻生活淡而無味，雖同住卻形同陌路人。妻子瞞着丈夫再次抽煙，她寫小說沒有進展，跟舊公司的主管（金士傑）漸生情愫；丈夫事業心重，不認識妻子的文字世界，一廂情願以為付出都是為她，但兩人關係卻愈來愈沒底。

這個家庭沒溫暖，楊德昌經營空間很有一手，妻子總躲在書房，丈夫則佔據那顏色離奇的洗手間，小小的斗室切割成不同的部分，夫妻都寡言，不越雷池半步。什麼原因導致兩人的疏離？因曾經失去小孩？也許都是藉口而已。周郁芬自己說過，過去結婚、生小孩、重新寫小說，都是為了新的開始；想為生活尋求新鮮感，不久後都寂寞難耐。周覺得自己的世界愈來

導演◎楊德昌

編劇◎小野、楊德昌

演員◎繆騫人、李立群、金士傑

台灣◎1986年

愈小，寫作也只能涉及夫妻間的事；她說想逃避的，是「毫無變化的重複」。

營營役役，周而復始的虛空

《恐怖分子》要挖苦的，大抵就是這種虛空的營營役役、不問由來地周而復始。李立中寄情工作，確信只要努力便會被主任重用，倒頭來竟白忙一場，同事升任組長，李頓時失去依靠。在醫院實驗室工作，氣氛冷漠，同事間互相猜疑，工作要避免出紕漏。李立中是典型的專業人士，遏抑情感好惡，他說「男人嘛，就是一個事業，什麼都是假的」。但仕途失意教他方寸大亂，神志不清，忘情工作也影響夫妻感情。

這個社會還有什麼是真的呢？單親家庭的叛逆少女淑安（王安）在的士高狂歡，電視機播映的是《九個半星期》（*9 ½ Weeks*，1986），燈紅酒綠聲色犬馬；她與剛出獄的男友設局色誘及敲詐男人，褲管藏小刀，看上去清秀的她原來一點不好惹。富家子小強（馬邵君）對淑安念念不忘，強與淑本來可湊成美好的一對，跟疏離的周李對比。只是，楊德昌很快叫觀眾死心，他對都市人際關係的不信任，連同期《戀戀風塵》（1986）僅餘的情懷都沾不上邊。都市化也帶來媒體泛濫，別以為周郁芬得了小說獎就很知性，周的電視訪問畫面覆蓋銀幕，她在一夜間竄紅——吸引眼球、製造話題，始終是媒體的天性。

冷眼旁觀冷都市

《恐怖分子》的都市很冷，影片還有不少人與環境的描寫。影片開始不久一個油庫的空鏡頭，油庫不成比例的佔據畫面，突出都市超現實的一面；醫院外面透過窗戶遠遠看着人在裏面走動；周郁芬看見工人在玻璃幕牆大廈清潔、小強觀察天橋上的行人，都是冷眼旁觀，沒有感情色彩。人在都市顯得特別渺小，說《恐怖分子》看得人發冷，也出於這份無力感，角色無法控制自己的處境，一切都是逆來順受。

個人的渺小平凡，不止透過空間互動，在紙面上也能言傳。可記得淑安和周郁芬兩條線如何聯上？透過淑安亂撥電話簿的號碼，同一個城市，叫「李立中」的大不乏人，藉此確立了角色的平凡和典型。淑安在電話中謊稱自己是李立中的情人，就憑這個無辜的錯摸，周郁芬進一步對婚姻死心。

《恐怖分子》的編劇之一小野說，楊德昌當時充滿怒氣，對台灣很多事情不滿。他也說，由《恐怖分子》開始，楊德昌的電影更肆意殺人，《牯嶺街少年殺人事件》死的人很多。社會太壓抑了，暴力、死亡成了宣洩口，楊的遺作《一一》也沒例外。電影中的殺人事件也加深對媒體的諷刺。案發後，媒體誇誇其談，甚至對行兇人道德審判。觀眾看過電影，知道前文後理，反而難下是非黑白的定論。好比《恐怖分子》李立中最後的遭遇，已經不是三言兩語可說明了。

回看片名，究竟誰才是「恐怖分子」？楊德昌的電影命名功夫確一流！值得留意，《恐怖分子》的英文名稱 *Terrorizers* 乃眾數。電影的結局，寫大好清晨暗藏殺機，不依賴對白，靠剪接成就最後十多分鐘（剪接師是著名的廖慶松），看得人膽戰心驚。當然，孰真孰假，甚至會不會只是周郁芬的南柯一夢？觀眾自有不同詮釋。然別忘了，周郁芬在片中常言：「小說是小說，不必太認真」。楊德昌透過文本自我指涉，同時不忘自嘲，《恐怖分子》再聳人聽聞、再對社會批判，都不外是一場電影而已。

這次中影的修復效果好壞參半，能饗新舊影迷是好事，然《恐怖分子》顏色稍嫌鮮艷，另也有聲畫不同步的問題。最諷刺的是，同步問題帶到 DVD 上，碟片盒上還標明「史上最佳品質珍藏版」，這「史」恐怕短期內要改寫了。

22-08-2010

再看《一一》

今年電影節辦楊德昌完整的回顧展，記念這位大師離世十年。難得機會，在大銀幕重看他的傑作。日前在文化中心大劇院，就看了他的遺作《一一》。

（一）

楊德昌是個厲害的編劇。

《一一》的佈局滴水不漏，角色跟枝葉繁多，一切說來卻有條不紊。首尾呼應，由生到死，層次之豐富，每看皆有新發現。三小時的影片，再看三看都不悶。它已經面世十七年了，對都市人的挖苦愈來愈放諸四海皆準，完全像拍給今天觀眾。

導演◎楊德昌
編劇◎楊德昌
演員◎吳念真、金燕玲、張洋洋
台灣◎2000年

NJ（吳念真）與初戀情人阿瑞（柯素雲）在日本一段，篇幅約半個小時，是最神來之筆的部分。幾線人物來到這裏，生命不經意契合。NJ及阿瑞在日本街頭蹀步，恍如隔世，竟然可以再活一次、重溫初戀滋味。台北的平交道已經面目全非，反而日本類似的仍然保存，於是地方雖陌生卻熟悉。兩個本省人一見面就台語嘩啦嘩啦，來到日本熱海。熱海對比戲裏台北的煩躁喧鬧，是四野無人的靜土。他們追回逝去日子，甚至尋（殖民）根（對白說阿瑞的父親曾到日本念書）。順帶一提，NJ他們從東京到熱海，怎不教人想起《東京物語》？楊德昌的《青梅竹馬》（1985）英語名為 *Taipei Story*，敢肯定來自 *Tokyo Story*。

《一一》中NJ與阿瑞的「隔世」對話，巧妙地為另一邊廂的台北小情人（NJ的女兒婷婷及男生胖子）提供註腳。一對中年人像生命輪迴，再活一次，初次約會、拉手、男的從情侶酒店落荒而逃。楊德昌的交替剪接，令觀眾代入造物主的視角，見證生命循環，同時證實生命渺小無力。兩代的時代環境不同了，婷婷（李凱莉）一代台灣早脫離日本統治，他們甚至不再「哈日」（《青梅竹馬》命題）。年輕人沉浸在美式消費文化（迷你戲院、商場及餐廳），或說是另一種殖民。不過，「美國電影」絕對有其可貴處，楊德昌借胖子（張育邦）的口道出來——令我們多活三倍人生，令生命更充盛。

《一一》的角色大都迷失，或永遠利字當頭；幾個善良的人物：NJ、大田（《沉默》〔*Silence*，2016〕的一成尾形）、洋洋（張洋洋）、婷婷，卻跟藝術（音樂與影像）有不解緣。洋洋在片末給外婆的話，今看讓人頭皮發麻！那簡直是楊導畢生心志：用電影啟迪與提問，要一輩子好玩。「說不定，有一天我會發現你（外婆）到底去了哪裏。」藉電影滲透人生、人性，甚至死亡。

故事進程是婷婷這個單純女孩的殘酷成長課。「好好對待別人，別人不會對我們不好，怎會想到殺人事情？」婷婷此問，頗能貫串楊德昌大部分電影的重心，世界就是如此荒誕，因果就是不成正比。《一一》放完後，婷婷經歷這一切；到片末，她對昏迷的外婆哭訴世界不公平，她的「好有好報」世界觀恐怕已被動搖了。生命說到底是個體，六慾七情永遠是冷暖自知，父母也無從幫忙（更別說婷婷的父母「自身難保」）。所謂的「成長」、「我老了」，大概如NJ所說，就是我們意識到，對很多事情愈來愈沒有把握的時候。

不只《牯嶺街》是「少年殺人事件」，《青梅竹馬》、《麻將》及這部《一一》統統都是。遏抑的都市、迷失的靈魂、糾纏不清的關係，問題不斷累積加碼，暴力是唯一出口。遇見聾人聽聞的暴力罪行，新聞報道只關心官能畫面，做廉價的道德審判（戲中的「動新聞」動畫何等不負責任）。楊德昌的電影，則往往鑽進殺人事件核心，嘗試解剖我們早已病入膏肓的社會。說得最多的對白是，「沒有那麼複雜吧」。是的，電影片名是最簡單中文字，NJ一家姓「簡」，人物關係我們通通明瞭，但影片因此生成的困惑與糾結，卻盤根錯節得要命。

《一一》最厲害是，用最簡單的話，寫出複雜的世界，說明深刻、深入的道理。

（二）

楊德昌是個厲害的導演。

《一一》的場面調度叫人歎為觀止。除了上述日本街頭的「恍如隔世」，畫外音跟影像互為表裏，趣味盎然，還有無數叫人眉飛色舞的設計。其中一段以「生命」過場，十分精彩：婷婷因為外婆意外昏迷而自責，夜裏一直睡不着。她在課堂上睡着了，被老師及同學嘲笑。老師的話可圈可點，她說生物有求生反應，不用過分呵護（值得今天的怪獸家長聽聽）。下一場戲，NJ的小舅阿弟（陳希聖）陪懷孕太太照超聲波，同樣關於生命及養育。好玩的是，超聲波的「畫外音」也在說「生命」，但是轉場我們才知道講的是電玩！大田在NJ公司報告計劃的內容。他說只要更明白「人」，未來準可開發出有思想生命的電玩。

十七年前，楊德昌在《一一》中對電玩、人工智能已有先見之明。大田雖然從事電腦工作，但很會彈琴、很愛音樂，跟白鴿打成一片。當NJ的同事只管抄襲，奢望用最少力氣得到最大回報（金錢是唯一價值）；大田的態度說明，即使像電玩一樣的產業，即使是電機工程，也可以富有人文精神。楊德昌棄電機當導演，就是活生生例子。

另一段同樣過目不忘的場面設計及過場：洋洋本想捉弄女同學，水彈竟誤中面目可憎的主任（楊德昌電影中的「教育體制」都不是好東西）。洋洋拔腿逃跑，躲到自然生物課的視像放映室，他要捉弄的女同學跟着進來，蹲在地上的洋洋看到女同學的白內褲。自然生物課的放映，剛好說到天地初開，萬物由此而起的瞬間，洋洋的「性啟蒙」亦由這分鐘開始。

說楊德昌仔細，是次重看特別留意到，自然生物課班房門外有口釘，洋洋進時先勾到校服，他解開才能進課室，小演員的演出很自然，不知是不是即興？但因為一口釘，女同學春光乍洩的安排就合理，比起風吹更不經意、更不意淫。女同學進門後，生物課的影像愈放愈烈，風起雲湧、行雷閃電，她的剪影看得洋洋發呆。畫面一剪，由室內到室外，課堂的虛擬暴雨聲變成真的滂沱大雨。在偌大行車天橋下，胖子等情人不果的失落身影，在雨中份外可憐。婷婷於是跟他到咖啡廳聊天散心，導致後面胖子改追婷婷的情節。可見，一場自然生物課的大自然意象，連帶顧及影片的兩對戀人！

《一一》的角色，在影片精準的攝影構圖下，統統被框在都市、建築物的線條之間。影片其中一個最美的構圖，是NJ跟舊情人阿瑞在熱海用餐時，攝影機在外面拍着建築物的遠景，NJ跟阿瑞在一個窗框，人物微細但由於畫面的黃金分割倒很清晰，另一窗框之內是一對聊天的侍應。建築物紅色的招牌、餐廳牆上紅色的帷幕皆醒目。另外，早有人提過，《一一》有很多玻璃窗的反映，把人及都市重疊一起。敏敏（金燕玲）因為母親昏迷，驚覺自己一直在瞎活，心情低落。某夜她在公司六神無主，她的倒影跟城市街道疊在一起，街道遠處不斷閃爍的紅色交通指示燈，竟然剛好落在她心房位置。

在文化中心看《一一》，看到更多細節，還見到楊德昌調度的端倪。影片開始不久，外婆昏迷，NJ及阿弟趕到醫院。剛成親的阿弟把NJ拉到一旁，着他不要擔心，今年是好年云云。兩個角色在醫院玻璃窗反映，鏡頭一氣呵成。我們先看到阿弟跟NJ的倒影被柱子擋着，後來兩個人才站到可見的位置。因為在大銀幕看，才留意到他們腳下有mark位。楊德昌的畫面、場面調度精準好看，《一一》更是多年來的千錘百煉，背裏其實是很多綵排、計算的匠心獨運成果。

後記：楊德昌十年前離世，終年只有五十九歲。他若過了花甲之年，電影拍下去會怎樣？《牯嶺街》、《一一》已是絕唱，出類拔萃，華語片絕無僅有。但有時還覺得楊太委屈，故事總圍繞善良人物（「You are a Good Man！」），他們為勢所逼，楊一直的大子自道。同時間，故事內又充斥淺薄、不值得同情的傢伙（像《一一》裏NJ的同事，甚或阿弟）。楊導若繼續剖析世界，隨年事更高，他會更悲天憫人麼？

16-04-2017

《賽德克・巴萊》非一般的血肉史詩

魏德聖的《賽德克・巴萊》確是觀影的考驗。不是說它兩集共四個半小時的篇幅，而是它對霧社事件複雜面的呈現，頗出乎觀眾意料。宣傳嘗試讓影片喚起觀眾的《阿凡達》（*Avatar*，2009）印象，有點捉錯用神，只怕令人有錯誤期許。事實上這也把《賽德克》的影響力與重要性給低估了。

我看了《賽德克・巴萊》兩次，第一次上下集分開來看，第二次是兩集一氣呵成。得承認，最初只看上集《太陽旗》的印象不好，但看完《彩虹橋》就整體改觀了，影片兩集加起來才算完整。另第二次比第一次好看，因為故事的信息量不輕，重看更弄懂前文後理及角色的轇轕。發行公司附印的人物關係表也好，有助觀眾明白故事——《賽德克・巴萊》也是沒所謂「劇透」的電影，霧社事件的始末本來不是秘密，觀眾沒必要保持白璧無瑕的觀影純真，反而多讀與《賽德克》有關的材料，電影看來會更有收穫。

導演◎魏德聖

編劇◎魏德聖

演員◎林慶臺、游大慶、馬志翔

台灣◎ 2011 年

原住民在殖民時期的衝擊

《賽德克・巴萊》之用心良苦，在於嘗試帶觀眾進入賽德克族人的世界，那跟我們的道德價值有不少衝突。他們的信仰、對彩虹橋世界的嚮往，直接影響了在世的言行。狩獵、出草（獵殺敵人頭顱）、血祭祖靈，是原住民青年的成人禮，只有驍勇戰士才配紋臉，臉上紋上圖騰，才配在死後通過彩虹橋到祖靈的家。

日本人對台灣的殖民統治，引進了「文明」，但郵局與銀行對原住民毫無意義。原住民失去了獵場，傳統及信仰日漸受到動搖。於是，對賽德克族而言，是活在當下的苟延重要，還是反抗統治奪回族羣的尊嚴重要？霧社事件爆發後，有頭目不肯參與免招滅族之禍，也是這種生死選擇的矛盾。

《賽德克》不是《阿凡達》的三毫子文化衝突，故事的原住民及日本人並不二元對立。克族人沒被過分美化，日本人也非十惡不赦的妖魔。編導魏德聖放棄了最討人歡心、易懂的戲劇手法，以更微妙的處境、更複雜的人物性格來說故事。《賽德克．巴萊》中沒有絕對好人、壞人，觀眾的視點甚至不斷在原住民及日本人之間轉移，教我們看見不同人物的限制及苦衷。如此主流電影（史詩大製作）的格局，竟打破了類型片一貫的觀影預期，可見魏德聖之藝高人膽大。影片也許叫人看得混身不自在，但肯定更刺激思考，有更廣闊的討論空間。老實說，看完兩次心情久久不能平復，電影帶出很多問號，不是三言兩語可以說清。

比如主角莫那魯道（石宇龍／大慶／林慶臺）就不簡單了，《賽德克．巴萊》寫了他三個成長的階段，年輕時他相當魯莽，好勝心強甚至不顧族人死活。成年後，他是發起霧社事件的靈魂人物，是族中最受尊敬的頭目；他多次訓誡年輕的族人別急進，要學會獵人的等待。但影片也有自嘲，莫那長年累月收集火柴而積累成小型火藥庫，因得到花岡一郎（徐詣帆）的協助一下子變得沒有意義，「等待」有時也枉然。上集《太陽旗》最後的公學校大屠殺是影片最具爭議的場面，莫那魯道是始作俑者。母親在公學校場地的呼喊，配樂用的祖靈怨歌瀰漫一片哀愁，連串慢動作，以至莫那魯道背槍狂奔時瞥見樹上一朵孤獨的紅櫻花（相對其他場面的遍地紅櫻），都表達了對殺戮以至莫那魯道的懷疑。

《賽德克．巴萊》兩集也花了不少篇幅在花岡一郎及花岡二郎（蘇達）這對義兄弟身上。他們是原住民，從小受日本教育，為日本人效力，於是有了雙重身分。但裏外不是人，一方面受族人排擠，在日本人眼裏地位也次等。莫那魯道一度質問花岡一郎，死後要葬在日本的神社還是祖靈的家。他們二人凸顯了身分文化衝突，1930年時兩股勢力、信仰的水火不容，沒有誰對誰錯，但他們的掙扎教人非常難過。《彩虹橋》開始不久，族中的婦孺為節省糧草、成全族中戰士，在林中集體上吊；一郎及二郎在事件爆發後也生無可戀，與家人一起自盡。這幕在滂沱大雨襯托下氣氛非常震撼，肝腸寸斷，看得人涕淚交流。

人物有血有肉教人難忘感動

《賽德克．巴萊》技術上也許有不少瑕疵，但有血有肉的人物成就了電影，在在教人難忘、感動。除了上文提及的，還有年輕的賽德克戰士巴萬（林源傑），最初只是個黃毛小子，後來經歷了與母親訣別的悲慟，在戰場上成長，臉上紋了圖騰，眼神充滿鬥志（演員銳利的眼神是影片另一精彩的地方），年紀輕輕卻一夫當關。

另外，日軍的司令鎌田彌彥（河原佐武），初時恥笑下屬尊稱賽德克人為「戰士」，最後霧社事件告一段落，他看到山野開滿紅櫻花也不禁問：「為何我會在這遙遠的山地，見到我們已消失百年的武士道精神？是這裏的櫻花開得太漂亮了嗎？」三百人的賽德克族奮勇頑抗船堅炮利、數以千計的日軍，令鎌田的態度徹底改變。

魏德聖本人有沒有立場？這自不用說了。《賽德克．巴萊》上下集的一首一尾，都強調祖靈鳥很有靈性；莫那魯道向小孩講述賽德克族由來的傳說，說最初男女從木頭及石塊誕生；碰巧莫那死後，遺體奇妙地分成白骨及木乃伊兩部分，暗暗呼應了遠古的傳說。電影以人出發，同時歌頌神秘的自然力量。當然，還有最後一幫賽德克戰士在遙遠天邊，昂首闊步走過彩虹橋的場面。這超現實的景象，由一名不知名的年輕原住民獵人親眼目睹，傳承的意味自不言而喻了。

儘管霧社事件具爭議，魏德聖還是以敍事的細節向我們說明，賽德克族人對信仰的堅持，銳利眼神背後的勇氣與精神，是多麼讓人肅然起敬！

30-11-2010

《KANO》台灣電影的光榮

說真的，很羨慕台灣拍出一部《KANO》。

拍殖民時期故事，考據認真，以場景、道具、服裝、電腦特效重現時代，斥資千萬美元。三小時的勵志運動片，沒半句國語對白，以人為本，旁及地方色彩，四十年代戰事的蕭條（冷色）對比三十年代的絢爛（暖色）。那是嘉義的美好年代，農耕、棒球、水利工程完美地結合在一起。對於棒球，除了一腔熱血，還有毅力及恆心，才令散兵游勇銳變成精銳之師。出身不重要，重要是不忘本、坦誠。

魏德聖的電影，乃至同類的台灣勵志片一再強調土地之重要。土地給人身分，身分令人自信；你看《KANO》就感覺到它以台灣為榮，從地方得到自信。什麼土壤成就什麼人，嘉農球隊令日本人對嘉義/台灣另眼相看，《KANO》教人對魏德聖/台灣電影（再次）肅然

導演◎馬志翔　　演員◎永瀨正敏、曹佑寧

編劇◎陳嘉蔚、魏德聖　　台灣◎2014年

起敬。魏德聖他們的自信心強到，甚至沒把大陸市場放在眼內（剛好與「服貿」背道而馳），戲裏的殖民地情結、對皇軍的人性化描繪全不避諱。

《KANO》的嘉義，好比《翻滾吧！阿信》（2011）的宜蘭羅東鎮，阿信在險惡的台北迷途其未遠，回到小鎮仍是老樣子。那裏不繁華，但體育館高牆上，長期掛上國父肖像及對聯「養天地正氣，法古今完人」，是伴隨他練習、成長的座右銘。對了，「正氣」與「完人」，正好是《KANO》有別於當今不少華語片「歪風邪氣」（吳天明語）的精神面貌。合拍大片我們看不少，胡亂堆砌大場面，哪部像《KANO》正義凜然，同時又寫出歷史複雜性的？

從棒球悟出處世哲理

一定有人說《KANO》土氣，太勵志、太煽情，電腦動畫做不好，那個日本記者的轉變太容易……《KANO》劇本工整圓滿，馬志翔首次執導有大將之風，但影片尚有不少瑕疵；只是，若我們只看到小刺而忘了它的厲害成就，就是無分輕重。有問，為什麼昔日港片繁盛，港人愛足球，一直沒見過類似的勵志片（拜託別提那套賣弄特效的好了）？可能在於我們太「世故」，一早與「士氣」畫清界線，不相信勵志的東西。也可能我們的電影，很多年來已談不上什麼信念了。永遠的犬儒嘲諷，「認真就輸了」，心術不正。

《KANO》的信念還有「教育」、「生命影響生命」。近藤教練（永瀨正敏）曾經失意球場，年輕時暴躁，容易發脾氣，後來更毅然離開恩師佐藤。近藤「流落」台灣當小文員，對棒球的熱情沒減退。年紀大了心平氣和、沉毅凝重，他愈來愈有佐藤老先生的風範，從棒球悟出處世哲理：對球場有崇敬心（咱們港人對土地不知敬畏，只知買賣），「球者魂也」、「心不正則球不正」。近藤年輕時無緣躋身甲子園，棒球手的志向由下一代完成。當年佐藤教他，今年他教嘉農的年輕人。

八十年後，嘉農年輕人的故事被搬上銀幕，觀眾受到啟發，一代代傳承下去。近藤的執教甚至青出於藍。佐藤在日本帶隊，棒球比賽歷史悠久、水平極高；近藤在台灣教的只是二流球隊，球場爛地一塊。但他憑信念、堅持，腐朽化神奇。他兩次強調棒球不分種族，漢人、原住民、日本人，因應不同體格各展所長。「雞尾酒球隊」，倒頭來集台、日之大成。嘉義的農業學生，視野受環境及時代局限，長大本來只會當農夫，卻因為認識了近藤、愛上了棒球，對生命的想像從此不同了。

兩代電影人的緣分

近藤就是有教無類，相信天生我才的好老師，《KANO》是變奏了的「春風化雨」故事。而且教學相長，近藤教嘉農，到頭來嘉農把他帶到甲子園現場，對棒球的熱愛被再次喚醒。永瀨正敏從前演過占渣木殊（Jim Jarmusch）的《三個藍月亮》（*Mystery Train*，1989）及羅卓瑤的《秋月》（1992）等，俱演趣怪人物。永瀨今演《KANO》，人到中年，有少許發福。在球場上頭髮整齊，穿着熨貼的恤衫西褲，雙手交叉胸前，腰板挺直，腰間別着白毛巾，其不苟言笑的魔鬼教練形象，異常搶鏡。

永瀨正敏從影剛好三十年，在《KANO》的老練、壓場就是時日的鐵證。魏德聖說當初想找永瀨，但被他婉拒了，永瀨希望三十年紀念留給一部有代表性的電影。還幸後來得到日本導演林海象出面相助，永瀨才答允出演。林海象跟楊德昌是好友，魏德聖曾跟隨楊德昌拍片，所以認識林海象，而林又跟永瀨稱兄道弟。近藤的選角，《KANO》畫龍點睛的部分，源自兩代電影人的緣分。

《KANO》好看，在於選角非常精準。近藤的家人只是副線，但妻子跟兩個女兒仍很深刻。我這個爸爸特別留意近藤跟幼女的甜蜜：近藤率領嘉農贏得全台冠軍凱旋歸來，他坐在華麗開篷車上，在噴泉受羣眾喝采。他的家人在路旁看熱鬧，可愛的幼女大聲問：「爸爸回家嗎？」近藤回過頭去，點頭微笑，他這一笑在片中難得一見。

另兩個日本人濱田老師（吉岡尊禮）及八田技師（大澤隆夫）皆鮮明。濱田有種植的知識及智慧，木瓜的比喻貫通全片；八田出場時帽子飛脫了，他看着風吹稻田跟青年奔跑的畫面，讚歎風景美好。八田也是充滿「正氣」的「完人」，大風暴時他冒險救人，為了嘉南大圳不辭勞苦，他鼓勵嘉農棒球隊「為台灣農民爭口氣！」《KANO》的確是崇日的（不至於媚），這也是我們多年從台灣片看到的共通點。尤其是今天，「戀殖」情結反襯「抗共」心理。大陸片在台灣全不賣座（票房若是選票，選民就是「逢中必反」），台灣「本土」電影這幾年的勃興，不止賣座，還愈來愈愛談歷史及身分。香港同病相憐，電影也愈多打「本土」旗號。

不敢置信，戲內嘉農棒球隊隊員都是沒演戲經驗的素人！怎會如斯真率自然？魏德聖、馬志翔他們的選角及導戲真有獨門法寶。球場上的拚勁都算了，他們本來就是打棒球的，但連文戲也這麼好，尤其輸了比賽一眾強忍淚水，看得人鼻酸。演主將吳明捷的曹佑寧氣質不凡，演戲亦佳，憑《KANO》平地一聲雷，以後不打球可以演戲。曹這種男生在中港電影的確少見，大概也跟土壤有關係吧。《KANO》就像嘉農遠征甲子園，是天時地利人和的結合：在今天台灣，魏德聖的麾下，缺一不可。

年輕編劇與剪接師

最後我得說說《KANO》的敘事及剪接。這次是魏德聖首次跟別人分享「編劇」崗位（合編者陳嘉蔚，據說非常年輕），他說他當時在拍《海角七號》（2008），所以要找人幫忙。《海》在 2008 年公映，距今至少六年，可見他們多重視劇本。魏說《KANO》結構在編劇階段已定——從 1944 年開始，由日兵錠者（青木健）到達基隆後，他期待看看「嘉義」。然後倒回 1931 年的甲子園，嘉農球隊狼狽的遲到。再回到兩年前即 1929 年，看散漫、毫無紀律的他們在球場，直至遇上近藤、生命改變的一刻。

電影故事說下去，1929／1931年及1941年兩段時空互相對比。用倒敘方法、由錠者視點引出來龍去脈，一來讓觀眾好奇，我們慢慢弄明白他跟故事的關係；二來出第三者說，令嘉農的事迹更傳奇。最後兩段時空來到交接處，便是影片高潮：嘉農在甲子園決賽的拚勁、毅力征服了全場觀眾，錠者帶頭叫「天下嘉農」；他十多年後來到嘉義的破落棒球場，同樣高喊「天下嘉農」。

剪接則不同（剪接師是魏德聖的老拍檔蘇珮儀，是個八十後呢！），據魏德聖說，有些是後期才想出的方法。《KANO》有時用「蒙太奇段落」，以音樂襯托交代時光流逝，描寫長期苦練多用此法。除此以外有另一段神來之筆的剪接：近藤要求球員練習專注，要他們盯蠟燭光（魏德聖由《賽德克．巴萊》開始鍛練演員眼神的方法），然後剪入幾個不如意事件：球員在田野被農夫奚落（「打球可以吃飽？」）、近藤向校長求資金不果、吳明捷喜歡的女孩出嫁，他出席婚宴後，一身西服在球場跑步發洩、小里的父親受傷後決定回日本等。這時候嘉農剛輸比賽不久，是故事中悲傷時刻，失落事件接踵而至；用「盯蠟燭」串起各事件，就註腳成「化悲憤為力量」了。環境清靜的晚上，他們靜坐留神的姿態，頗像僧侶修行。

球賽的剪接殊不容易，場地大、球員眾多，《KANO》的比賽剪來非常流暢，攝影角度變化多端，我這棒球門外漢亦投入，看後甚至好像懂了一點。電影有好幾場比賽，要避免重複沉悶，所以剪接不住求變。有時吳明捷投球的關鍵一刻接上報紙頭條，有時暗場交代，有時靠廣播及羣眾的歡呼聲側寫。甲子園的決賽（嘉農對中京）篇幅最長，竟超過半小時，但做到高潮的聲勢，既緊張又悲壯——眾人一邊奮力救球一邊叫「歡迎光臨！」，即使作客，令在場日本人由衷折服。不過旁述還是最重要，這是同類運動片的先天限制；拿走旁述員的聲音，電影便沒法看下去了。

30-03-2014

《女朋友。男朋友》大時代小人物

楊雅喆身兼編導的《女朋友。男朋友》，算是另一部《那些年，我們一起追的女孩》（2011）吧。比起九把刀的打打鬧鬧，楊雅喆低迴頓首，回憶載滿了苦澀，惆悵。

《女朋友》故事由當下出發（首個鏡頭就是 iPhone 影像），再回到八十年代細說從頭，它對時代的回溯，也比其他台灣青春片沉重。時代資料露了端倪，當片上打出「1985，高雄，夏」時，場景是充滿青春活力的游泳池，但英文補充說這是「戒嚴」（Martial Law）時期。這中英的差異，是製作人覺得華語觀眾已對台灣歷史有認識而不贅，還是為了方便影片進入大陸市場？

「戒嚴」為青春躁動提供更合理的舞台，《那些年》及《女朋友》都有教官角色，但後者卻連結到國民黨的威權統治、打壓自由（教官：「在這個學校，我就是王法！」）。於是學生

導演◎楊雅喆
編劇◎楊雅喆

演員◎桂綸鎂、張孝全、鳳小岳
台灣◎2012年

的叛逆行為、他們說的台語，也出於對體制的回應了。王心仁（鳳小岳）寫牆頭詩、違髮禁、跟教官頂撞，林美寶（桂綸鎂）陽奉陰違，與陳中良（張孝全）在夜市地攤偷賣禁書（李敖的名字曇花一現）。《女朋友》的八十年代終結時，更索性來一場全校造反。講台上的塗鴉、違規的校刊、興高采烈的廣播，露天舞會派對，全體學生把學校佔領、把教官氣得七竅生煙。三個主角的關係此時也生了變化。這場「全民起義」有沒有惡果不知道，影片在最愜意的時候過場了。

顧名思義，《女朋友》不要說什麼革命分子。王心仁在中學時期是風頭躉，他的反建制作風，說穿了只是青春期的荷爾蒙作祟，標奇立異為泡妞吧。當故事踏入九十年代，台灣已解嚴，王心仁、陳中良進了大學，遇上1990年的野百合學運。阿仁繼續是學生王子，在台上喊口號，以他混血兒外表開玩笑。他不是學運先鋒，亦不見有什麼偉論政見。林美寶來中正紀念堂參加集會，也只是為阿仁送鞋，順便看看熱鬧而已。

拒絕成長

這又如何呢？楊雅喆就跟侯孝賢、楊德昌一樣，拍大時代、大歷史中的小人物已夠好看，一來有自身寫照，也令觀眾共鳴。楊德昌透過《牯嶺街少年殺人事件》拍他的建國中學，當年殺人事件的主角就在鄰班。楊雅喆拍《女朋友》也在母校取景，讀書時代大家很熱血，長大後各有各忙，變得愈來愈冷漠。台灣由新電影運動開始的幾代人，都講世代的故事；個人悲喜離合，見證時代更替、社會興衰。楊雅喆好像還有點拒絕成長——《女朋友》一再用閃回鏡頭提醒我們，三個好友年輕時騎摩托車在林蔭路上飛馳，昔日多美好。美寶長大後不過爾爾，但她中學時直率、潑辣個性遺傳給一對孿生女。電影一開始她們就嚷着要在升旗禮穿短褲。楊一直愛拍小孩，畢竟年輕才有朝氣。

楊雅喆的風格內斂，喜歡看他在《女朋友》用的襯托手法。有時配樂節拍、輕快強勁，如舊曲《河堤上的傻瓜》，但每每喧鬧過後，孤寂、平淡又分外叫人神傷。中正紀念堂的野百合學運段落，有這麼溫婉又唏噓的時候：深宵時分，伴隨着配樂的結他及低聲和唱，阿仁在美寶耳邊說：「不要怕，我們從來沒有這樣的機會。睡一覺起來，台灣就不一樣了，我們就自由了。」這邊廂是情侶綿綿情話，另一邊廂的阿良在中正紀念堂搭上便衣警察（這時觀眾才知道他的性取向），卻因多嘴被毒打；美寶睡醒後回到廣場，也目睹了令她心痛的景象。

小人物的片語

在大時代寫小人物的片語，可以迴避場景的局限。《女朋友》的特寫鏡頭特別多，往往構成兩/三個角色的私密世界，影片海報上三人並坐一場正是代表。1985年的某個夜裏，美寶與阿良散步，美寶經痛發作，阿良二話不說，在樹上摘下葉子在掌裏搓，給美寶嗅嗅以紓緩痛楚。這昏黃街燈下的二人世界，善解人意情郎的身影，我們看的深刻，美寶更一輩子難忘。跟見慣的中港合拍片不同，《女朋友》拍歷史故事沒有浮誇升降鏡頭，捕捉片廠搭成、電腦模擬的大場景；反而利用場景的狹小進入角色內心，是恰如其分的低姿態，以靜制動、無聲勝有聲。包括對四時的着墨，1985、1990、1997及2012四年，是故事結構「起承轉合」的四個階段，分別以春、夏、秋三季，去映襯三個人物的錯愛、成長。

1997年秋天，阿良、阿仁及美寶已屆中年，他們在台北混，昔日的歡笑、打罵沒有了，高雄的蟬鳴聲再聽不見。阿仁最吃得開，娶了有錢太太，跟美寶仍維持情人關係，左右逢源；他得岳父信賴，是大企業的發言人，諷刺的也是最沒主見。三個角色之中，楊雅喆似乎最不同情阿仁（鳳小岳的戲也是全片最弱一環），爬上社會階梯，人也完全妥協了。卡拉OK餐廳三人聚首一場，阿仁為了一個電話，窘態畢露，被阿良痛罵他偽善，當年還說追求民主自由什麼的。

還是阿良與美寶兩人的互動，他們若即若離的關係最動人。多年後再見，阿良從美寶身上看見自己的影子。他一直以為自己偉大、很懂愛，「其實我們都在自討苦吃」（超市一段對話厲害，舉重若輕），這番話到頭來啟發美寶。桂綸鎂由《藍色大門》（2002）至今剛好十年，這次演出，由爽朗的女生，到世故的白領都很到位；一幕她板着臉吩咐員工，見阿良來探望而大喜尤令人難忘。張孝全演電影十年了，也是當今台灣影壇不可多得的好演員。《女朋友。男朋友》中他由莽撞的高中生到沉穩的父親形象，外形或有些牽強，但能力與用心已彌補任何不足了。

算不到第幾次了，透過台灣電影看見電影人在寫自己歷史，從年代、城鄉、南北的差異找到自己位置，作品叫同世代的觀眾共鳴、感動。不同世代又怎樣？《女朋友》對生命、愛情、志願的失落感，漸漸學會認命、逆來順受……稍有點年資的觀眾，不管說哪種語言，也一定不會陌生。

02-09-2012

《幸福路上》我在台灣長大

世事就是如此巧妙。早陣子在澳門一場露天放映，看了十年前的法國動畫《我在伊朗長大》（*Persepolis*，2007），印象很深。不久後再看到台灣宋欣穎的《幸福路上》，驚覺兩片出奇神似。看完一查才知道，宋的確有受到《伊朗長大》的啟發。《幸福路上》，副題可以是「我在台灣長大」。

難怪，兩片都寫出一個無比可愛的外婆。

《我在伊朗長大》的女人比男人中看，女性的情感更是橫跨三代。故事主角叫 Marjane，名字來自原著作家 Marjane Satrapi，故事是她的成長自傳，先有 2000 年的連環圖，再有 2007 年動畫版。Marjane 母親，在男尊女卑的伊朗，個性倒夠剛烈，動畫版由嘉芙蓮丹露（Catherine Deneuve）配音；外婆同樣是特立獨行女性，配音的是另一名伶丹妮多麗絲

台灣◎ 2017 年

導演◎宋欣穎

編劇◎宋欣穎

（Danielle Darrieux）。多麗絲是法國影壇傳奇，上世紀三十年代已演戲，直至去年才離世，享年一百歲。

伊朗 Marjane 對外婆永誌不忘

看《伊朗長大》，完全感受到作者有多思念外婆。Marjane 六十年代出生，在伊朗成長期間，經歷過革命與戰亂。她父母憂心她的安危及前途，很早送她出國。Marjane 要學懂自我照顧，在維也納念中學有時很迷失，慶幸她沒有忘卻外婆的金玉良言，比如「不要仇恨」，「要對自己真誠」。真誠包括不要忘本，Marjane 年輕時礙於伊朗在外國的不良形象，曾否認自己的伊朗身分。這時候，她心中「外婆」陰影就會出來質問自己。

Marjane 的外公是政治犯，慘被國家迫害至死，令外婆的善惡觀非常鮮明。外婆雖疼惜孫女 Marjane 不已，一次見她誣害別人後，還洋洋自得，於是不留情面責罵她，令她悔不當初。《伊朗長大》到了片尾字幕，有一朵朵散落的茉莉花。這是 Marjane 回憶中的氣味：年幼時她曾跟外婆同眠。外婆就寢脫去內衣時，藏在乳罩裏的茉莉花會掉落牀上，外婆的體香來自這別樹一格的古法。Marjane 後來第二次出國，算是流亡海外。外婆臨終，她沒緣見到最後一面（她說「自由總得付出代價」），所以才寫出《伊朗長大》。片末仍在強調的花香，表示她對外婆永誌不忘。

外婆是思路明燈，側記台灣歷史

《幸福路上》不是同一個道理？小琪（桂綸鎂配音）當下與過去的交錯，阿嬤佔了重要席位。她小時候對阿嬤印象，先是陌生、害怕，再是慢慢熟稔，感受到阿嬤對自己的疼愛。小琪跟阿嬤相處，有屬於她們的回憶（分享美國朱古力），連小琪的父母都不知情。阿嬤是阿美族婦女，愛吃檳榔，屬性情中人，雖沒讀什麼書，卻非常通情達理，做人豁達，沒有小琪思前想後那樣複雜。《幸福路上》跟《伊朗長大》如出一轍，外婆是主人翁的思路明燈，為她提供人生坐標（「我活得很簡單，很一致」），有大智慧（「雞犧牲了，要好好把牠吃完，才是尊敬牠的生命」）；孫女感到迷惘，外婆的教誨十分關鍵（「相信什麼，人生就變成什麼」）。

《幸福》的小琪，如《伊朗長大》的 Marjane，有段「身分迷失」時期。她從小聽不少美國事情，很嚮往到那邊生活。到長大後真的移居美國，成為真正「美國人」，才發現不過爾爾。小琪跟故土再次聯結，亦跟阿嬤有關——阿嬤離世，小琪回國奔喪。少小離家，回國後往事一點點浮現，就是《幸福路上》敘事緣由。可以想像，小琪跟「美國」的既愛又恨，從幻想到幻滅，是折射台灣由上世紀七十年代開始，四十多年被孤立的路途。《幸福》角色的造型可愛、純真，然而看下去其實比包裝嚴肅。它表面寫小女孩成長，實際上側記台灣的當代歷史。

小琪生於1975年4月5日，正是蔣介石離世的日子。《幸福》跟《伊朗長大》異曲同工，自傳味濃，宋欣穎在述說自己一代（五年級生）。她的劇本暗示，一個時代落幕，正好是他們的開始。小琪成長經歷戒嚴到解嚴，見證政黨輪替。有時故意語帶雙關，突出個人與時代對照：戲裏一個電視畫面，是2000年陳水扁、呂秀蓮當選，小琪「含沙射影」的旁白說：「本來以為，這次一定會永遠幸福的……」那段時間，她工作跟生活出現瓶頸，她正考慮大表哥的邀請到美國工作。台灣及小琪的生命，將面臨很大的轉變。當然，「陳呂配」之後的事，我們知道；小琪赴美後，開始時還不錯的，後來卻愈來愈黯然。所以她才說，「本來以為」……

最具時代格局的華語動畫長片

《幸福路上》是看過之中，最具時代格局、最讓人無奈淒酸的華語動畫長片。成長的苦澀、乏力，對父母代的否定；時代、政治、都市化對人的拉扯，令人共鳴、感動。當年「台灣新電影」的人文關懷，今天《幸福路上》嘗試以動畫呈現，甚至連戲名「反諷」的命名策略，也有點像楊德昌的《青梅竹馬》。除了小琪鬱鬱不歡，她身邊的親友，各有各苦楚：父親是被剝削工人的表表者，小琪漸漸才明白他為何不想上班；母親平時開朗，因為「望女成龍」，被老師約見時，她變得委屈、順從。

小琪兩個小學同學，貝蒂及聖恩，亦有他們的血淚故事。貝蒂生父是美國人，扣連美軍駐台的過去，她的金髮碧眼令她裏外不是人，同樣有「身分危機」；聖恩一直當「靈童」，年紀小小跑江湖，因為讀書不成，長大後馬虎討生活，本算樂天知命，誰料竟遭不測。幾個同窗友好，幼時宏願統統沒有實現，也沒有長成心中的大人（是枝裕和？）。長大了的小琪、貝蒂，再回到放鴿子的屋頂，難免有點恍如隔世。

小琪的大表哥（魏德聖配音）更可憐了，白色恐怖年代，因為讀禁書（史明的《台灣人四百年史》）被抓、毒打至色盲。小琪不知就裏，還在他跟前背誦課本的蔣公勵志寓言（學校教育的「國語政策」也十分專制）。飽受威權煎熬的大表哥聽罷，只能輕輕搖頭歎息。對了，「讀禁書」的大表哥是另一溫文角色，他提醒小琪要以「心眼」及「智慧」看世界，對她的影響一樣極深。

動畫就有這樣好處。《我在伊朗長大》、《幸福路上》原來都想過拍真人電影，成本增加及時代重構的難度，暫且不說；動畫看上去姿態較從容，讓觀眾跟血淋淋的現實之間，保持想像距離，令作品有舉重若輕之效。《伊朗長大》Marjane 另一名政治犯叔叔，兩次被抓進牢獄（送她兩隻「麪包天鵝」），最後於獄中喪命，十分悲涼。Marjane 小時候跟叔叔在牢獄見最後一面，看到那裏衛生環境很差，若是真人電影，一定不堪入目。《幸福路上》大表哥的不幸，在小琪眼裏幻化成王子對抗恐龍，色盲是因為被灌飲「毒茶」。動畫版有點漫不經意，真實卻本來非常殘酷。

不過話說回來，我看《幸福路上》感到不暢順的，正是戲裏的幻想部分。宋欣穎想觀眾易於區分真實與幻想，於是令兩部分有不同畫風。但幻想部分的童真風格，不知何故流於稚嫩；有時又未免過分誇張（小琪第一天上學，看見成年人化身怪獸對小孩訓斥）。只是，《幸福》技術之未臻完善或可理解，如此動畫長片，在台灣畢竟是初試啼聲，跟整體圓滿的《我在伊朗長大》自難以比擬。而且《伊朗長大》有繪本基礎，動畫版秉承簡約線條及主要黑白兩色，質樸無華，卻又言簡意賅，叫人看得異常觸動，連配樂都精彩得沒有話說。

不忘初心，對自己真誠

真的別看輕動畫，《我在伊朗長大》是作者流亡西方後所作，由連環圖到動畫在伊朗仍屬禁品。《幸福路上》側記台灣歷史，對政治渾水及資本主義有含蓄的揶揄。創作人即使只是寫個人往事，只要當不斷提問真相，或像《伊朗長大》外婆叮囑「對自己真誠」，就一定觸碰專權的禁忌。

我真懷疑，今天香港的「敏感詞典」愈積愈厚（「獨立」、「自決」以後，將輪到「本土」麼？）、「自我審查」習以為常，創作者縱有動畫長片條件，還有空間拍出「我在香港長大」？看《幸福路上》，艷羨小琪中學時代無牽無掛，解嚴後總統府外無日無之的示威抗爭，成為他們路上的風景。沒有人逼你愛國、認同那些身分。小琪儘管碰壁，慢慢終會走出自己的路。《幸福》後面小琪悟出的道理顯淺，「心安處是吾家」，不忘初心，用心看世界；珍貴、幸福在於自由自主，那是自我尋索、反思、發現之歷程。

性別固然也是抗爭。《我在伊朗長大》及《幸福路上》突出女性，她們剛烈果敢，三代同堂，外婆洞察世情，對孫女的提攜作用等，多少是對兩地威權／父權體制的抗衡。《幸福》中，「偉人」蔣介石離世是角色生命開始（蔣經國葬禮亦只匆匆帶過）；《伊朗長大》Marjane 離開伊朗，才有我們後來看到的少女成長傳記。

10-06-2018

不能沒有《不能沒有你》

戴立忍的《不能沒有你》說貧苦父女的故事，但背裏的諷喻對象很清楚，一是媒體，二是官僚主義。

先說媒體，電影甫開始就是突發新聞報道。父親武雄（陳文彬）抱着女兒（趙祐萱）危站行人天橋欄外，以死來控訴社會不公。此舉引來警察及消防員嚴陣以待，也吸引了大批市民圍觀、媒體現場直播。事件在台北發生，透過電視畫面，遠在高雄的人亦同步收看。媒體縮短了我們的時間，卻沒有拉近人與人的距離。武雄的朋友阿財哥（林志儒）認識父女，深知事情原委，感受切身，不像其他人圍着電視湊看熱鬧。阿財哥甚至不忍旁觀者的輕蔑，跟他們扭打起來。

《不能沒有你》強調真人真事改編，迫我們放下新聞頭條消費者身分，設身處地，還原成有

導演◎戴立忍

編劇◎戴立忍

演員◎陳文彬、趙祐萱、林志儒

台灣◎ 2009 年

人情味的阿財哥。故事在突發新聞之後，倒敍回到兩星期前，看看一對平凡父女怎麼當上聳人聽聞的時事要角。由出發點到故事結構，《不能》跟許鞍華的《天水圍的夜與霧》有異曲同工之處，但《不能》對媒體的影射較深。父女第一次到台北，坐上立法委員的轎車在市內轉，車子走到博愛特區，委員助理自鳴得意的為南部來的他們當嚮導，說這乃行政機關所在地，總統府看上去比電視還要雄偉。他這話提醒了我們，對武雄父女而言，「權力核心」完全是媒體印象、是媒體公關事情，跟他們的生活其實沾不上邊。

諷刺媒體作秀官僚主義

所謂老鄉親的立法委員林進益不是什麼好東西，虛情假義，很典型的奸角形象。武雄第二次到台北找不着林，阿財哥反而從電視上看見他，站在鎂光燈前如何聲嘶力竭、為民請命，也是現實距離比不上媒體作秀的諷刺。編導又故意安排一對電視台記者，武雄曾央求他們幫忙，被女記者冷冷拒絕，她說「我們是政治線的，不是社會線」；到了父女在橋上成為社會焦點，同一女記者匆匆趕來訪問武雄的時候，方才的事已忘記乾淨，換上一副慈悲的嘴臉。

「政治線」及「社會線」的涇渭分明，對父女而言固然荒謬，不外是袖手旁觀的借口。《不能沒有你》另外要挖苦的官僚主義，也正是這種凡事只求理性、嚴密分工下的人性醜態。

電影的前半段，體制內幾乎沒有一個好人（也跟《夜與霧》雷同，不外乎說明，圍繞悲劇的制度及人物都有責任）。調查父女海邊住房的警察很傲慢，戶籍地區辦事處的職員不夠體恤、只按本子辦事，但最令人氣結的還是台北的戶政司王組長，表面殷勤，實則推卸責任，架牀疊屋的行政程序（「文件到我這邊全力配合」），毫無人味，父女像皮球一樣被踢來踢去。《不能沒有你》故意拍成黑白，把「台北」化約成「警政署」等幾個符號，重門深鎖、守衛森嚴，父女不得其門而入，孤立無援。黑白令電影世界更壓抑，甚至更荒誕，黑白不是貼近真實，反而感覺更超現實。

世界不至完全失望

然影片對官僚主義的批評適可而止，武雄與女兒守得雲開見月明。天橋事件後，武雄失去女兒的撫養權，甚至不知道女兒入讀哪家學校，他勤奮工作，很想念女兒。這時電影的氣氛也開始轉變，有善解人意的社會服務員登場。社會局的女職員漂亮年輕，明白武雄處境，後來安排與武雄見面的女督導也很有耐性，跟武雄詳談女兒的生活近況，慈祥、笑容可掬，跟電影上半段那些公務員不可同日而語。可說是忠於改編的個案，但換個說法，這其實也是編導選材，從事件見證人性光輝一面，世界不至完全絕望。

值得一讚是戴立忍體面的風格，減少對白的作用，憑意象把作品昇華。武雄與女兒本來都很寡言，武雄甚至不善辭令，卻不影響觀眾認識他們，了解父女的感情。電影有兩場，阿財哥到醫院探望武雄，武雄最後與女兒重逢，更完全把對白刪掉，一切盡在不言中。女孩的對白屈指可數，但有句讓人印象特深：父親在海底工作，女兒伏在船邊看海底，父親問她可以看到的嗎？女兒說「一直看，一直看，一直看就看見」；影片也幾次交代父親在海裏回望女兒的剪影，海水令影像晃動模糊、水底呼吸氣管有時失靈屈折，但這不清晰的形象、薄弱的牽線，反是父女最心連心的時候。這個海底的景象，也成了影片很有詩意、象徵的一組鏡頭。

《不能沒有你》技術上雖有不完善的地方，但情感真摯、挖苦有的放矢，瑕不掩瑜。真的要談什麼是邊緣化嗎？應該放眼像武雄父女，這些媒體及電視觀眾過目即忘的小人物。今天華語片怪力亂神、千篇一律，像《不能》這樣洗滌心靈、洞察世情的電影，已經是難得一股清流了。

07-02-2010

《刺客聶隱娘》略談

（一）隱晦

侯孝賢《刺客聶隱娘》真的隱晦，刪減的枝節十分多，加上文言對白，第一次看頗叫人丈八金剛。諷刺地，英文字幕免除人名、地名的繁複，像聶隱娘乳名「窈七」，魏博位於「河朔」，反而較淺易（譯者乃著名影評人Tony Rayns）。要把《聶隱娘》片看明白，閱讀電影以外的「補充資料」，幾乎是必要動作。

最基本的是電影發行公司印製的傳單，內附「人物系譜」，對觀眾的「期望管理」非常有幫助。其次更豐富的，要數台灣印刻文學的兩份出版：據說曾一度斷市的7月號《印刻文學生活誌》雜誌及影片編劇之一謝海盟（年輕新力軍）寫的《行雲紀——《刺客聶隱娘》拍攝側錄》。兩書皆收錄了定稿劇本，讀着發現，劇本跟現在的電影版差異極大。

導演◎侯孝賢　　演員◎舒淇、張震

編劇◎朱天文、鍾阿城、謝海盟　　台灣◎2015年可不像大學年代念《紅樓夢》，因為篇幅長、人物眾多，老師建議先讀《紅樓夢人物論》；《聶隱娘》才一百零六分鐘，怎樣看也非「巨構」。然而它對附加材料的依賴，在於文本有時不能「自圓其說」。以周韻飾演的兩個角色為例，殺手精精兒跟主公夫人田元氏是一人兩面。只是，精精兒一直戴着金色面具，中段她被聶隱娘（舒淇）打敗、身分被悉破，觀眾看不見其正面，是不是周韻單憑背影沒法咬定。另外，電影提供的有限信息，精精兒跟老法師空空兒（畢安生）的師徒關係，不靠發行公司的「系譜」說明，我們連結不上。

《印刻文學》或《行雲紀》交代了侯孝賢的作法。很多場面已拍，但在剪接台上，但凡過不了侯氏法眼的，都逃不過被拿掉的命運。侯氏大刀闊斧的省略，好像已不把「觀眾看懂」列為前提。謝海盟說我們看到的只是「冰山一角」，更深更大的冰山其實存在。《印刻文學》刊印了朱天文的文章〈剪接機上見〉，詳說劇本很多鋪墊及研究工夫，最後沒在電影呈現，語調頗見無奈：「原來，編劇是介入不了的。影像的判準，剪接的法則，出入其間者是他倆，即使新人如芝嘉（按：跟廖慶松在本片齊名的年輕剪接師），又豈會聽我的……這好與不好，準何而定？直覺，當然是。不過直覺很難說也無由說，我應試試講講別的。」好玩的是，朱天文一輪「苦水」後，憶述了1994年黑澤明跟侯孝賢見面，黑澤欽佩侯拍戲的自由，是他們片廠出身難望項背的。連長期拍檔如朱天文，在找不到說辭後，只好重提往事，鞏固傳奇。像慨歎：經驗告訴我，留待時日證明，侯的直覺沒錯好了。

所以電影不圓滿麼？從劇情或人物出發，是的。當然，你也可以說侯故意不按常理出牌，打破我們對故事的預期，不強求觀眾（一次）看懂，「看懂」不是電影價值的全部。事實上，侯的電影從來不是劇情主導，追求的更多是氛圍與調子；他獨到的單鏡頭美學，不擅處理太複雜的動作，包含的「信息量」亦不多。《聶隱娘》跟他前作不同的，是設定在中唐藩鎮割據背景，牽涉人物較多。侯不作歷史「大論述」，然因為是歷史劇，他的隱晦作風，加深了觀眾投入的難度。

換個角度，若《聶》只是侯《最好的時光》（2005）的番外篇（英文可打趣叫 Four Times），效果可會不同？他繼續寫不同時代中，張震、舒淇一對鴛侶的生命循環，時代造物弄人：張震演的田季安，跟聶隱娘本是青梅竹馬，奈何在政治現實下，田的婚姻成了議和的本錢，聶的「幸福」於是給白白犧牲。田身為藩主亦愈來愈囂張跋扈，兩人漸行漸遠。把《聶》的唐代對應為《最好》想像的六十年代、二十世紀初與千禧年後，算不算是作者之一脈相承？

（二）天成

但無疑《聶隱娘》好美，技術非常講究，尤其攝影、聲音、美術及選景。攝影方面，這陣子藝術電影好像有股風氣，要回到4比3銀幕傳統。近者除了加拿大的薩維杜蘭（Xavier Dolan）的《慈母多惡兒》（*Mommy*，2014）、侯孝賢的《聶隱娘》，還有賈樟柯的《山河故人》。無巧不成話，三者都在影片內挑戰銀幕比例的限制。《聶》絕大部分時候為4比3（準確而言是1比1.41），但嘉誠公主（許芳宜）撫琴一段，則用回16比9（1比1.85），侯孝賢的理由是古琴橫放，用4比3拍不好看。拜數碼電影之賜，在同一片中改變銀幕比的做法，菲林的年代根本不能想像。賈的《山河故人》亦是，電影分為1999、2014及2025年三段（是的，有科幻片的成分），第一段用4比3，第二段用16比9，第三段是1比2.35。以屏幕比例呼應時代之視野。

《聶隱娘》中，侯孝賢的長鏡頭依舊，很多時候「一場一鏡」，李屏賓、姚宏易軌道鏡頭輕輕的來回，偶得抓拍演員的反應。內景需尋求變化，像田季安妾胡姬（謝欣穎）閨房，便透過紗帳、屏風及燭火製造朦朧景象，看透與看不透之間，正合一身黑衣的隱娘，幽幽的從旁監視。燈光及顏色弄得十分優美，小小一塊玉玦亦拍得迷人，不禁想起侯孝賢上部短片《黃金之弦》（2010）的「家傳之寶」。從信物見人的歷史與傳承，玉玦除見證聶隱娘與田季安的關係，亦令人想起溫柔敦厚的嘉誠公主，她當年遠道嫁來魏博，最後悄悄的客死異鄉。

《聶隱娘》曾在台灣、日本及大陸取景，侯拒絕無謂的大場面，不要賣弄的吊臂鏡頭，動作全部點到即止（單這三點已跟千篇一律的合拍武俠片劃清界線）。攝影角度大多為視平線，各地的選景豐富了影片視野。像精精兒與聶隱娘對決的白樺林；隱娘面見師傅的道觀，清幽古雅如人間仙境；她勇救生父聶鋒及大舅田興後，一行人經過崇山峻嶺，人與馬顯得十分渺小。影片的配樂克制（林強負責），聽到更多是寫實、舒暢的天籟：潺潺河水，平原及夜深的蟬鳴，清晨烏鴉、深山飛鳥的叫聲……

《聶隱娘》最少兩三場戲是渾然天成的，大抵是侯孝賢不勉強、願意等待下的天公造美結果。《行雲紀》有提到《等雲到》一書，作者野上照代當年是黑澤明的製作經理，跟侯交情甚深。今雖年事已高，《聶》劇組在奈良拍外景時，她亦來探班。侯跟黑澤的「等雲到」不謀而合，《聶隱娘》最後，聶在高山上向師傅謝別便是佳話。一個鏡頭直落，隱娘跪叩剛畢，遠景已被雲霞掩蓋，壯麗得不動聲色。還有片首大僚跟幼子把玩手上蝴蝶，相信也是可遇不可求的場面。

提起小孩演出，《聶隱娘》有好及不好的一面。好的是侯擅長的偷拍，藩主幾段弄兒為樂（包括田季安教子摔跤）、磨鏡少年（妻夫木聰）與小孩打成一片即是。不好的是小演員正襟危坐時，田季安三個孩子陪母左右，眼神十分恍惚，有的顯然在打量鏡頭後的工作人員。不專業的臨時演員不只小孩，謝海盟的《行雲紀》絕對可當八卦來讀，裏頭提到他們在大陸取景的各種辛酸（相反在奈良卻充滿難忘回憶），臨時演員的參差令人無計可施。倘若，現在《聶》的每個畫面都經過侯孝賢嚴格的審視，務求精雕細琢、一絲不苟（侯曾為了要搞清楚唐代的坐姿而重拍某些戲），很難相信他不為影片中臨時演員（如田元氏身邊的婢女）的表現搖頭歎息。周韻、張震他們在前景很在狀態，後景臨記的眼神，卻狠狠的把一場戲給出賣了。

（三）釋義

侯孝賢拍《刺客聶隱娘》的真正意義是什麼？畢竟，影片離他上部長片《紅汽球》（*Flight of*

the Red Balloon，2007）已八年光景，離上次華語製作《最好的時光》更距十年。這段時間，按《行雲紀》的說法，侯的「外務」十分繁重。眾所周知，他積極參與由台北電影節到金馬獎的工作，還創辦金馬學院培育新人。

受過影展及辦學的洗禮，侯孝賢的創作有沒有些微的不同？他受《聶》吸引，是不是嚮往亂世、江湖中的一絲純真？據說計劃源起，竟來自妻夫木聰可愛的笑容！妻夫木演的磨鏡少年，戲裏沒對白，卻是個率性討好的人物，聶隱娘退出江湖後的歸宿。隱娘是個神秘人物，不苟言笑，雖是故事主角，觀眾對她所知甚少。但她選擇跟磨鏡少年一道，或隱隱透出她對「被偷走」童年的懷念：十歲被道姑帶走學法學武，從此跟表兄田季安仳離，各走極端。

還是，侯孝賢借《聶隱娘》的眾女子自比，感慨人生孤獨（中聽是「孤高」），像戲中青鸞的悲劇，「一個人，沒有同類。」嘉誠公主、嘉信公主（道姑）、聶隱娘，其母聶田氏，以至一人兩面的田元氏，全部是這樣。《聶隱娘》堪稱為女性（主義）電影，在男權至上，婦女只有姓氏，婚嫁命運難以作主的年代，故事一眾女角色，起着舉足輕重的作用。

聶隱娘更不用說了，武功蓋世，不讓鬚眉，田季安被她襯得更昏庸糊塗。「一個人，沒有同類。」侯在暗指自己在台的外省身分？1948 年跟家人到台時不過一歲，籍貫乃廣東梅縣（跟楊德昌同齡同鄉），偏偏在高雄鳳山長大。《聶隱娘》回大陸拍攝，談不上「衣錦還鄉」。在電影志業上，侯應覺吾道不孤，《聶隱娘》其中一項成就，是體現了台灣電影兩代的合作，年輕一代如編劇謝海盟（才是個八十後！）、攝影的姚宏易、剪接的芝嘉、聲音的吳書瑤，跟一眾大師傅平起平坐。

而我最不被說服的，是把《聶隱娘》看成一部辯論殺人、死刑的電影。誠然，聶隱娘多番違抗師命，是不是來得太輕易？聶的回應甚至毫不委婉，就說「弟子不殺」（奇怪劇本沒此台詞）。侯孝賢看來看去都不是奇斯洛夫斯基一伙道德派別，《聶隱娘》絕不可能是另一部《殺誡》（*A Short Film about Killing*，1988）。聶對藩主心軟全跟孩兒有關係。侯孝賢導演，平時有型有格，愛理不理的，骨子裏是小孩至上的慈父心腸吧？

30-08-2015

《醉・生夢死》張作驥傑作

張作驥編導的《醉・生夢死》是我今年看過，最讓人心碎的華語電影。

《醉》先在上半年的電影節映過，最近於同志電影節再放。影片值得留意的焦點之一，是它在6月的台北電影節贏得百萬首獎。該獎項劇情片、紀錄片同台競逐，台灣紀錄片一直強勢、題材及風格多元化。《醉・生夢死》是六年以來，終於可以吐氣揚眉的劇情片。對上一次劇情片的大贏家是戴立忍的《不能沒有你》。《醉》及《不能沒有你》的共通點，是對弱勢的關注。這多少顯示了獎項的人文定位，以及張、戴等中生代導演，如何緊貼社會脈搏。

《醉・生夢死》注定不會大受歡迎，不在其同志題材（說實話並非本片重點），而是它的基調十分淒涼。它說邊緣人物的故事，鏡頭鑽進尋常陌巷，譜寫世事錯綜複雜的因果，看罷叫人久不釋懷。它沒有這些年台灣片常見的正能量，欠缺《刺客聶隱娘》的話題性，沒有叫座的

導演◎張作驥
編劇◎張作驥
演員◎李鴻其、鄭人碩、呂雪鳳
台灣◎ 2015 年

明星、玉女。於是《醉》亦正好說明，當今台灣片藝術光譜之闊、水平之高，遠超於媒體的熱捧、觀眾的想像。

邊緣人

《醉．生夢死》是個家庭故事。父親早跟女人跑了，剩下母親（呂雪鳳）一人把兄弟帶大。她本來是南管劇團花旦，唯劇團沒落，後來當上了媽媽生……這都是電影的前事。影片故事正式開展時，兄弟已經長大，不用依賴母親。母親由弟弟老鼠（李鴻其）照顧，她足不出戶，終日酗酒，總是念念有詞的癡人說夢。母親雖與弟弟相依為命，然而母親酒後情緒化，母子並不和睦，相當愛恨交加。一時媽媽摟着兒子起舞，一時怨懟的互相責罵。媽媽怪責兒子不肖，比不上大哥；弟弟埋怨母親偏袒哥哥，因為他從小到大都是好學生（建中、台大畢業）。

幾場戲之後，我們才見哥哥上禾（黃尚禾）登場，對白說他從美國回來。上禾喜歡男生，在美國戀情碰壁，一度嘗試為情自殺，未遂才黯然回國。兩兄弟從性格到外形南轅北轍，上禾健碩、為人很積極，每天騎單車到台北上班；老鼠非常慵懶，瘦骨嶙峋的，凡事愛理不理，沒有正常工作。

這時候，兩兄弟還有一個同屋碩哥（鄭人碩）。碩哥比兄弟年長，相貌、身形不俗，在夜場當舞男。碩哥為人爽朗，出門總悉心打扮。碩哥對女友千依百順（他專長逗女人歡心），女友名大雄（！），是上禾及老鼠的表姐。老鼠什麼都滿不在乎，跟哥哥關係很差，對碩哥倒是十分尊敬，把他奉為學習的楷模（父親缺席的填補）。

三個男人，寄居在台北一所毫不體面的小房舍。《醉》的選景一絕，據說那處叫寶藏巖，影片呈現的社區、菜市場及建築，十分市井、破落、老舊。房子的空間非常局促，衛生環境欠佳，紗窗外一地垃圾，還有垂死掙扎的初生老鼠。諷刺的是，每當角色爬出窗外又別有洞天。寬闊的簷篷可供閒坐、抽煙，遠眺是永福橋的河濱，環境開揚，一望空闊，為窒悶的世界提供一道排解出口。不過，對白亦交代了，屋子對着的河水很髒，那裏釣到的魚很臭。

角色的苦衷

《醉》敍事蠻特別的，看到後面才知道，片首母子共舞原來是回憶片段。上禾回家、碩哥來住的時候，母親早已撒手塵寰。母親的死是意外、是慘絕人寰的悲劇，跟她酗酒成性有關係，也跟家庭的分裂有關係。電影敍事沒說清楚的另一前事，是老鼠曾跟碩哥到高雄混，並在那裏闖了禍。哥哥在美國、弟弟在高雄時候，神志迷糊的母親疏於照顧，才發生致命意外。

影片差不多結尾時，把意外事件交代了，場面不寒而慄。只能說，母親很命苦，被丈夫拋棄、獨力湊大孩子，最後苦無依靠，更且不得善終。張作驥對家庭的關注、對女性的同情貫徹始終，但《醉》稍稍跟前作《爸…你好嗎？》（2009）、《當愛來的時候》（2010）及《暑假作業》（2013）不同，更貼近之前的《美麗時光》（2002）。這次，張不賣勵志溫情，跟流行的台灣電影背道而馳。他的電影世界可以很冷酷，卻因此更寫實，令觀眾想的更多。

夾敍夾議說了一大段《醉．生夢死》的故事，其實還沒劇透，上述是故事及人物的設定而已，接下去還大有文章。可見人物關係異常複雜，並強調凡事的因果循環。影片妙在編排，有些事情不明言，但不礙觀眾理解；有些改變敍述的次序而生懸念，觀眾需靜心看罷，始可弄明底蘊。母親生活糜爛，老鼠了無生氣，哥哥選擇到美國，都是冰封三尺的結果。只看角色行為，我們可以說誰放浪形骸、不珍惜生命、不思進取、背棄家庭……知道前文後理後，批評便不輕易出口了。

張作驥同情他筆下人物，凡人皆有遺憾與苦衷，成長的情結困囿一生。連平日玩世不恭、享受人生的碩哥亦不例外。說穿了，「意氣風發」不過是自我保護的外衣。後面他的異性戀情聖形象「破滅」，對老鼠有極大的衝擊，老鼠結局迸發的行為，是以變得合理。有說，片名「醉、生、夢、死」四字代表了角色的不同狀態，一個女人加三個男人；「醉」是母親，「醉」字後有間隔號，「生夢死」分別代表上禾、碩哥及老鼠。看到最後，四個人物都有血有肉，各有各的坎坷路途。

邊緣人物或許不止四人，老鼠的女友（張甯）是個完全不作聲的援交女孩，跟老鼠的關係微妙，若即若離的，盡在不言中。她應不是啞巴，有一幕她致電老鼠求救，大抵是嫖客粗暴，老鼠接電話即趕到現場，只是我們聽不到電話對答而已。這幕戲的剪接利落，老鼠兇狠動刀，我們看到的已是手刃結果；沒有多餘對白，畫面信息剛好，想像起來更可怕。援交女孩的造型特別，總是拿着一個可以開開合合的膠球玩具，欣賞張作驥在寫實中加入豐富想像。除了援交女孩，影片後半段突然出現的兇巴巴女子紫嫣也是，戲分不多，第一次出場身分成謎、不懷好意，後來她跟碩哥女友大雄見面後，觀眾又另眼相看了。

寫實與想像

《醉．生夢死》徘徊於寫實與想像之間，攝影自由，意象豐富，整體眼前一亮。除了前面說垂死的小老鼠、發臭的魚，還有火柴盒的「寵物」螞蟻（有一兩次它真像在演戲），菜市場的豬頭，窄巷滿佈蜘蛛絲的光管，以至最後一瓶賠上性命的紹興酒等。配上南管優美、歷盡滄桑似的唱詠（跟母親角色的命運構合），味道異常獨特。

差點忘了，《醉》開始時，還摘引了李白的《將進酒》：「君不見黃河之水天上來，奔流到海不復回，君不見高堂明鏡悲白髮，朝如青絲暮成雪……」詩詞得意盡歡的意境，與影片千奇百怪的末世意象，交織成一幅無以明之的後現代拼圖。喜歡電影的結局，從另一角度舊事重提，人物生活的「窄縫」形象化起來了（活用場景）。最末畫面有詩意，餘音裊裊。

窒悶房子

《醉》的演員好得沒話說，演母親的呂雪鳳戲分不多，但予人印象極深。飾演老鼠的李鴻其，更是本片的偉大發現！報道說，李有京戲底子但沒演戲經驗，陪女友試鏡反被看中，竟成了影片的第一男角。他毫不用力，揮灑自如，愛理不理的少年演得入木三分，每次出場都很受注目。

這位「廢青」的情感很有層次，跟母親鬧得不快時，淚水出賣了他冷冷的表情。他的獨白是內心話，不用裝胸作勢，語調便誠懇許多。他看見女友被抓，加上所有不快事的積壓，在街頭怒不可遏，目光如炬，跟前面判若兩人。張作驥很會為老鼠安排，好幾次他的行為令人忍俊不禁，比方用啤酒罐吸大麻（？）。他對女友體貼，知情識趣，忽發奇想的拍拖點子層出不窮：地上以火燒出「LOVE」字，狂吃香蕉及狂喝益力多，真是前所未見。

《醉．生夢死》看到別的電影影子？場景貼了《迷幻列車》（*Trainspotting*，1996）海報，角色的遊戲人生來自該片？另亦有王家衛的《春光乍洩》（1997），張作驥首次拍同志片向它借鏡了？無巧不成話，一幕老鼠用攝影機拍螞蟻，瞥見電視屏幕日期，年份竟然是「2046」！影片自由的運鏡方式，對環境質感捕捉，相對幽閉的故事世界，的確有點像王家衛的電影。不過話得說回來，張作驥在《醉．生夢死》的尖銳、沉鬱甚至冷酷，記繁榮社會被遺忘的一羣，寫出一個個深具血肉、叫人萬般同情的悲劇人物，又跟王氏大異其趣了。

27-09-2015

張作驥的成長殘酷物語

容我先說一則動人短故事：

一個黑道大哥，平時惡形惡相，對人呼呼喝喝。他有投資電影，旗下導演都很怕他。這天，大哥在辦公室叫手下去買兩個生日蛋糕，大的要水果，年歲要註明「二十」；小的要朱古力，年歲只用「問號」標示。烏龍的手下，竟然把兩個蛋糕搞混。大哥沒好氣，只好帶着買錯的蛋糕下班回家。他家裏有個妙齡女兒，可是她行動不便、整天卧牀，口齒不清，需要看護無時無刻照顧。大哥看到女兒，心腸當堂軟化。

蛋糕是給父女倆的，父親的生日比女兒早一天，女兒明天就二十歲了。蠟燭點好，大哥緊緊握着女兒的手，旁人提醒他許願。此時我們聽到大哥的心聲，父女的來龍去脈總算揭盅了：兩年前今天，女兒潛水時發生意外，導致今天全身癱瘓。黑道大哥非常自責，深覺自己保護不到女兒。畫面由真實變成想像，隱約看見海上，女兒被救起的一刻。當畫面回到黑道父親時，他已經泣不成聲。

台灣導演張作驥2009年的《爸…你好嗎？》，包含十個父親跟子女的短片。上面一段，叫〈心願〉，片長只有十五分鐘。演黑道大哥的，是著名演員高捷。高捷演過無數江湖人物，但應該沒幾個像本片般多愁善感、外剛內柔。此短片叫人窩心感動，看得眼淺的我淚崩；另一方面也證明了張作驥說故事的能耐。短短十多分鐘內，黑道大哥呈現出兩個不同面目；片子開始時，我們完全無法想像結局他那副德性。再兇巴巴的男人，換回父親身分，也有柔情似水一面。甚至正正因為往日很有權力，女兒發生意外他愛莫能助，更自慚形穢。

十個父親的豐富面貌

〈心願〉篇幅短短，敘事不斷鋪排懸念：黑道大哥為何如此緊張要買兩個蛋糕？初來報到的手下買錯了，大哥會對他怎樣？何以女兒年紀輕輕就全身癱瘓？都是慢慢看下去才知道。一些細節則不用多說明，戲裏沒有提及母親，大哥身邊的女伴又年輕。這大概是單親家庭，母親不知是身故或離開，父親早跟女兒相依為命。唯他的生意實在困身，所以女兒出事，雖然屬於意外，他還是感到非常內疚。

我們不難想像，兩年前女兒不幸的消息傳來，剛巧是父親的生日，喜事變哀，對他一定極大打擊。張作驥同時借〈心願〉自嘲，黑道大哥片首在電話談電影生意，說：「張作驥我不要了，他的電影不賣錢」，觀眾聽罷哈哈大笑。正是如此，香港電影生意從前大好時，黑社會曾染指電影。不過黑道中人，又怎會看得上像張作驥〈心願〉這種片子？

可偏偏是張作驥的電影，才有讓人反復細味、值得一看再看的價值。《爸…你好嗎？》2009年我在台北看過，當時十套短片不是部部喜歡，倒是極愛片尾的「街訪」部分，請受訪者對鏡頭向已離世的父親講幾句話，國語、台語、廣東話、英語盡訴衷情，「思念」跟「孝心」不分文化及語言。

上週在影院再看一次《爸…你好嗎？》，感覺又不同。上次以為有些短片太用力（看完他的全部長片，就知道他不愛「煽情」），這次察覺，張作驥其實是限於篇幅而下筆準繩，令即使再短的片子都有戲劇性。〈心願〉以外，另外九部均有佳筆。同樣令我詫異的是，張作驥如何想到、並找來十個父親的豐富面貌？十部片裏有演員，但也有素人，比如第三段〈原點〉那渴望兒女的愛的老伯，第七段〈往日的舊夢〉跟范植偉演父子的風騷老頭，第九段〈鐵門〉的孤獨老翁，都演得自然、好看得不得了。

「父親」一角，從細處着眼

或許更重要的是，由《爸⋯你好嗎？》看到張作驥創作的一脈相承。《爸》甫開始時有此話：「對於父親，除了背影，你還記得什麼？」「父親」的確貫串張的所有作品，他們在戲內擔當重要角色。演員蔡明修正正是演出張幾部早期電影的父親而揚名。蔡明修在1999年的《黑暗之光》演盲人，第一任妻子身故多年，他帶着一對姊弟，在基隆一棟舊樓上經營小型按摩院，並跟一個盲人按摩師再婚。不過阿修對前妻念念不忘，一幕叫女兒陪他回台北走隧道。隧道看上去非常平凡，卻是他當年跟前妻天天路過的地方。

張的電影總從細處着眼，卻不代表沒有宏觀視野、歷史脈絡。《黑暗之光》後的《美麗時光》，父親是老國民黨員，案頭還擺放着蔣介石的肖像，睡房門貼上青天白日旗。他好像被時代摒棄，自覺委屈，終日借酒消愁。他的兩個兒子，一個躁動（高盟傑），一個輕度弱智（何煌基）。

多得這次鮮浪潮主辦的「黑暗中潛行——張作驥回顧展」，讓人有機會把張的作品從頭到尾看一次，越發覺得他不可思議。張九十年代開始拍片，之前曾當《悲情城市》（1989）助導，台灣新電影的味道、侯孝賢的工作方法，對他多少有影響。張的作品，有時又叫人想起香港的王家衛（旁白）或陳果（草根）。

然而，張身上就算真是集各人之長，他仍然演練出別樹一幟的強烈作者風格。比如他都用長鏡頭，但往往點到即止，不流於形式主義。真的要說形式麼？他的戲絕對出眾，看看當中的攝影、聽聽配樂、留意敍事的詩意就知道。他寫低下階層、邊緣人物，不濫情、不獵奇，捕捉人物的生活細節，反映出他們不亢不卑，幽居在城市角落。對周遭社會環境，張的電影沒有口號式的批判或控訴，不輕易責怪任何人。張作驥筆下人物，看完後對他們寄予無限同情，很想把他們緊緊扭進懷裏；他的電影，簡直可以令人融化。

懂得少年人心聲

張作驥不獨拍父輩出色，他同時是最懂得少年人心聲的華語導演。《黑暗之光》、《當愛來的時候》從兩個十多歲女生的角度看世界，《黑暗》的叫康宜（李康宜演，張把演員名字用到角色身上，把真人融入角色，從他開始當導演已是如此），《當愛》的叫來春（李亦捷）。康宜及來春的個性皆鮮明，她們有少年的叛逆、對世界及異性充滿好奇。張作驥心地善良，別看兩個青春期的女孩一副愛理不理姿態，她們骨子裏非常懂事。

香港影視拍少女珠胎暗結，很容易跌入「嚫妹仔」道德框框，《當愛來的時候》的來春，十六歲懷了身孕，最初固然惹來家人咒罵，她自己亦恨透腹中肉。想不到，懷胎慢慢成為她一次寶貴成長課。她性格變得沉着，對家人的態度漸漸有改善。張幾年前的《暑假作業》，不落俗套，並非一般小孩子電影，同樣把少年的成長寫得無比細膩動人，張作驥對小演員真有把握。

差點忘了說，張是電影的多面手，自編、自導、自剪，也往往參與音樂編排。《暑假》中間一段以蕭邦旋律和襯小孩放暑假的蒙太奇段落，美不勝收；後來悲劇發生後，同一音樂到片末再出現時，已有點恍如隔世了。

《暑假》無心插柳，順便挖苦一下教育制度：主角大雄硬着頭皮寫學校的「日記」功課，用盡浮誇辭藻，言詞很不由衷（「爺爺的家，真是風光明媚，景色優美」）。我們在香港不會陌生，那正是國文課堂上屢見不鮮的所謂「作文」；沒有觀察、不講感受，只把語文當操練工具。後來當大雄真正投入鄉郊生活，開始有感受，甚至到悲傷時，就再「作」不出那些信口開河的「文」了。

最貼地的寫實主義

看回顧展發現，張作驥二十多年來，他的「虛實相應」亦是貫徹始終的。他的電影一方面很紮實，前面說的素人、長鏡頭、有血有肉的角色，加上善用場景的質地（《黑暗》的基隆港，《美麗》的眷村聚落，《當愛》的快炒店，《暑假》的屈尺，以至《醉．生夢死》的寶藏巖）等，拍出最貼地的寫實主義。

坦白說，看了兩遍《黑暗之光》及《美麗時光》，仍深深佩服導演怎樣找來戲內智障男童阿基，並叫他演繹如斯自然，他在《黑暗》常說姐姐「fall in love」令人忍俊不禁。好玩的是，張作驥的電影，實中見虛，另一方面可以很虛幻、魔幻。《黑暗》、《美麗》及《醉・生夢死》結局的疑幻似真，為作品畫上完美的句點。

還有形形色色的意象，幾乎每片皆有紋身的人物，以至動物、昆蟲，《美麗》的金魚缸、獨角馬（！）、《蝴蝶》（2007）則顧名思義，拍攝的難度極高，《醉・生夢死》的螞蟻、蛆蟲及吳郭魚。因為重看《爸…你好嗎？》，才發現最後短片〈孩子，你還記得麼？〉動物園長頸鹿亂跑，張作驥的看家本色而已。

不獨華語電影圈，環顧世界影壇，恐怕也找不到第二個張作驥，這種虛實兼具的動聽說書人。他樣子粗豪，有點像黑道中人，心卻那樣細。他的電影是成長的殘酷物語，看完餘音裊裊，故事與人物在腦裏徘徊，想念他們，猶如曾在身邊的故友，久久揮之不去。

26-08-2018

4. 流金歲月

「真實的東西是最不好看。」

——《胭脂扣》

犀利前瞻的龍剛導演

龍剛導演離去了，享年七十九歲。

有幸見過他一面。2010 年 3 月電影資料館舉辦他的回顧展，他特地從美國飛回來。不只出席資料館的活動，還來演藝學院跟電影學生見面。他絕對有型有款，一頭油亮的長髮束了起來，穿上淺藍色幼條西裝，雙目炯炯有神。看上去，他一點不像七十多歲，腦筋異常靈活，席間談笑風生。一眾廿來歲的年輕學子給他的魅力迷倒，會後嚷着要跟他合照。

我還是那時候才看到大部分龍剛編導的電影。《播音王子》（1966）及《英雄本色》（1967）之前看過，但原來沒看過他後來的作品像《窗》（1968）、《昨天今天明天》（1970）、《應召女郎》（1973）及《廣島廿八》（1974）等，才不知道他有多厲害。

兩個年代的《英雄本色》

容我先說一點《英雄本色》。眾所周知吳宇森的《英雄本色》（1986）受龍剛版本影響很深。讀資料館2010年出版的《香港影人口述歷史叢書之六：龍剛》（盛安琪、劉嶔主編），裏頭一篇由羅卡寫的〈龍剛在我們的時代——代序〉，說1967年他們到華達片場看龍剛拍《英雄本色》，吳宇森也去了。吳宇森當時二十出頭，準沒想到《英雄本色》跟他後來淵源這樣深吧？！

兩個年代的《英雄本色》故事大同小異，俱說釋囚夾在黑白兩道之間左右為難，一部主角是謝賢，另一為狄龍。兩版本最有趣的共通點是，警察角色都由導演飾演。龍剛一直是演員，導演的片子幾乎全有客串；吳則較玩票性質，此舉似乎是向前輩致敬。龍剛在1967年的呂探長，跟吳宇森1986年的台灣警察，秉承同一套鐵面無私的懲治觀。呂探長把捉犯看作「為社會除害」，與影片釋囚協會麥主任（嘉玲）的信念南轅北轍，麥相信囚犯終可覺悟前非。舊版《英雄本色》最堪玩味是結局，呂探長跟麥主任在中環立法會大樓（當時的最高法院）相逢，寒暄幾句作別，向左走、向右走。感化及懲處，在社會上儼然兩條懸殊的道路。

1967年的《英雄本色》在立法會落幕，1986年的《英雄本色》幾乎在同一場地開始——Mark哥（周潤發）在片首等待豪哥（狄龍）時，就在立法會側的香港會入口處。Mark哥點煙，畫面清楚看到立法會大樓，好像說犯罪者無時無刻被正義的泰美斯女神像監視。跟舊版的龍剛一樣，吳宇森在《英雄本色》演的警察，秉公照辦，皮笑肉不笑。他在片中戲份不多，卻道出一句點題對白。他對剛在台灣出獄的豪哥說：「一朝做賊，要做好人不容易」。

「一朝做賊」下一句本來是「一輩子都是賊」，吳宇森或不想太着意，警察的話並未說得很盡。別小看「一朝做賊」四隻字，這搞不好正是吳宇森那個年代拍黑幫片、犯罪片的座右銘。1991年他的《縱橫四海》，雲集周潤發、張國榮及鍾楚紅三巨星，看上去像是齣盜寶版《祖與占》（*Jules et Jim*，1962，杜魯福是吳創作的另一泉源），影片的英文名字就是*Once a Thief*了。

西片啟發 蛻變成本土題材

龍剛及吳宇森如此執著於「罪」，大抵因為他們更想談「恕」。讀資料館《龍剛》專書，羅卡另文〈龍剛本色〉，便知道龍剛當年拍片其實亦受西片影響：「《英雄本色》偷橋自西片《喋血街頭》（戲名亦是 *Once a Thief*，1965），《窗》取材自西片《再生緣》（*A Patch of Blue*，1965）的盲女故事……」

對了，提到「盲女故事」，明眼人一定聯想起吳宇森的《喋血雙雄》。事實上，《喋血雙雄》故事及部分場面設計，的確跟龍剛的《窗》十分類近。《喋血》中周潤發飾演的殺手，意外弄瞎了酒廊歌手 Jennie（葉蒨文），因歉疚而經常來探望，主動照料她；《窗》裏的謝賢，意外害死了盲女蕭芳芳的父親，於是對她無微不至。周潤發演的殺手，跟謝賢飾演的小偷，都透過失明女孩得到救贖。《窗》關於失明的比喻用得更白，「有眼睛的人，反而不知道怎樣看」，修女在片中說過：「只要你相信，你就看得到。」謝賢在影片開始時，是個吊兒郎當傢伙，認識了蕭芳芳後，他的「心眼」被打開了，品性變得溫馴（衣服由鮮紅改為素色）。最後更犧牲小我，成就了別人。

不是很有趣麼？由西片《再生緣》到龍剛的《窗》再到吳宇森的《喋血雙雄》，我們看到香港電影人如何受西片影響，蛻變成本土題材（《再生緣》本來是黑人與盲女的故事）。中外電影互為註腳，幾代電影人間的傳承，不同元素揉雜、千絲萬縷的因果關係。龍剛作為天主教徒，加上電影的濃烈社會傾向，吳宇森後來承襲過去的，不只有故事及類型，還包括了宗教及道德情操：怎樣心安理得，活得堂堂正正？「罪」、「罰」與「恕」：犯罪如何補過，靈魂怎樣被拯救？

我這輩成長最重要的八十年代《英雄本色》，其實是幾十年港片累積成果，貢獻之一是龍剛電影。Mark哥是最貼近我們的市井英雄；這區區莽夫，活得比任何人理直氣壯，他在飛鵝山頭背着香港璀燦夜色慷慨陳詞：「我唔係話畀人聽我威，只係想話畀人聽，我唔見咗嘢自己攞番。」結局在大壞蛋阿成（李子雄）面前從容就義，在在彰顯了做人原則、兄弟的道義（回看電影，跟今天禮樂崩壞的香港比起來，徒添悲哀）。龍剛版的《英雄本色》沒有Mark哥這角色，但謝賢救人同時自救，把誤入歧途的弟弟（王偉）解圍，再度入獄、被人看扁亦在所不計。犯罪者的永劫回歸，龍剛來得較宿命；吳宇森跟龍剛不同的就在「浪漫」（畢竟是呼風喚雨的八十年代），Mark哥雖死猶榮，他成就了別人（靈魂被救贖），豪哥及弟弟阿杰（張國榮）終於重修舊好。

清醒具承擔的作者

當年有人批評龍剛的電影說教，可是到了今時今日，我們已經沒有像他這樣清醒及具承擔的作者了。龍剛除了最後一部《波斯．夕陽．情》（1977）以外，所有電影自編自導（後期跟作家孟君合編）。每次拍電影前，劇本都是很完整的。隨便一部片，前期尤甚，即看出他在劇本上的心思，對資料蒐集的嚴謹認真，這種劇本精神在香港電影亦不普遍。龍剛的電影，往往因應題材找不同的社會機關合作，比如《英雄本色》的釋囚會，《昨天今天明天》的醫務衛生處等。《昨天今天明天》也夠厲害的，改編卡繆的《瘟疫》，比任何電影都更早拍出香港的疫症恐慌，以至鬧市淪為一片死寂的景像。讀着資料館的《龍剛》一書，他的電影因為兵行險着，多少次冒上被社會排擠，甚至差點被老闆銷毀的風險，誠為香港電影的勇者也。

龍剛就是這樣具前瞻的人物。還有原爆廿八年後，總動員到廣島拍攝的《廣島廿八》。怎能想像，一直擅拍類型的香港電影，把原爆的故事、影像處理得如此頭頭是道？它的反核立場更是非常明確的，幾十年後的今天絕對管看管用。《應召女郎》是龍剛另一部凌厲作品，多線敍事，拍出幾個不同階層妓女的悲哀，裏面甚至有關於娼妓合法化的辯論。影片的結局太震撼了！教人看後久久難安。值得一提，龍剛電影的技法也非常可觀，《飛女正傳》（1969）、《應召女郎》及《廣島廿八》的蒙太奇令人印象很深，《廣島廿八》芳子（蕭芳芳）之死以凝鏡的處理非常特別。蕭芳芳在龍剛電影令人拍案叫絕，如上述的《窗》飾演盲女，龍剛在訪問回憶，大讚她敬業樂業。除了《廣島廿八》的芳子，誰會忘了兩人合作的《飛女正傳》?!蕭芳芳演的飛女對母親百般怨恨，倔強的眼神非常銳利，過目不忘。

遺憾只是，龍剛的電影不好找。2010年後資料館也再沒放映機會了。不過早陣子有人把他的部分作品上載到YouTube，品質雖然不好，總聊勝於無吧。

07-09-2014

《瘋劫》終於被看見

又得感謝科技之賜，數碼修復令電影還原本來面目。許鞍華的首部電影，1979年《瘋劫》，剛過去的週五晚在文化中心大劇院首映修復版本。

多少年來，戲迷之間流通的《瘋劫》，是幾翻複印的錄影帶版，重點只是能「看到」，但其實是「看不到」：戲裏極重要的場景西環義皇臺，因為夜戲甚多，在畫質差勁的錄影帶裏幾乎無法辨析。是夜重看新版，舊街景、建築、樓梯及山坡（曾楚霖角色被疑似女鬼嚇到滾下山），陰森可怖的氣氛一目了然。《瘋劫》錄影帶我看過多次，之前沒法為意，影片首尾原來有兩個蝴蝶鏡頭（到底是怎樣拍的？）。黎灼灼演失明的嫲嫲，在幽幽的舊唐樓愁容滿臉，她記掛孫女李紈（趙雅芝）。片初，一隻蝴蝶停駐在她左肩；差不多到結尾時，蝴蝶又靠在她額頭，她把手一揚，蝴蝶飛走。不用對白旁白，故人兩次化蝶歸來，對孤伶仃的老人家意義深遠。

導演◎許鞍華
編劇◎陳韻文
演員◎萬梓良、趙雅芝、張艾嘉
香港◎ 1979 年

「香港新浪潮」作品不流通

《瘋劫》的放映，為電影資料館「再探新浪潮」節目之一。是的，又是「香港新浪潮」的老生常談；但坦白說，放映、談論似乎仍不夠，因為作品都不流通。那代人由電視到電影，在七十年代末陸續拍出平地一聲雷的處女長片，嚴浩《茄喱啡》(1978)、徐克《蝶變》(1979)、方育平《父子情》(1981)……可悲的是，今天的「電影台」不播放，坊間找不着稍好影碟。別都依賴YouTube了，良莠不齊，太多像上述影帶翻錄的鬆朦影像，顏色、aspect ratio全錯，看多了只怕習非成是，覺舊片無甚足觀。「找到」不等於「看到」，更何況電影始終屬於影院，尤其是昔日經典。識途的觀眾深明此理，看電影節每年數碼修復環節大受歡迎可知。

所以《瘋劫》再出台真好，修復效果不俗，從沒見過如此漂亮乾淨。加上場地是堂皇的文化中心；資料館往日在西灣河主場放映，有不少街坊觀眾，看見白燕、張活游不免喃喃自語，《瘋劫》現場較少這些熟悉聲音。首映儀式簡單體面，沒敦請什麼高官貴人，資料館館長略略說明新浪潮來由。最意外是邀請了影片演員、從映四十年的萬梓良上台（鄰座影評人L君禁不住低聲說「so what」，不是不敬而是致敬，我輩 TVB 觀眾自明），萬說那年他廿二歲，很感激一眾前輩提携。正片前，資料館還製作短片放映，介紹影片修復前後聲畫比對，訪問香港及匈牙利的修復專家，除了技術，更重要是對舊片的尊崇。是夜我為一家人買了票，家母到小女兒均在座，於是暗暗覺得資料館的安排老幼咸宜，有教育意味。

膽識意識大開眼界

再看《瘋劫》，不得不佩服當年新浪潮諸將膽識過人。真是時勢造英雄吧，後來港片已沒有那份原始與衝擊力。影片改編自 1970 年的龍虎山雙屍案，意識及官能相當刺激。它不像許鞍華後來作品平實，當然了，她一來年輕，這才是第一部電影；二來受過歐洲電影洗禮，新浪潮的一輩往往對形式自覺，首次拍片什麼都躍躍欲試，也不足為奇。

甫開始的剪接就令人大開眼界：在舊唐樓，紈紈跪下向嫲嫲敬茶，被刺耳的電話鈴響嚇到，茶杯跌碎，畫面急剪，腳傷的小孩在醫院跌倒，連姑娘（張艾嘉）立即攙扶及慰問。然後再剪回唐樓，紈紈再敬茶，嫲嫲給她利是，這裏有幾個嫲嫲與孫女手掌觸碰的鏡頭——嫲嫲因為失明，只能透過聲音、觸摸感受世界。她聽到孫女經常嘔吐，便知她有身孕；嫲孫的觸碰在片中一再出現，寫出兩人的感情——敬茶後，嫲嫲問紈紈是不是阿卓（萬梓良）來電，旁邊的叔公（吳桐）再問紈何時結婚，接下去畫面竟不是紈紈回答，而是另一邊阿卓掛電話，身旁有修女走過。不久，電話再響，紈紈的回話很神秘（觀眾後來才知對方是情敵）。然後交代三個人的行動：阿卓從青蓮臺下山（修復後終可看到路牌），神經漢阿傻（徐少強）往蒲飛路的巴士站走去（龍虎山雙屍案現場附近），連姑娘從醫院下班。再剪回唐樓，紈紈若有所思的掛上電話，此時哀怨的配樂才響起。不過影片開首幾分鐘，人物悉數出場，但節奏與碎片式的剪接撲朔迷離。這一天是嫲嫲的生日，劇情關鍵所在，離奇的開場已佈滿暗湧。

陳韻文的劇本，從角色命名已見性格端倪。「李紈」或許來自《紅樓夢》，兩字的名字讀來短促，「紈」雖柔若，原為平聲，配上姓氏後讀上聲後感覺較「倔」。阿卓「阮士卓」顧名思義，事業卓然不凡，那年頭的港大醫科生是真高材生也。小三「梅小姬」（李海淑）的「姬」字說明一切。還有張艾嘉的「連正明」，連姓少見，「正明」意思則不用多說。比起李紈，連正明較年輕及單純，她叫李紈為「紈姐姐」。《瘋劫》從連的視點出發，情節的核心，正是入世未深的連姑娘見證人性複雜險惡的過程，可說是她的「成長」故事。

比起連正明，李紈戲分少得多，可編導對她十分憐憫。在西環唐樓，紈紈活得有點寄人籬下，影片沒提及她父母，叔公一家對她沒甚感情，甚至連她「死後」認屍也不正視（埋下伏筆），從來只有嫲嫲愛她。認識了高材生阿卓，以為有所依靠，偏偏又發生不幸事。

《瘋劫》的回憶片段跳躍，我們憑印象自組，會發現紈紈之前愛穿唐裝、打扮樸素，後來改穿紅衣及高跟鞋（白襪跟鞋子的意象不斷重複、製造懸念），多少是受了情敵刺激。她的偏執與後來的劇變，說不定是長時期當「乖乖女」的壓抑使然。《瘋劫》的選角沒有話說，張艾嘉與趙雅芝各有美態。主角之外陣容亦鼎盛，還有曾江、林子祥、盧國雄、林國雄、梁淑卿，甚至演澳門媽媽生的王萊。

大專生映後依然讚不絕口

我校有香港電影史課，適逢這陣子談到七十年代，資料館的「再探新浪潮」節目來得正好。週五夜，三十個同學一起在劇院巨幕欣賞《瘋劫》修復版，已經很欣慰。他們的學生票竟然只二十多元，納稅人的錢總算用得其所。

想不到近四十年前電影，今天大專生看完仍讚不絕口，他們紛紛說「勁」、「犀利」，有人被驗屍、剖屍的場面嚇怕，看後猶有餘悸。映後打鐵趁熱，我們在文化中心平台席地而坐談《瘋劫》，與高采烈、七嘴八舌的，哈，討論氣氛比課堂好。有同學問起張艾嘉角色的澳門身分；有同學說兇案在森林發生、遠離文明有《羅生門》味道；有同學提出戲裏被偷的糕點，對嫲孫的關係似乎別具意義。應亮提醒我們影片對女性及身體的細意描繪；馮慶強提供了一些陳韻文的創作背景，他年幼時初看影片的回憶。我複印了一些《電影雙周刊》當年的訪問（許鞍華及監製羅開睦），《許鞍華說許鞍華》相關篇章，還有「西環的黃金歲月」網誌的詳細場景資料，一起參詳討論。

我相信，即使他日畢業很多年以後，同學應該記得這個「瘋劫之夜」。起碼《瘋劫》於我，是夜之後，多了一段與眾同享的珍貴回憶。

26-03-2017

《胭脂扣》二十年移風易俗

電影資料館舉辦回歸十周年節目，是官樣文藝活動。上星期五晚放映《胭脂扣》，我負責主持映後的討論。電影的導演是關錦鵬，戲拍於1987年，距今剛好二十年。

電影有句頗刺耳的對白。阿楚（朱寶意）以為如花（梅艷芳）是男友阿定（萬梓良）的情人，醋意大發，揑着如花的衣服，狀甚輕挑，說若然她是鬼，布料怎會埋在地下「五十年不變」？1984年6月22日鄧小平說香港一國兩制將「五十年不變」，對白的典故，正源於此。

五十年的差異

電影有什麼信息嗎？《胭脂扣》的故事包含兩個時段，分別是三十年代及八十年代，剛好也是五十年。但這五十年的差異可大了——石塘嘴面目全非，如花與十二少（張國榮）邂逅的

導演◎關錦鵬
編劇◎李碧華、邱戴安平
演員◎張國榮、梅艷芳、萬梓良
香港◎1988年

倚紅樓變身幼稚園，太平戲院變了商場。兩性的關係也不同，如花及十二少面對重重阻隔都要在一起，最後甚至殉情。八十年代的阿定及阿楚，若即若離，一副無可無不可的姿態。如果《胭脂扣》中真有「五十年不變」，也只體現在女鬼如花身上。她外表沒變，語氣及詞彙都屬於三十年代。她對十二少的愛沒減退，苦苦守候五十多年。她申請到陽間尋人，才知道十二少當年畏死而自殺未遂。於是，五十年的苦候，一朝成泡影。電影的最後一個鏡頭，是如花在黃泉投胎前的最後回眸——五十年的不變，最後也變了。

十年回歸的官樣節目，借一句也許只是耍嘴皮的對白，來看電影內在世界的「五十年都變」，我真是不懂時務。

但能怪誰呢？別說五十年，二十年的世界已經翻了幾番。1987年的《胭脂扣》，誕生於香港電影的輝煌時期。影片的格局不小，橫越兩個年代，三十年代的塘西風月固然吸引；即使八十年代的部分，中環的樓梯街、石塘嘴的高架天橋、已被取締的大笪地，顯示出編導的環境觸覺敏銳，及社區的關懷。由舊時代的考證，到活用香港個性舊區作實景。二十年前

《胭脂扣》那分真摯的本土情懷，比起今天合拍片的熱潮，一切以大陸市場為宗，此特色幾稀矣。

當然，最讓人惋惜的是巨星的殞落。當天放映後的討論，觀眾不約而同流露出惋惜神情。2003年張國榮及梅艷芳先後辭世，這亦是香港人永誌難忘的年份：SARS、五十萬人上街。由1987到2003年，二十年不到，電影外在的世界變化也大。別說張及梅令人痛惜，即使另一對主角萬梓良及朱寶意，今天也桃花依舊。《胭脂扣》只餘下了然一身的關錦鵬，去年有《長恨歌》（2005）問世。同樣是改編小說（王安憶），同樣着眼在女性的命運。

如果你是如花

如果你是如花，1934年離世，《胭脂扣》拍成之時（1987）回來，已感到萬般不順。倘若，選擇在2007年回來，你會更迷茫及傷感？這時候，不但西環變了，香港的居住環境及生活模式在十年間更趨單一化，五十層高樓及巨型商場觸目皆是。如果你是如花，回來時看見舊建築文物已一一被清拆，一定感到更陌生。如果你是如花，一天回來，看到歡場女子接受媒體訪問，爆料說與廣播處長的艷史，再回想你在那個年代，即使委身清樓作名妓，都不失大方舉止及待人之道。

也許，這時候，你會覺得當初沒好好把握時間，投胎回到這個移風易俗的新世代，未嘗不是好事。

15-07-2007

《流金歲月》如夢逝去，瞬息萬變

在文化中心大劇院重溫楊凡 1988 年的《流金歲月》，放映環境、拷貝品質俱好。現場氣氛極佳，導演及演員在放映前後的答問，台上台下打成一片，成就電影節少見的溫馨一刻。

影片給我們一個大好的懷緬機會。懷緬八十年代的美好日子，那時候也是香港電影的「流金歲月」，張曼玉、鍾楚紅正值盛年，風姿綽約、各有美態；也懷緬片裏頭的純真世界，亦舒的愛情故事。張及鍾演十七歲的女高中生，牀上擺滿毛公仔，很單純；同時又情竇初開，在兵頭花園等待心儀對象家明（鶴見辰吾），約他一起去海洋公園。

唯美浪漫「太陽雨」點題

影片第一場已見楊凡拿手的唯美浪漫。陽光明媚的早晨，三育中學的校門甫打開，伴隨着一

導演◎楊凡
編劇◎楊凡
演員◎鍾楚紅、張曼玉、鶴見辰吾
香港◎ 1988 年

眾女學生回校的，是蔣南孫（張曼玉）高挑的慢鏡頭背影。南孫的校服特別窄身，突出了張曼玉窈窕的身形。她的旁白說第一次看見朱鎖鎖（鍾楚紅），剛好遇上太陽雨。南孫說「她很活潑開朗，但當想多看她一眼，她已像那陣太陽雨一樣，消失得無影無蹤」。這句話很點題，貫串《流金歲月》的正是這種稍縱即逝、很 nostalgia 的感覺。

南孫、鎖鎖及宋家明都很典型。南孫來自中產家庭（家住旭龢道），父親全職投資，她是典型乖乖女，不大在乎金錢；鎖鎖生活較清貧，與舅母及表哥同住，父親剛離世，很想脫貧。鎖鎖很早輟學，在風月場所工作，生活一天比一天奢華。鎖鎖這角色較神秘（找鍾楚紅演固然聰明），南孫一直從旁看着她，是影片的敍事者，兩人分擔了看與被看的崗位。家明是中日混血兒，最初只說國語（當時仍沒「普通話」這概念），在公園一面踱步一面看書，口袋插着墨水筆，衣着整齊，形象健康。

故事一直說到五年後、十年後，到兩個女孩二十七歲，工作後各有不同際遇。南孫、鎖鎖多年後再踏足沙灘，她們的成熟衣着與墨鏡跟環境格格不入；她們年輕時常被調戲，今天卻埋怨沙灘男孩對排球的興趣更大了。南孫與家明在中環的文華東方重遇，家明提議找天三個人一起再到海洋公園，南孫只敷衍應對。《流金歲月》寫青春美好但稍縱即逝，二十三年後確實更應景，因為現實跟電影一樣恍如隔世。

畢竟是八十年代

今天怎能想像有《流金歲月》這種片子？拍南孫、鎖鎖的中學生活、小妮子的友誼，她們的枕邊私語，對愛情的誠惶誠恐。影片即使拍成人世界也不同，霓虹光管點綴的夜生活、鎖鎖當舞小姐都很避重就輕，連鎖鎖與家明的情慾戲也不吃人間煙火。南孫讀時裝設計，畢業後工作，雖然老闆面目可憎，但她默默耕耘、得紅星顧客賞識，十年後也升為主管，是堂堂事業女性。只要努力便有所成，八十年代畢竟是八十年代。

《流金歲月》也記載了香港人對前途的惶恐，今天有點令人失笑，但也別具趣味。富翁李先生（曾江）對南孫說，中英開始談判，叫她的父親（劉紹銘）賣掉手上的股票物業。時為1982年，果然不久後，電視上傳來戴卓爾夫人在人民大會堂跌倒的畫面，股市隨即下滑，更害南孫喪父。

別說後來才有《金雞》（2002）及《老港正傳》寫香港歷史，早像《流金歲月》原來也借兩個女孩故事，暗記香港經濟及歷史十年。南孫、鎖鎖是對六十後，七十年代末在中學認識，八十年代初投身社會，無論從事什麼工作（哪怕是舞小姐），也分享到社會的繁榮。八十年代中這些中產階級的首要考慮，是留下還是離去，啟德機場於是在影片中一再出現。

電影的 nostalgia 味道

《流金歲月》今天看來，無論戲內戲外，都帶 nostalgia 味道。南孫、鎖鎖年近三十已不堪回首；我們坐在文化中心大劇院看片，何嘗不在感慨八十年代的日子、電影不再？所以張曼玉、鍾楚紅選擇不出席《流金歲月》復修版的首映禮很明智。觀眾對南孫、鎖鎖的印象，就停留在她們二十七歲的時候好了。

聽當天楊凡的映後答問才知，南孫一角原屬意葉倩文，後來因檔期遷就不了而作罷，只邀請她主唱主題曲。說實在的，多年來《流金歲月》的故事已忘得一乾二淨，對影片的印象，只餘下兩個女角緊靠的倩影，及葉倩文唱的《流金歲月》（周啟生曲，潘偉源詞）。這幾天看完影片，《流金》的配樂、葉唱的旋律不住在腦裏徘徊，「流逝去是苦與甜，模糊是當天一張臉，變得難辨，只有一片愁仍在臉」，牽纏不退。要不是歌曲比電影經典，也準是歌曲把電影提升了，突出了那份情懷。

有人認真探討過葉倩文歌曲對電影的意義嗎？除了《流金歲月》，我也想起她在《喋血雙雄》唱的《淺醉一生》。猶記得賈樟柯《二十四城記》一個浪漫的場面，夜裏燈光黯淡，路上有人騎着自行車，背景響起的正是《淺醉一生》，在錄像廳看港片長大的賈，也以葉倩文代表他的港片印記。

「如何令往昔留住？」葉倩文的《流金歲月》如斯問道，答案請在復修的電影中找。

03-04-2011

《香港製造》愈看愈警世

二十年後重看陳果編導的《香港製造》，非常前瞻！它不過時，今天看更有感覺。它暗諷的中港矛盾、香港被赤化，暴發戶財大氣粗，今天已一一超額應驗。通片瀰漫的鬱悶及死亡氛圍，亦能映襯當下。所謂的「回歸」廿年（近來流行說「主權移交」），小市民生活愈來愈困逼，政權早已變質。雨傘運動後，普選的陰霾與無力感，《香港製造》像是為今天所拍的寓言。

《香港製造》之前，具有如斯控訴力的港片是哪部？電影工業素以類型及票房主導，類近的肯定不多。可會是徐克的《第一類型危險》？共通處是，同樣生於變革時代，從窮街陋巷譜寫香港，看上去幾乎沒有文明都市痕迹。《香港》是1997年，角色困囿在密集的公屋空間；《第一》回到1980年，徐克以油麻地對照急遽發展的灣仔。

導演◎陳果

編劇◎陳果

演員◎李璨琛、李棟全、嚴栩慈

香港◎ 1997年

《第一》及《香港》定位青春，談的竟是殺戮與死亡；一望無際的墳場遠景，兩片都有出現。兩片主角，同樣是莽撞少年，他們找不到時代的容身之所：《第一》是三個少男，《香港製造》則是兩男一女，多點法國電影 ménage à trois 味道。不過關係來得毫不浪漫（陳果才沒有吳宇森雅興），女的叫阿屏（嚴栩慈），大好年華卻身患不治之症；一個叫阿龍（李棟全）的癡癡傻傻，不停被欺凌，鼻子倒很靈敏；最「正常」的是中秋（李璨琛），但他家庭破裂、父親缺席，是填鴨制度的輸家，自覺平平無奇。影片一開始他就自嘲：「好似我咁嘅人，通街都係。」

比《古惑仔》更「古惑仔」

中秋倒不想平凡一世，希望有點作為，儘管如何虛無，也得 justify 自己的生存意義（想起《的士司機》〔Taxi Driver，1976〕）。他對阿龍及阿屏算有情誼，他有時很講原則，像從不要別人施捨。可是，電影一直演來，很多事情得不到結果，中秋的盤算、行為變得愈來愈徒然。陳果拍《香港製造》有的放矢，除回應時代，同時要顛覆類型。

1996年開始，由漫畫改編的《古惑仔》系列大行其道。對比《香港製造》，《古惑仔》（1996）絕對主流——表面上是「古惑仔」，實際上，鄭伊健等明星演的，是貼上紋身、穿上皮衣的乖孩子。他們對大佬忠心不二、對女友用情專一（然後「背叛」及「出軌」往往在反派身上出現）；他們不賣老翻、不扯皮條、不收爛帳，甚至不說粗話。據說《古惑仔》對觀眾影響深遠，學校與家長不用杞人憂天，若學子看後真的有樣學樣，世界必定太平。《古惑仔》表面離經叛道，骨子裏其實非常「右」（明星樂意擔演，看上去夠酷；導演亦絕對安全，今已晉身拍《建X大業》）。一切只是裝扮，非常自欺欺人。

陳果的《香港製造》完全背離《古惑仔》邏輯，從中秋身上成就不出什麼崇高價值、道義精神，他不過在街頭混混，無所事事，名正言順地「行古惑」。關於「古惑仔」與「黑社會」之別，《香港》有段在上海街刀店「見工」的，老闆似是素人，段落真率得像紀錄片；他解釋兩者的分野，甚具見地。老闆的結論是：「黑社會點會睬古惑仔吖，古惑仔剩係識呃媽咪去海洋公園嘅啫。」我的天！如何想出來的有趣台詞?!這次再看仍教人忍俊不禁。崩口人忌崩口碗，中秋聽得沒好氣。

顛覆主流黑幫片

中秋又有點像《旺角卡門》（1988）的烏蠅（張學友），庸碌半生，希望憑一次暗殺任務叫舉世注目。《旺角》在芸芸黑幫片中本有顛覆意味，《香港製造》卻比《旺角》有過之而無不及。烏蠅之死還算悲壯，他與大佬（劉德華）的兄弟情仍刻骨銘心，大佬隨時赴湯蹈火。中秋呢？完全談不上悲壯。

《香港》最有心思一段，開慢鏡頭的玩笑：中秋在家裏背着雪花電視的舞影之後，上山頂纜車站預備行刺大陸商人。一連串優美的慢鏡頭，炎炎夏日、滿頭大汗，太陽鏡的POV。中秋穿上紅色格仔鞋，在轉角倏地出來舉槍，好不威武。然而當畫面回復正常速度，中秋膽怯得根本不敢下手（縱使他說「為了阿屏一定要搞掂」），雞手鴨腳，甚至連人也站不隱。李璨琛真人上陣急步從纜車軌直奔下山，大抵是港片歷來最具地標性及象徵意味的動作場面。

想像（電影）跟現實，畢竟有極大距離——片中無論中秋或阿屏的狹小公屋，都貼上當時名片海報：《這個殺手不太冷》（*Leon: The Professional*，1994）、《天生殺人狂》（*Natural Born*

Killers，1994）及《不羈的天空》（*My Own Private Idaho*，1991），充其量是讓人膜拜的虛構形象。陳果的「寫實」，在於跟類型劃清界線，寫出真正卑微的小人物。

旁白警世，一語總結社會

因為卑微，所以人性。中秋夜裏總是夢遺，有時像被輕生中學生阿珊的鬼魂纏擾，有時來自他對阿屏的性幻想。中秋的旁白貫串全片，可以很荒唐，一說夢中的飛機都被他通通打下來，一說又可以很感性。他母親出走後氣憤難平，某夜夢迴，醒來不知何故滿臉淚水。可影片剪接幽了觀眾一默，剪上一個天花滴水的鏡頭。到底是他真的悲從中來，還是一個巧合的意象？得留待觀眾猜想。中秋的旁白只是民間智慧，但不少聽來警世。「該死的未死，不該死的死晒」，一語總結全片，以及我們社會。

他特別針對成年人的偽善，說一套做一套。《香港製造》早在代際矛盾、香港幾多代人被談得熱烘烘前，便寫出兩代之水火不融。「生命冇 Take 2」這句政府禁毒陳腔標語原來已流行多時，中秋慨歎，父母的生命都有 Take 2。當然了，父輩見證香港富裕、大陸改革開放，不計學歷，相信努力便成功；來到兒子一代，則淪為應試奴隸，教育制度的犧牲品。《香港》幾乎沒有一個像樣的成年人（社工Miss Lee稍稍例外），阿屏母親也虛偽，總說中秋不配女兒，不稀罕他的器官捐贈。誰料當中秋發生意外，屏母口風即時轉變。還有健碩的女校體育阿Sir，因為師生戀害上一條性命，收到遺書就讓它化作飛灰。陳果的慢鏡永遠出其不意，女生上體育課集體跳大繩，紙屑在風中飛舞。後來我們從跳樓女學生遺書得知，她有虔誠信仰，似乎更果敢承擔。相對而言，大隻老師選擇苟活，或許不久又是另一女生的傾慕對象。

還有中秋的黑社會大佬榮少，經常對中秋曉以大義，說「青春無敵」，叫他多關心社會，骨子裏是另一回事。他嘮叨一直說討厭大陸生意夥伴，然身體最誠實，典型的香港「搵食格」。中秋說：「成人世界好複雜，好似榮少，明明係收數嘅，又話唔係……」榮少好發議論，但往往似是而非，像說服中秋賣命，中秋複述：「榮少話，世界已經到咗盡頭，有人出得起錢，就有人出力。」這是哪門子的理論?!不重要了，黑道到最後，忠義靠邊站，沒什麼比利益具體。人命？固然非常卑賤，阿龍就是活例。

《香港製造》教人看得鬱不安的，公屋的窒息空間（井字形設計一向是跳樓熱門地；黝黑長走廊危機四伏，鄰居自掃門前雪），公廁及街市的欺凌，角色在髒亂場景掙扎，阿龍更被迫在公廁地板自慰。突如其來的復仇、血腥暴力（陳果的「紅 Van 情結」源於始）。女生跳樓的幾次 flashback、中秋噩夢，石屎路面血漬斑斑，一次竟換上像牛奶的液體！陳果首作，今看依舊大膽創新，極富想像，廿年來沒別的可比擬。《香港》沒有傳統黑幫片的情深義重，注定不會很賣座（一百九十多萬，1997 年排六十八位，當年最賣座是成龍《一個好人》，四千五百萬）。從來不應票房論英雄，《香港製造》到了今天，帶給觀眾的刺激反思，早已大大超越同年其他電影了。

25-06-2017

5. 日常對話

「如果你沒有看過，或許就因為你站得不夠高。」
——《看見台灣》

四年一覺選舉夢

《選舉》是張虹剛完成的紀錄片，拍2004年立法會競選，趕及今天立法會再選之時登場。影片以候選人報名開始，以選舉日票站開票公佈結果結束。張虹繼續她在前作的風格，不設旁白、不加音樂，沒有多餘的影像修飾，一百分鐘就是影像紀錄。

連片名也繼續簡單直接。張虹接受媒體訪問，總提及Frederick Wiseman的影響。她的影片命名也師承Wiseman的作風，從前是《中學》（2003）及《七月》（2004），今天是《選舉》，命名的原則是相同的，一個沒有修辭的名詞——Wiseman幾乎都是這樣命名作品的，如*High School*（1968）、*Zoo*（1994）及*Public Housing*（1997）。我們對「中學」一詞都有不同的理解、回憶，一部自稱《中學》的影片於是令人好奇，想看看裏頭是什麼葫蘆什麼藥。

導演◎張虹　　香港◎2008年

紀錄片不會絕對客觀

紀錄片沒有絕對客觀，如何選取被攝者、鏡頭的角度及長短、剪接材料都是篩選，凡篩選就有基準。《選舉》的首要基準或許是「好看」，影片只包括三個選區的影像，分別是港島區、九龍東及新界東。2004 年的選舉，港島區最戲劇性的是李柱銘打告急牌，令同屬泛民的何秀蘭以些微票數落敗；九龍東最受注目是名嘴鄭經翰參選；新界東的焦點則是長毛梁國雄。相對而言，2004 年九龍西及新界西的名單不夠「sexy」。

《選舉》某些場面也夠立體。電視上，我們都看到選舉論壇或唇槍舌劍，或潑婦罵街，紀錄片則讓我們看多一些、深入一些：長毛梁國雄在辦公室與助選團討論如何在選舉論壇出招。鄭經翰及陶君行在辦公室打電話拉票、決定最後的報紙廣告用語。到了下一組鏡頭，鄭經翰陣營的報紙廣告刊出，公民黨選舉辦公室讀後憂心會影響選情，密謀對策。這些 behind the scene 的片段永遠可觀，像十多年前一齣著名紀錄片 *The War Room*（1993），拍攝克林頓競選總統的陣營及政治化妝師，鏡頭揭示競選背後不為人知的爭分奪秒、見招拆招。遺憾的是，《選舉》的同類畫面卻只來自泛民。影片雖標榜「無黨無派，獨立製作」，顯然也沒得到建制派的信任，「我心照明月，明月照溝渠」。未得建制派其門而入，拍他們跟一般記者無異。

鏡頭言外之音

有時候，《選舉》把不同鏡頭剪在一起，便充滿趣味及言外之音：民建聯會見福建鄉親，以茶代酒，蔡素玉高歌《愛拼才會贏》，場面好不熱鬧；另一邊廂長毛在將軍澳地鐵站派傳單被地鐵職員阻撓。聽罷職員的官腔說辭，長毛與助選兩人黯然離開。這冷清與熱情之間，《選舉》憑攝影與剪接，把「政治動員」解說得再清楚不過。

《選舉》還有不少電視新聞以外的捕捉：梁家傑被屋邨師奶教訓，請他回去叫泛民用腦思考，斬釘截鐵的說中國行的不是資本主義，「是中國特色社會主義呀，老友」，咄咄逼人，梁頓時一臉尷尬。范徐麗泰在論壇後被一青年追着咒罵：「你癡線㗎？共產黨講乜你講乜。（六四事件）解放軍就要同情，丁子霖嗰啲就唔使同情？」誰說香港年輕人一定政治冷感、不善辭令？

《選舉》還有不少滑稽的「蝦碌」鏡頭：影片一開始，民主黨三人在馬路騎單車造勢，但單車技術普通，幾經跌碰才能衝線；他們被私家車響號驅趕，終點線的攝影記者也等得不耐煩。公民黨在橫額上打手印以示新開始，但為了固定姿勢讓記者拍照，手上油墨乾涸，最後什麼也打不成。范徐麗泰在中環街頭拉票，擴音機發生問題，令她說話斷續，她隨即說這是她們競選資源不足，順道自我矮化，機器故障也可拉同情分。

四年過去，把《選舉》的影像與今天眼下的比較，你會發現候選人拉票政綱的南轅北轍。2004年都在爭辯二十三條，為了藍紙及白紙草案鬥得面紅耳赤；今年已沒人重彈老調，很多候選人都說自己來自基層，關注通脹及小市民利益。2004年的選舉因為離2003年七一後不遠，還有人提零七零八普選（原來更曾一度是某黨的黨綱）；今年談普選時間表，大部分候選人明知大勢已去，已噤若寒蟬，聽命於阿爺早日發落。

四年過去，變與不變

差不多到了片末，《選舉》有個蠻好玩的鏡頭，拍着中環戲院里旁的大屏幕。先是一個胸圍廣告，廣告用語是「危險曲線」、「So Hot」；然後是政府的選舉廣告，藝人在鏡頭前鼓勵市民踴躍投票，跟胸圍的宣傳對比十分笨拙。

從 2004 到 2008 年，四年過去，選舉廣告的代言藝人已變（今天一眾平凡偶像，誰敢言四年後還在歌影視圈？）、政客已變（馬力已故，陳太退隱）、政黨已變（社民連只成立一年多，卻來勢洶洶）、政綱已變（如上文）……《選舉》這齣四年前紀錄片中唯一不變的，是那段胸圍廣告：銷售女體及軟性色情、美麗的單一標準，十年前及十年後準沒兩樣。至於廣告宣傳手法，胸圍與選舉，那個較易說服羣眾，顯然也不說自明。

閒話一則，《選舉》是三年來另一齣英文取名為 *Election* 的香港電影。對上一個 *Election*，是《黑社會》。

07-09-2008

三代飄泊中國人——談《大同：康有為在瑞典》

看之前沒想到，以為純是紀錄片的《大同：康有為在瑞典》，竟教人如斯魂牽夢縈。說的是康有為及女兒康同璧的故事。《大同》有傳統的紀錄片部分，編導陳耀成顯然花了不少時間在故紙堆中爬梳，據說康氏父女的材料大都在國外。影片有時借息影演員江青的獨白，敍述康有為的事迹，有時透過訪問專家學者，深入了解晚清歷史，康有為的大同思想，康有為、梁啟超的百日維新。

但最有趣的部分，是找來廖啟智及陳令智分飾康氏父女，楊尚斌飾演梁啟超，在簡約的劇場佈景中演戲；舞台抽象，感情卻真率。尤其是康有為及康同璧的父女戲，兩代血脈相連，為父壯志未酬，及至遇上貧病交迫、國難當前的時候，廖與陳加起來有催化作用，戲劇的感染力很深。康有為雖然天才、高瞻遠矚，影片說他五歲已很聰慧，但他在政變失敗後的時不我

導演◎陳耀成　　香港◎2011年

與、遊子飄泊的心情，看着廖啟智的慷慨陳辭，叫人十分同情。這還是紀錄片嗎？已不重要了。《大同》這個設計把歷史偉人從神壇請下來，「康有為」不是史書上硬邦邦的名字，而是一個生逢亂世、憂國憂民同時又疼愛女兒的南海鄉里——陳耀成亦南海人，這部片他特別獻給跟康同鄉的亡父。

安身立命還是改變世界？

《大同：康有為在瑞典》很努力把本來風馬牛的人與事穿針引線，隱隱然道出世情的微妙。前面提到的江青，她不獨是影片的敍述者，影片也交代了她的傳奇故事。江青當年離開邵氏，跟從李翰祥到台灣創辦國聯，後因感情問題毅然離台赴美，在紐約開辦現代舞室。一次歐洲巡迴演出，在瑞典結識了未來夫婿而移居瑞典。無巧不成話，江青跟康氏父女一樣嚮往瑞典的生活，也不約而同在風景如畫的小島上定居。江青在 1978 年後才回內地，她的名字還是給她帶來諸多不便。透過江青的獨白，我們知道陪伴她三十多年的丈夫兩年前離世了，她說起往事來聲淚俱下。

於是，由康有為、康同璧到江青，《大同》譜寫了三代中國人，不論在新舊中國，都落得在海外飄泊的命運。鄉愁的滋味有時一言難盡，正如康有為在片中自問：「既然我如此想念故鄉，為何又這樣依戀這個地方？」我們要安身立命，還是要改變世界？「小島」作為理想的避世之所，凸顯了利他／利己的矛盾，這也很人之常情。

幾代人之間還有更微妙的關係，江青喜歡鄧肯（Isadora Duncan）的現代舞，深受她的赤足作風影響。若不是康、梁他們推行「天足運動」，江青這一代現代舞家就無用武之地了。康同璧是最早期接受外國教育的婦女，諳英、法及梵文，曾翻山涉水到印度尋父，並作詩「若論女士西遊者，我是支那第一人」。江青獨自在紐約的現代舞圈打天下，後來更把藝術回傳文革後的內地，所以她把同璧的詩改為「現代西舞東遊者，我是支那第一人」，兩個都是出類拔萃的現代中國女性。

但更多時候，世事的奧妙其實造物弄人。《大同：康有為在瑞典》以朱石麟的《清宮秘史》，把百日維新的歷史形象化，選播翁同龢解釋「天下為公」等片段。諷刺的是，《清宮秘史》這部香港永華公司 1948 年的電影，到了文革時候被毛澤東點名批判，連累了當時已回國定居、一把年紀的康同璧，連已故康有為的屍骨也被挖出來。

在政變歷史與人物飄泊的故事之間，香港也扮演了一定角色，這方面可說貫串了陳耀成紀錄片的香港身分探討。比如上文提及的《清宮秘史》，正是南來影人在 1949 前後來港拍攝的電影。《大同》又說康有為二十二歲時曾到香港，對這地受外國人統治，秩序井然留下深刻印象。康同璧早年在香港居住，江青的電影事業也在香港展開。更妙的是，康有為的《康有為瑞典遊記》，幾十年前由康同璧交瑞典漢學家馬悅然，幾經轉折，經台灣再到香港，直至 2007 年才由香港的商務印書館出版，事隔已一百年。陳耀成也是讀到《瑞典遊記》一書，對康有為產生興趣，才有今天這部《大同：康有為在瑞典》。

具宗教救贖味道有智慧

《大同》的野心還不止找出人與事的微妙關係，陳耀成在康氏父女引入戲中戲：瑞典劇作家斯特林堡(August Strindberg)的《夢幻劇》(*A Dream Play*)，該劇雖跟康同代（1907 年在瑞典首演），陳說康不大可能看過該劇。但戲中戲倒令父女的段落昇華了，他們扮演天神回望凡塵，康有為演因陀羅神說「人類的母語是埋怨，他們永遠不會滿足，不知什麼是感恩圖報」，所以差遣女兒到凡間受考驗。因為這戲中戲，陳令智還特別為梵文譜上旋律並演唱，成為《大同》片中一首充滿靈氣，甚至具史詩氣魄的歌曲。前文說的魂牽夢縈，正是受了此曲的薰陶，使康氏父女添上虛幻，有宗教的救贖味道，而且目光也放得更遠大了。末段康有為在天界與女兒重聚，他對已發生的一切不平事，不但毫無埋怨，也很會自省，非常有智慧。

很多年沒看到陳令智演戲了，今天她在《大同：康有為在瑞典》依然充滿氣質，能跳能演能唱。她委實是不可多得的好演員，香港沒有更多可以讓她發揮的電影，是此地工業全面北移及單一化後的莫大損失。

如果《大同：康有為在瑞典》也是因為衝着「辛亥革命百年」紀念而來，這是目前見到最堪玩味的紀錄片作品了。

27-11-2011

《乾旦路》崎嶇滿途

一齣叫《乾旦路》的紀錄片，頗切中在此地從事藝術的悲哀。

跟幾年前的《音樂人生》（2009）一樣，都是CNEX機構的出品。兩者都以藝術生命為題，片名的「人生」與「路」對仗，看上去還真像姊妹作。但《乾旦路》的世界更邊緣。《音樂人生》好歹是資優生與音樂教育的故事，《乾旦路》比起來冷門得多。「乾旦」即男花旦，京劇有梅蘭芳，但粵劇卻沒此傳統。片中兩位年輕人從小就想做男旦，但連粵劇行內、訓練學院也不看好。在利字當頭的社會，但凡沒市場的「路」，注定崎嶇滿途。

藝術愛好是如何開始的？或多或少來自家庭感染。《乾旦路》兩個主角：王侯偉年幼時聽到母親收音機的《帝女花》廣播，自此愛上粵曲，高中曾參與粵曲比賽獲獎；重溫當年的錄影，唱的是女腔，在台上名副其實一鳴驚人。譚穎倫（Alan Tam！）則受爺爺薰陶，影片在

導演◎卓翔　　香港◎2011年

2004 年首次拍他時，他只有十一歲，已是個標準粵劇迷；閱讀口味、聊天話題都離不開粵劇，還有一屋子的收藏，戲服與影碟如數家珍。他愛演男旦，跟爺爺參賽奪魁；平日愛上粵劇班，抱恙也不缺席。對比同齡的小學生仍然一片茫然，譚穎倫對藝術有熱枕，人於是也顯得早慧。

從最愛變成最恨

那時候的譚，聲線得天獨厚。《乾旦路》跟觀眾開玩笑，介紹十一歲的他出場，畫面全黑，先聽見清脆的旦喉，再見這胖嘟嘟的可愛小學生。藝術確可令人自信，不是說音樂考試的資格認可；王侯偉、譚穎倫是真正醉心戲曲，自發的欣賞及學習，無法自拔的執迷，生命與藝術結合，氣質因而與眾不同。

《乾旦路》開始時，王侯偉帶着他的粵劇學生，來到廣州的紅線女藝術中心，教他們選購粵劇書籍。王在女姐銅像前訴說自己當年參賽與女姐的因緣，還有機會向女姐當面討教，既興奮又戰兢。那份對藝術的熱枕、對藝術家的敬重，在貴為音樂考試之都的香港，少見。

當然我們這個畸形的社會慣問，熱枕可不可以換飯吃？王侯偉高中後報讀演藝學院的粵劇課程，唯面試導師建議他放棄乾旦路，理由是粵劇沒當家花旦；王索性不讀，轉而入了電影學院。譚穎倫幾年前因為發育轉聲，有次在高山劇場被喝倒采，可以想像那痛苦經驗畢生難忘。此後他放棄男旦，但仍繼續唱戲。

《乾旦路》2011年再拍譚穎倫，他已是十六歲的高中生。比起十一歲的時候，他的真率可愛消減，換回老誠及疲累身軀。他依然比同輩世故，但焦點似乎已由熱愛粵劇，變成明白世界艱難。同時兼顧演出及學業的他，分身乏術，每天只睡兩三小時，考試期間也得向學校請假。他知道戲行非常嚴苛，好不容易擠進去，怕一旦拒絕，以後再沒機會。導演問：想過輟學麼？「唔得，依個咁嘅社會，Form 6出嚟淨係做個waiter……」這番話譚穎倫一定自問自答過很多次。

更令人惋惜的是，這時的譚穎倫坦然已對演戲厭倦，反希望做個平凡少年，只管吃喝玩樂。是他時間管理出問題？是在香港生存壓力太大？是粵劇行業不健康惡習？是這裏太不着重藝術培育？……還是其他原因，令譚對粵劇，由最愛變成最恨，白白斷送了年輕人的藝術前途。看到這裏，我沒法不想起電影學院的同學。在學院時老師鼓勵他們認真看待電影，明白一切都要羣策羣力，各人應盡好本分；畢業後他們在工業觀察往往又是另一回事。在浮躁的工業打滾，很多時候：我心照明月，明月照溝渠。

邊緣中的邊緣

《乾旦路》原是2004年一部學生短片，看過舊版本的，或許更明白人情冷暖。譚穎倫十一歲時，因為唱旦出色，加上小孩子可愛，身邊簇擁着疼他的成人，爺爺、父親，契媽什麼的。現在這部長版的《乾旦路》，十六歲的他可孤單了，在學校完全離羣（多麼像《音樂人生》的黃家正），在戲棚也只有替他裝身的May姐，以及當年因採訪而結成好友的王侯偉來探班。

王侯偉比譚穎倫年長，他沒譚穎倫那麼迷失，以戲曲教育及推廣為職業，生活簡樸，頗自得其樂。《乾旦路》中，他會在新光戲院做司儀，也會向不同年齡層的觀眾推介粵劇藝術，雖然有時候令人氣結（中學工作坊的學生態度輕浮），但還算是寓興趣於工作。但王侯偉也有家庭的隱憂，他的母親一直對他從事粵劇非常冷淡，更奚落他對「乾旦路」的堅持（「一個樣就男人，把聲就女人，好核突呀」）。藝術興趣受家庭薰陶，沒想到後來最大的打擊也來自家庭。《乾旦路》以王及譚為例，揭示男旦特別坎坷的處境，除了要克服變聲的難關，還有行業的出路、性別定型的目光等等，是邊緣中的邊緣。繼續我行我素、孤身走我路的王侯偉（《乾旦路》的英文名字是 *My Way*），絕對需要無比勇氣。

當年的功課，今天的紀錄片

《乾旦路》此片如何走來也值得一說。上面提到，這本來是 2004 年一部短片，是演藝學院學生的紀錄片習作，這類功課年年有，大部分真是只當功課看待，交了就算，對拍攝對象的「突然關心」也停止。王侯偉當年是短片的製作者之一，他在「功課」注入了他最有興趣的粵劇、男旦題材，以譚穎倫為短片核心。因為那短片，王跟譚也結成莫逆好友，彼此一直聯繫、扶持。

幾年後，王與另一演藝畢業生卓翔談起，覺得可以把譚穎倫故事延續。於是他們向 CNEX

基金會提交計劃，拍板後由卓翔執導（卓並非舊版的導演），最後完成了現在這個長版本的《乾旦路》，包含了 2004 及 2011 兩段時間的影像，記錄不同人物的生命。在拍攝過程中，眾人反復思索、討論後（相信也包括監製張艾嘉），王侯偉由幕後走到幕前，在鏡頭前剖白（當然也是治療了）。於是，新的《乾旦路》以兩個藝術生命相互對照，令影片更立體、更可觀。

我還奢望，這次《乾旦路》由校內到校外兩版本，受紀錄片基金及電影節的青睞，可以向仍在學的同學示範，功課原來不是滿足什麼要求，而是自我提問，再嘗試尋找答案的過程。這樣的學習最有效也最快樂，也可以成為畢業後的創作動力。像本片關於成長、藝術、教育、家庭等議題，就可以審問一輩子了。

28-10-2012

《長洲誌》真實影像之魅力

紀錄片影像的魅力，憑《長洲誌》又一次充分證明。《長洲誌》是今年華語紀錄片節的開幕片，在太空館放了兩場，十四套短片顧名思義拍長洲。學員來自不同專業，有人第一次拍片，技術水平、對紀錄片認知不盡相同，但他們拍出長洲的不同面貌，真性情，有趣活潑的人物。放映現場氣氛所見，反應十分熱烈，觀眾感觸良多；紀錄片的力量，《長洲誌》算達到了。

不說不知，那才是七天七夜的成果！紀錄片節的主辦單位采風今年6月舉辦紀錄片夏令營，找來中港台導師（李惠仁、應亮及曾翠珊）跟學員上課，再着學員在長洲尋找題材。我看過臉書上一些照片，我小學畢業旅行的明暉營變成剪片場所，一台台電腦在桌上好不熱鬧。最後幾天學

導演◎

尹景輝〈一個人的社活〉
蕭彥瑜〈生日會〉
曾錦山〈生活〉
徐智彥〈虫子〉
朱吉輝〈呼煥美好〉
鄔詠恩、司徒嘉豪〈荒山野人〉
賽普拉 · 木塔里甫〈魚悲慘的一生〉
李鐵成〈華哥〉
譚志榮〈街坊〉
李偉盛〈媽媽告訴我〉
陳巧真〈輝叔〉
彭國偉〈靠近海〉
鄭藹如〈願還原〉
葉偉平、王偉健〈麗新電髮〉

香港◎ 2013 年

員為作業不眠不休，聽說最後一夜不少人分享時哭了，有人笑說像入了邪教組織——說不定真有類同，這個「教」迷信紀錄片。我羨慕有份參與的師生，他們並肩作戰令彼此的心很接近。他們當中有社工、市場調查、攝影師、大學講師及學生，在營內把時間心神全投進紀錄片。在太空館放映廳，看到學員容光滿臉，他們很熟絡，滿有默契的坐在一排看片及答問。說實話，他們無私的合作精神，踴躍主動參與，朝氣勃勃的笑臉，我在電影學院並不多見。

島民生活智慧，片言隻語已動人

《長洲誌》有其先天局限，學員只有幾天時間拍攝，不宜作深入的調查採訪。采風負責人張虹、林偉鴻亦是營內導師，他們透過活動傳承紀錄片信念，《長洲誌》傾向「直接電影」的旁觀手法。加上活動在長洲舉行，長洲與別不同的民風地貌，是創作的靈感泉源。於是，人物與地方的白描，觀察式抓拍，成了《長洲誌》短片的基本特色。但說來容易，幾天之內，製作人要先決定題材，又要徵得被攝者同意。但放映結果顯示，紀錄片營是成功的。

影片篇幅雖短，十四部片由五至十分鐘不等，但片言隻語已很動人，亦有生活的啟發及智慧。我最愛〈華哥〉（李鐵成導演）及〈輝叔〉（陳巧真導演）：華哥是長洲碼頭報販，影片呈現華哥工作的細節：凌晨出動，坐船到中環碼頭疊報紙，疊好後再大堆大堆運回長洲碼頭，全部親力親為。長洲居民大清早由碼頭到香港時，華哥已經過了最忙碌及辛勞的時候。一年四季，不論陰晴他都這樣辛勤，可敬是他總是笑容可掬，跟街坊談笑自如。輝叔很好玩，表面愛理不理，十分寡言，一些對答又令人真假莫辨。

放映當日華哥來到現場，打趣說影片只拍到他表面，令人哄堂大笑，掌聲雷動。兩天的《長洲誌》放映，我看到製作人、被訪者的融洽關係。製作人不僅沒有高高在上，他們很感恩、謙遜（「感激長洲街坊」之聲此起彼落），還從故事人物身上領悟處世之道。除了華哥，〈荒山野人〉（鄔詠恩、司徒嘉豪導演）的方伯，〈一個人的社活〉（尹景輝導演）的堅叔亦來到現場。我因為家庭聚會，幾乎每月進出長洲，但《長洲誌》的事迹完全聞所未聞。所以要感謝《長洲誌》同人，拓闊了我等觀眾眼光；長洲真不只有吃喝玩樂，渡假屋、大魚丸、張保仔洞什麼的。

不是因為這個短片系列，我真沒想到長洲跟六四有關聯：〈一個人的社活〉的堅叔，在島上不平則鳴，為居民發聲、跟政府打官司。1989年，他到北京支援學生運動，六四凌晨血腥清場時，他在槍林彈雨中走避，其後被抓，在上海囚了半年。這些年後回憶，堅叔仍然相信行為正確、正義。堅叔在放映現場發言，勉勵年輕人要為中華民族的未來努力，同樣哄堂掌聲。〈荒山野人〉的方伯也有個性，愛在山間詠詩，留守山上田園，希望裨益後世。方的亡父離世前叮囑他照料農田，說這裏是根；但方伯兄弟在異國落戶，團圓已無望，看到他家族照片特別唏噓。

各式各樣的性情中人

說《長洲誌》「仗義每多屠狗輩」真不為過，影片充滿各式各樣的性情中人。〈靠近海〉（彭國偉導演）的主角是個攝影師，移居長洲十年，對亡妻十分深情。〈街坊〉（譚志榮導演）只有短短六分鐘，但幾個中年漢天未亮在茶居喝早茶，打着赤膊互相調侃，「茶友」之交淡如水，喝罷即分道揚鑣，十分有趣。「打牙骱」很生活，劇情片要拍出味道不易，紀錄片反而輕而易舉。《長洲誌》有不少令人會心微笑的「打牙骱」場面，〈生活〉（曾錦山導演）寫幾爺孫的是一部，〈麗新電髮〉（葉偉平、王偉健導演）是另一部，兩片均拍出長洲悠閒、慵倦一面。正是悠閒才能細味人生，《長洲誌》不只一次，帶觀眾看屋簷下的燕巢，島上不同景點的晚霞及自然美景。

由長洲到《長洲誌》，除了是紀錄片練習，原來還是映照城市急速生活的鏡子。〈願還原〉（鄭藹如導演）的農夫說得好，他們從事有機耕種，是人對大自然的順服，投放了心血未必有豐厚的收穫，唯一可做的只是不斷付出。這份可貴的精神，其實就像《長洲誌》的紀錄片或任何藝術創作；農夫及藝術家的謙卑及敬畏心態應是如出一轍的。

《長洲誌》傳達了對生活、生態的關切，還有幾部以老人為題：〈生日會〉（蕭彥瑜導演）拍一家安老院的生日會，一位婆婆在練習徐小鳳的《風雨同路》，十分可愛；生日會還看到不少眾生相。〈呼喚美好〉（朱吉輝導演）同樣是安老院，戲中的婆婆較幸運，由女兒為她說故事。婆婆年輕時辛酸，但意志很堅強，做過不同工作，包括在長洲戲院賣黃牛票。《長洲誌》更有完全不拍人物的詩意紀錄片：〈虫子〉（徐智彥導演）拍昆蟲，牠們在欄杆及運動場上緩緩爬行。〈魚悲慘的一生〉（賽普拉·木塔里甫導演）拍魚被捉及吃的過程，最妙是最後鏡頭，某牆塗上此口號：「it's ok to eat fish cause they don't have any feelings.」。對了，長洲盛產海鮮，這裏的人捕魚吃魚；子非魚不知魚之樂，但總明白牠們的悲哀吧！

影像真實，一看便愛

《長洲誌》最離奇是一部叫〈媽媽告訴我〉（李偉盛導演）的短片，手法顛覆，玩弄很多元素，雖然未必跟長洲有關係（搞不好他連「長洲誌」三個字也顛覆了），卻十分創新、大膽。問題只是，幾分鐘短片一看無妨，再長一點不知變成怎樣。《長洲誌》的其他短片也是，有些算完整，有些可以再拍下去。但無論如何，紀錄片營畢竟只有七天，學員初試啼聲已不錯，期待他們未來更長的作品。

《長洲誌》證明了，紀錄片絕不八股、跟電視台風味完全不同，不用什麼欣賞方法，影像真實，觀眾一看便愛。「地方誌」的意念極好，它記載了時地人的多元面貌。影像製作的門檻這樣低，我們不應依賴電視及香港電台，每個地區都可以拍攝類似的民間紀錄片。有《長洲誌》作示範，期望更多人投身紀錄片行列。

15-9-2013

《伴生》，老有所依的現實

《伴生》差不多最後，有受訪者憶起了這句話：「你依家就開心，第時老咗你就知。」

好一句似曾相識的老年人訓話，在香港似乎特別普遍，年少時我聽外祖母說過不少次，今天還有人講麼？在《伴生》說此話的叫陳小姐，戲裏兩位長者的女兒。她其實也是覆述從前長輩的話，少時無憂，偶聽教誨但不明所以，現在對此話深深體會。電影所見，她年邁的雙親行動不便，亟需照料，她因此投放很多時間。她亦人到中年了，於是無論從父母或自己出發，總算明白什麼是「老了便知」。

說穿了是兩個世代的距離。看《伴生》這種以「年老」以至「死亡」為題的紀錄片，最令人感慨的正是這種生命距離，如何對年輕一代細說從頭？放《伴生》給年輕的電影學院同學看，他們未必很有共鳴。要知道「同理心」及「感恩」，有時真需要機遇。看着親人老去、

導演◎黃肇邦　　香港◎ 2016 年

患病、垂危，戲裏受訪者苦澀滋味，座上稍事年長、有類同經驗的觀眾感同身受，優先場有不少人潸然淚下。

然而走過幾步，影院隔壁在放映《星球大戰》（*Star Wars*）的鬧烘烘映廳，已是截然不同的另一世界，兩個空間既近還遠。坦白說，《伴生》映後我最好奇（甚至稱奇）的是，才不過三十歲的導演黃肇邦，過去兩年多以來，憑什麼動力開展對素不相識家庭及老人家的拍攝、探訪？兩次聽他的回答觀眾提問都深刻，這位年輕影人，說話有條不紊，謙卑誠懇，果然是什麼人拍什麼電影。

病患之痛，家人之苦

《伴生》也沒有想像般的簡單。影片是東華三院出品，官網的簡介說：「掀動他們（觀眾）反思生命，學懂珍惜與家人相處的機會，了解『愛與死亡』這課題。」《伴生》看下去，並非完全像「官方說法」的「正氣」。先別論影片有沒有讓人「學懂珍惜相處機會」，反正它絕不是勸人「多溝通」、「多關懷」的政府老套廣告。它拍老人家種種健康問題，同時突出了子女在伺候中的疲累、乏力與無奈。在絕望時刻，看着被痛苦煎熬、病牀上不省人事的老父或母，除了望他們早日解脫，已不知說什麼好。有兄弟姊妹互相照應還好，獨子、獨女承受的壓力更大。當然了，其他舉目無親的貧病長者，一定更老無所依，這已不是《伴生》可企及的了。

所以它才叫「伴生」，英文片名 *Snuggle*，有「依偎」之意。但即使「老有所依」，也是家家有本難念的經。長期病患不止病人苦不堪言，對家人亦是耐力及體力考驗。朝夕相對幾十年，到老弱需要互相扶持之時，施與受的兩方，往往是千頭萬緒夾雜愛恨糾纏的關係。

看《伴生》中途我想起兩部影片，一是米高漢尼卡（Michael Haneke）的《愛》（*Amour*，2012），看過的不會忘記；另一是4月在電影節看到的《非常看護》（*Chronic*，2015），添羅夫（Tim Roth）演個無微不至的私家看護，因為太投入，有時逾越病人家屬的道德底線，惹起事端。影片側寫的焦點正是「家屬」，口裏說愛及照料，細看什麼古怪心理都有，畢竟人性有太多弱點。《非常》寫來相當真實並殘酷，好像已有香港放映權，奈何發行公司遲遲不安排上映，想必也是題材毫不「爆米花」的緣故。我只好繼續苦口婆心：世上太多電影不是讓觀眾爽的，卻可以令人明白生命多一點。

焦點在於人本人文

《伴生》也是這一類，黃肇邦巧妙利用東華三院的局方資源（實則非常有限），開宗明義官方出品。他跟攝影師獲准進出各醫院、療養院拍攝。兩年時間，以三個家庭的老人家為主角，記他們診症、治療，有人離去，有人身體每況愈下。然後看着身邊的子女如何接受命運、逆來順受。如斯題材與深度，在香港紀錄片中罕見，比起依書直說的電視新聞紀錄片中看太多了。

當然《伴生》從出品單位、製作團隊能力到格局都有局限，它沒有條件質問香港的人口或醫療制度，它不是米高摩亞（Michael Moore）的《美國清一 Sick 檔案》（*Sicko*，2007）。值得肯定的是，黃肇邦沒把電影拍成宏揚任何社福服務的紀錄長片（硬銷的 corporate video 我們看多了），反而人本、人文，焦點不在「機構」或「體制」，而是像你我一樣平凡人的「老」、「病」與「死」。據黃肇邦說，正因東華三院沒類似經驗，所以從拍到剪的自由度很大。黃也是直到今年年初才落實影片計劃，然而即使真的出來了，東華及他也不知如何發行，更遑論什麼「宣傳」了。

《伴生》受訪者的片上名字，大多為稚號或直呼其名：「松哥」、「沛叔」、「慈慧」、「兆銘」……感覺親切，只有「陳小姐」較見外（從名字推斷她或不想製作人介入其生活）。三個家庭的取樣不錯，各有代表性，有過來經驗的觀眾應可各取所需，不難得到共鳴。老伯伯松哥一開始已喪偶，他對亡妻很深情，亡妻的簡單追悼會也動人。誰料影片放下去，連松哥的身體亦愈來愈差。沛叔及太太阿金像對可愛的活寶，他們在影院引來最多笑聲（覆診日期的「舊曆」、「新曆」爭議，阿金着沛叔回去找舊情人「八婆」），奈何阿金行動不便，沛叔似乎易鬧脾氣（憑女兒訪問所知），所以女兒照顧起來壓力不輕。

第三個家庭是慕嚴及兒子兆銘，單親媽媽慕嚴智力有問題，兒子自小受人託管，母子聚少離多。惜好景不常，十年前她更發現患上末期癌症，兆銘已屆中年，工作雖日夜顛倒，日間仍肩負照料母親之責。《伴生》三個家庭中，這對母子故事最特別。慕嚴智力或許不如常人，但她說話極有紋路，而且酷愛繪畫，畫風質樸，大智若愚。她創作真誠，藉作品表達所思所愛（常以兒子入畫），比香港很多自命藝術家的精彩。

《伴生》鏡頭平穩、畫面清淡。初看還認定是故意，為了不想渲染，後來聽黃肇邦映後解釋始知，色調源於拍攝前考慮不夠周詳，後來索性「將錯就錯」。不過影片的確平和，即使有人離世，也毫不煽情。全片沒有旁白，字幕點到即止，偶爾加插鋼琴音樂，淡淡的來，淡淡的去。三個家庭的片段互剪，不時加入滿有詩意的空鏡頭，有紓緩的效果，因為老人生活太多室內景，空鏡對比下遼闊，有時亦見弦外之音。像兩枚風箏在高空飄揚，其中　隻慢慢飛出景框之外；兆銘拖着慕嚴過馬路，畫面插入學童過路、母子携手的圖案告示。兩個影像拼湊起來，語帶雙關，饒富韻味。

18-12-2016

《消失的檔案》還看六七

《消失的檔案》好一部信息量非常密集的紀錄片。它以「六七暴動」為題，按時間編列事件始末，巨細無遺。訪問不同陣營的人物或其家屬，還有記者、警察及當年港英官員；已故的則採納生前受訪影像或聲音，交織成完整的歷史拼圖。

《消失》背負的擔子不輕。從殖民到九七以來，關於「六七」的材料一直不多。坊間欠缺系統的專著，學校教育不（敢）碰，網上也沒有齊全的資料庫。多得記者張家偉幾年前先打開缺口，他到英國翻查檔案、用心匯編寫成《六七暴動——香港戰後歷史分水嶺》（香港大學出版社）。導演羅恩惠彷彿把棒子接去，獨力考查採訪，歷時四年拍成影片《消失的檔案》，敘事跟張的著作有些一脈相承（由1966年反天星小輪加價及澳門「一二三事件」說起）。從紀錄片類別去看，《消失》的確是比較傳統的「闡述型」（expository）紀錄片，內容量比流行的「觀察型」多。此類影片重視說理與修辭，旁白極重要。

導演◎羅恩惠　　香港◎2017年

《消失》今天推出正好，2017 年恰恰是暴動五十周年。雨傘運動之後回看「六七」，發覺當下社會的黃、藍撕裂，政棍動員羣眾鬥羣眾，愛國分子要打要殺，原來有歷史影子。《消失》給我的第一印象是「盡地一煲」，它要追回逝去時光。過去這段歷史太受忽視，現在透過兩小時篇幅，嘗試把 1967 年 5 至 12 月八個月的事件、人物及來龍去脈，一次過說給觀眾知道。

「六七」暴動資料殘缺不全

諷刺是，材料及人物繁多的《消失》，計劃開始時幾乎什麼也找不到，故才命名為《消失的檔案》。羅恩惠對外不止一次提到，查政府新聞處的六七暴動影像資料，發現竟然只有二十一秒，而且都是無關痛癢的；文件檔案又殘缺不全，用盡關鍵字搜尋亦收穫不多。所以，《消失》放映後的熱話，除了是「六七」，還有政府應該訂立「檔案法」的聲音。政府如何處理及銷毀檔案，從來不受法律監管，十分無法無天。今天香港政府管治沒有民意授權、班子用人唯親，愈來愈多黑箱作業……「六七」等敏感事件的檔案，可會被刻意隱藏以至消失？是稍有常識的人都會提出的疑問。

「六七」敏感，別說真實影像，「創作」的亦絕無僅有。這些年來嘗試書寫香港歷史的電影（《老港正傳》之類）統統淡化或避而不談。電影中的「六七」，印象中只有吳宇森在回歸前的《喋血街頭》（1990）拍過。短短幾分鐘的場面很激烈：梁朝偉在暴動之中跟情人袁潔瑩分別，場景的設定應是新蒲崗工廠大廈街頭，罷工的左派工人跟防暴警察正面交鋒。情況危急混亂不堪，催淚彈煙霧之中，有人被警察打得頭破血流，有人向警察扔石，有拆彈專家被炸斷手臂。吳宇森的出發點民粹，他沒有什麼政治主張，「六七」只是故事的動盪「舞台」。在吳氏的招牌慢鏡下，梁朝偉既非「左仔」也不是「港英」，而是難逃厄運的一窮二白香港人。

研究以後的發言權

今天回看《喋血》，示威與鎮壓、「同胞勿近」的土製炸彈，不過是重申一般六七想像。現實呢，都說比小說離奇；《消失的檔案》即使只當「故事」去聽，會發現1967的險象環生、到處火頭，遠比從前聽說的可怕得多，有時還叫人捏一把汗。像影片提及幾次的「八千四百把大鐮刀」事件——話說有人以華潤公司總經理名義下單，準備把大批武器從大陸運來香港，慶幸在深圳被截住，否則大鐮刀遇上香港警察火力，文革最血腥的械鬥恐怕在這裏搬演，後果何其不堪設想。

搗截大鐮刀付運的不是別人，而是在周恩來身邊負責港澳工作的吳荻舟。吳荻舟可說是《消失》一片的「最大發現」（羅恩惠更說他是香港恩人），說明左派不是鐵板一塊。吳本人已在廿多年前離世，影片訪問了他的女兒吳輝，從她手上讀到其父當年寫的《六七筆記》，小小本子，意義重大。筆記從4月記到8月，最少側記兩件吳暗中制止的「極左」行動，大鐮刀即為其一。

沒有調查研究就沒有發言權，《消失》對事實的考證認真，可見羅恩惠花了不少時間爬梳資料、比對報道的版本。像5月11日的東九龍騷亂，有十三歲少年（陳光山）被亂石擊中斃命。後來左報竟把死者的名字、死因及死亡的日期全改掉，為的固然是抹黑港英，以便政治動員。又比如一直流傳，說政治犯在摩星嶺的集中營（白屋）被嚴刑拷打，《消失》也透過當事人的訪問澄清並沒此事。

歷史故事背裏是「人」，紀錄片跟歷史書不同之處，在於影像具體，讓我們看見一個個血肉之軀。《消失》中吳輝說，1967年父親在大陸被扣上「叛徒」帽子、關在牛棚，家人及兒女受牽連下放農場。吳輝當時十多歲，精神受到極大打擊，此後絕口不提家事。看上去笑而不語，心裏卻很混沌，搞不清父親到底是好人、壞人。

《消失》的受訪者，因為「六七」影響一生。今天還健在的，早已一把年紀，無論仍堅信當年行動沒錯（片中曾放炸彈的老伯伯），還是深感當年被組織出賣、悔不當初（劉文成、阿強），看着都叫人感慨萬分。那年頭的「反英抗暴」口號叫得再響，上面一道命令下來，「六七」即鳴金收兵。天大的民族議題，一下子竟不再重要了。最可憐的是，受行動影響而判監、受傷甚至死亡的人，尤其名不見經傳小人物（最有象徵性是北角一對被炸死的姊弟），他們無辜受害、犧牲得太不明不白。

影片只是一個起點

《消失》訪問了前中共地下黨員梁慕嫻，她當年受小說《青春之歌》感染對政治運動充滿熱情，但 1967 年 8 月商台 DJ 林彬被燒死，左報慶祝成功「鋤奸」令她大惑不解，為何有些人的生命對我們可貴，有些卻不值一文？羅恩惠在映後談說，梁慕嫻的訪問他們拍了兩天，第二天是梁自己提出的。梁提出要在鏡頭前向香港人道歉。能有這樣的覺悟不容易，《消失》內另一為「六七」行為悔疚的「老左」是羅孚，影片剪上有線電視多年前訪問他的片段。羅為事件道歉，但不求別人原諒，因為他不原諒自己。老人家含恨終身。

張家偉的《六七暴動》一書，書末有頗詳統計數字。暴動而引發的連串事件，導致死亡五十一人，傷者八百三十二，一千九百多人被檢控，真炸彈一千一百多枚。「六七」到底是誰發動？誰最應該負責？《消失》沒有或無法觸及的，是一大羣無辜受牽連、無名小卒背後，很多至今仍是三緘其口的策動者。他們沒有得到歷史教誨。當然大都早已仙遊，餘下的，有人水鬼陞城隍；有人憤憤不平，希望政權趁他們健在，早日還一個「愛國」的公道。

對「六七」的注目，《消失的檔案》是個起點而已。

02-04-2017

《水底行走的人》創作以認識自己

紀錄片選對了精彩的人物注定好看。華妲（Agnès Varda）與JR的《眼睛相旅行》（Faces Places，2017）如是，陳安琪的《水底行走的人》如是。

印象中鮮見如此「歡樂滿堂」的紀錄片放映，其他地方的沒有，遑論香港出產。當然，不是好笑即好戲，紀錄片尤其不求「笑點」。太多題材無比沉重，怎讓人笑得出來？前天才收到消息；他的電影偉大，往後世世代代都要重溫、銘記。不過《水底行走的人》也不是說要觀眾捧腹大笑，更多時候是會心微笑。被影片主角黃仁逵的言行逗得忍俊不禁，或是他跟導演陳安琪的針鋒相對。太有趣了，潮流不是很流行金句麼？《水底》的黃仁逵信手拈來就是，好像他說：「一個好低層次嘅人讚你，要反省下。」

《大浩劫》（*Shoah*，1985）導演克勞朗治曼（Claude Lanzmann）與世長辭，享年九十二歲的

導演◎陳安琪　　香港◎2018年

看《水底行走的人》應該感恩，香港實在是片福地，竟然孕育出像黃仁逵般多姿多采的人。他集多重身分於一身，藝術家、音樂家、攝影師、美術指導、詩人……且慢，看過《水底》會知道，他對這些身分、歸類十分抗拒。他會跟你斟酌用字（「我不是『家』」），拒絕被標籤。他說多少人知道誰是「黃仁逵」不重要，知道黃仁逵在做什麼才有意義（相對只看重身分的江湖術士，總愛把銜頭印滿名片）——黃的執著，似乎影響到《水底》。戲內所有出現人物，皆不具姓名、身分，觀眾知道與否，彷彿不關鍵。我們無論採納黃仁逵的哪個身分，用什麼稱呼他也好（人人叫他「阿鬼」），無可否認，只憑《水底》就感到他才華洋溢，什麼界別都游刃有餘。陳安琪給他一台 GoPro，下雨了，他勾在傘上，讓鏡頭對着天空，就拍出與別不同的景致。

「窮慣了就不害怕」

《水底》驟看，戲內世界頗令人嚮往。黃仁逵好像不吃人間煙火，他流連的地方總是酒吧（71 吧）、畫廊、詩會或爵士樂場所，他的工作室在灣仔電車路旁，他的導演好友翁維銓在大嶼山的家很舒適，幾個朋友在天空下喝紅酒、聊天很寫意。但我們在香港知道，空間非常非常奢侈，這些年更變本加厲。民間的文藝場地從來辛苦經營，面積狹小，要懂得間隔、善用，而且永遠多用途，否則入不敷支。像戲內黃仁逵光顧剪髮的 Visage One，白天是理髮店，晚上才搖身變成爵士吧。《水底》沒有怎麼拍場地的「建立鏡頭」，看不見空間其實多偏隅、狹窄。不知會不會令不諳香港的外地觀眾，以為戲內出現的歌聲舞影，是我們城市日常面貌？

黃仁逵固然不是不吃人間煙火，他是不把世俗的價值觀放在眼內而已。人人求安全感，藝術家沒例外，黃卻說：「窮慣了就不害怕。」他選擇不為工作營營役役（片中另一名言：「畫畫」、「跳舞」不是「工作」，而是「生活態度」），他的「條件」看來，是比很多人生活簡樸。穿戴、飲食不算講究，更不奢華。他沒有家庭羈絆，只與貓為伴，說：「我不『鼓勵』貓喪失貓的本性」（笑死我了！）。黃性格也像貓，完全 carefree，不理別人目光，我們看不到他經常上網（他有電腦及手機麼？）。喝酒、抽煙、玩各式各樣創作，佔去他生活最主要部分。

顯然，藝術令黃仁逵心無旁騖，是他做人座標。上面說他才華洋溢，與其說才華，不如說他孜孜不倦，多年來埋首創作。過程中一定不斷自我審問。《水底行走的人》讓我們看到的黃仁達，思路清晰，自信滿滿，有時令導演陳安琪難以招架。沒法子，那應是黃沉浸在其世界，多年來的「修行」成果。陳作為藝術的門外漢，酒量及才思又不及黃，自然常處下風。

反思「藝術」，非常剔透

個人脫離不到時代、社會，「凡夫俗子」煩惱的問題，黃仁達肯定有想過，只是他早已為自己定下方向，不人云亦云，不隨波逐流而已。比如香港人苦惱一生的「置業」迷思，他說買樓就走進「價值觀」，以後什麼都不用做。還有「理想」與「工作」的關係，他說沒有人工不會做的事情，喜歡極有限。他揚言自己接過的所有電影（當美術指導），都不是為人工，而是自己想做而接的。

他對「藝術」的反思更不消說，非常剔透。香港的藝術教育及氛圍仍不濟，黃仁達往日展出畫作，恐怕遇上不少「這到底要表達、象徵什麼」的問題。很喜歡他在片中幾段關於「創作」的話：第一，創作是自己把現實重整，若這過程也不快樂，不知什麼可快樂了。第二，因為害怕失去，所以我們創作。第三，創作源自「觀察」，但另一樣同樣甚至更重要的，是「想像力」。第四，畫畫是「呈現」（present），不是「象徵」（represent）。

跳出一板一眼人物傳記方向

甚至連陳安琪「本行」的電影，黃仁逵亦有一針見血的看法。坦白說，陳安琪本已絕無僅有，八十年代當工業導演，後轉行從事廣告，闊別影壇二十年後回來拍紀錄片。2008年的《愛與狗同行》，2012年的《三生三世聶華苓》，口碑不錯，也得過獎項，在香港紀錄片風氣不景，拍攝者永遠無償付出的當下，陳安琪成為不斷發掘題材的中堅分子。她跟黃仁逵認識多年，加上阿鬼有趣，她於是有拍《水底行走的人》的念頭。

計劃開始時，她一定想不到，黃原來是這樣難纏的對手。黃不給她拍他畫畫，因為鏡頭存在一定影響現實；黃會跟陳不停辯論，問（甚至可說質疑）她拍攝的動機。在影片攝製中途，黃仁逵拒絕再被拍攝。陳安琪身經百戰，《水底》中她的自白文字卻看到，她非常被動、無奈。

誰又會想到呢？這反而令《水底行走的人》無比可觀，處處是驚喜！「導演」位高權重，給人印象每每自信，明明虛怯也得裝；《水底》的陳安琪卻讓人看到她苦惱、思考的一面。一板一眼的人物傳記方向不奏效，陳安琪本來的想法或許是，以「三生三世」方式敍述黃仁逵，盡看他前世今生跟作品的關係。所以他們去巴黎，跟隨黃七十年代的腳印；訪問他兩個女兒，搞不好還想了解黃有沒有感情或家庭的遺憾。也聽黃談父母的往事、片語；還有黃對六四事件，從 1989 年至今貫徹的立場，他對一些人抽離、政治冷感的憤怒。

在《水底》，以上一切盡管好看，黃談及父母的往事動人。不過，這些枝節有沒成就電影敍事？讓人知道被攝者經歷、想法，看出前事跟作品的「因果」？看過《水底》的觀眾心中有數。黃仁逵對陳的紀錄片作法有微言，憑他一句玩笑很清楚：「她（聶華苓）及你都喜歡被安排出來的紀錄片。」

提出更多問號

從「人物傳記」角度，你可說《水底》「失敗」，然而，陳安琪冷不防的「挫折」，拍不到原來的構思，卻令《水底》成為香港前所未有，具「自我意識」、「自我質疑」的紀錄片（reflexive documentary）。它不算很資訊性，不肯定是不是「客觀」，無法賺取廉價的同情，達不到想當然的結論，觀眾不停「出戲」；但它絕對的戲劇性，好看得不得了。作者反復自問，「我」到底如何走下去呢？很多辯論場面，甚至有「解構」意味（黃問陳：你為何把我們放在同一鏡頭內？），叫人意識到「紀錄片」被編排，「知識」被建構的方法，非常有趣味。當然，要達到以上效果，陳安琪要夠坦誠。

換個角度，《水底》可以是部「胎死腹中」的人物紀錄片，因為要拍的拍不到，人物「不合作」，作者窘態畢露。既然沒有「老闆」要交代，所拍的片段，說不定從此石沉大海。不過陳安琪沒有，她不介意觀眾看見自己難堪。電影也許沒有回答問題（「黃仁達為何是這樣的人？」），倒是提出更多問號，關於藝術、電影、生命，很發人深省。

黃仁達是盲打誤撞，還是一早猜到？他因此幫助了朋友，逼她走出 comfort zone，藝術更上層樓。他對陳的話裏，不止一次提到「真誠」（電郵的「follow your heart」；在澳門讚揚她酒後「真情流露」；見她動怒叫好，着她用在片內）。陳安琪在《水底》最後，剪上黃一段訪問：「所有人拍紀錄片都是為尋找自己，一開始我已知不關我事，我現在幫你脫苦海。」說來同樣半開玩笑，骨子裏其實真心，也真實（我們寫東西，何嘗不是認識自己？）。所謂的「苦海」，可以是創作人（導演）的自傲、妥協、墨守成規……推而廣之，也可是做人的假面具。

《水底》最後鏡頭是，陳安琪下船了，class dismissed。她把黃仁逵那段話放到最後，多少表明她聽懂他的心意。然後，這部片呈現一個多真實的黃仁逵？已不再重要。

08-07-2018

《分域大道》傘後的美麗與哀愁

不知有多少人知道，刻下有部精彩的紀錄片作有限度公映。它是英國導演杜浩綸（Matthew Torne）拍的《分域大道》（*Last Exit to Kai Tak*）。

Torne 的電影香港人不完全陌生，四年前他拍成《未夠秤》（*Lessons in Dissent*，2014），主角是黃之鋒及馬雲祺（馬仔）。那時候，黃之鋒十五歲，馬十七歲，他們是同校校友，年紀輕輕已不約而同走到社會運動前線。馬仔由反高鐵到加入社民連；黃則在 2012 年，帶領學民思潮反對「國民教育」。

四年後，Torne 再交出另一部《分域大道》，格局更宏大。只是，香港正值多事之秋，四年已經太長了。由《未夠秤》到《分域》，我們的生命已翻上幾番。《未夠秤》結局雖然開放，情緒還算樂觀的。由黃之鋒等一班中學生發起的抵抗運動，好像令不少香港人醒覺，「國民

導演◎杜浩綸（Matthew Torne）　　香港、英國◎ 2018 年

教育」不再強制推行。來到《分域》，卻通片瀰漫一片黯淡迷霧。沒有別的，只因兩片之間，相隔一場「雨傘革命」。

後雨傘年代「黯淡迷霧」

《分域》片首打出職員名單時，就配上2014年「九二八」催淚彈鎮壓的場面。馬路上有警察荷槍實彈，作勢要對市民開槍。Torne從小情迷香港及港產片，來港念研究院，畢業後，以香港為題拍紀錄片。他坦言錯過了時機，「雨傘」期間不在香港。是以當他再以鏡頭記錄香港命運，此地已步入「後雨傘」時期。那場運動，曾經讓人看到香港美善一面，佔領區實行自治，佔領者互相守望。馬路成了公共空間，大夥兒慢活下來，污染大幅減少。街道上的藝術品千奇百怪，一切由下而上，做到真真正正的「持續發展」。

然而，七十九天後佔領被清場，政改寸步未讓，我們很難不承認運動是「失敗」告終。運動更令「反建制」陣營水火不容，「大台」被拆，組織者被詬病，「左膠」標籤從此大行其道。運動應該「安內」還是「攘外」？「內部」矛盾之外，面對「高牆」，香港幾年下來由「反港獨」到「反自決」、DQ議員、雨傘及魚蛋革命者被判囚，香港竟由國際都會，淪為以言入罪、「終身剝奪政治權利」境地，還有「愛港」組織抵消對抗聲音……每隔不久，總有令人泄氣的事發生。很多人意興闌珊，連新聞都再沒興趣追看。

即使黃之鋒，也失卻四年前「光環」；網上關於他及香港眾志的是非、揶揄不少。《未夠秤》他是「英雄」（主角），《分域大道》的焦點仍然是他，只是他在雨傘後，已化身成游走於英美，向當地政客及媒體訴說香港問題的代言人。他在《分域》內自嘲是錄音機，出國行程密密麻麻，受訪是重重複複那些話。看着《分域》，坦白說對黃非常同情。他才剛成年就肩負起時代責任，是權貴的眼中釘。他被捕、入獄，而且腹背是敵，言行被放大，要習慣（包括建制及非建制的）嘲笑與謾罵。天啊，若是太平盛世，十八歲的生命犯不着如此曲折吧？即使他真有參政潛能，換作是公平的政治環境，他應前途無量；怎會出師未捷，已成眾矢之的？

《分域大道》另一要角林淳軒，面對類同困境。他是黃之鋒戰友，由學民思潮到香港眾志的成員，年紀應該稍長一些，在紀錄片拍攝時已是中大學生。林參加社會運動幾年以來，多次被捕。《分域》以林淳軒兩件事貫穿全片，一是他在準備大學課堂報告，題目跟政治哲學有關。影片結尾，以他在課上探討「自由」作結，他寄語自己及同學，未來要做個對得起自己的人。另一是他打算到大陸探望父親，不過由於他的異見者身分入境中國，風險極高，這令他充滿疑慮。林在片中嘗試找工作，卻因為反對政府後「聲名大噪」，美式快餐店不敢錄用他，想當個卑微的勞工都不行。

所以說《分域大道》「黯淡迷霧」，它記錄「後雨傘」年代，五個年輕人在不同崗位的掙扎及焦慮。除了黃之鋒及林淳軒，《分域》還包括歌手何韻詩、創作人黃洋達及企業家劉偉德。聽過不止一人懷疑 Matthew Torne 的人物取樣，為何把黃洋達也包括在內？Torne 說，選擇人物首要個性有趣。事實上，或許正正因為他是「局外人」，才可摒棄我們的派別成見。

為何在香港說真話會被懲罰？

《分域》呈現傘後、已離開政圈的黃洋達。他繼續主持網台、跟牛佬聊漫畫等。因為被建制派的大隻佬阿 Man 挑戰，於是擺下擂台打 MMA，那說到底只是一場騷，娛己娛人而已。

《分域》給人看到黃的另一面，他的旁白說，在大陸拍劇見到農民何等命賤，香港又愈來愈不香港，才硬着頭皮走出來。愈走愈前，漸漸回不了頭。

《分域》的監製及攝影 Jonathan Young 說，攝製時有接觸過「建制派」中人，希望拍攝他們的故事。但他們見面聊聊尚可，無人願意長期被跟拍。是的，傘後「反建制」譜系嚴重分裂、互相傾軋是不爭事實。但比起欠缺主見、對「阿爺吹雞」唯命是從的建制分子，《分域》隨便一個主角都比他們更光明磊落。拍就拍吧，反正事無不可對人言。五個人物交替剪接，竟巧合的提出相似疑問：什麼才是「香港人」？我們的根在哪？香港是不是我們的家？為何在香港說真話會被懲罰？他們有人想過出走或移民，不過走了又如何？若不走，留下還有什麼可能？

《分域》好看在幾個主角的真性情：林淳軒準備報告粗話連篇，叫人忍俊不禁，亦給人看到他的思考。眾志一班年輕人開會，為羅冠聰參與立法會選舉密謀對策（「民主自決」宣傳口號，今看恍如隔世）。黃洋達在網台怒罵拍檔，還有耳仔發炎紗布包頭的小軼事。何韻詩籌備演唱會，跟歌唱老師、同事構思如何令表演更有力量，如何表達信息。劉偉德直言估領失敗他不甘心，他在母親病榻跟前的細語，母親叮囑他參與政治必須謹慎。黃之鋒的情緒一直很穩定，鏡頭不經意捕捉到，某次他在街頭見證羅冠聰宣告出選時，流下感觸的男兒淚……紀錄片的求真精神，鑽進人物的私下或公共領域，把他們情感展露觀眾前。別小看「率性」二字，它驟看簡單，原來對香港的親政府陣營，已經是遙不可及的美德了。

眾人在傘後的狀態

《分域大道》又再說明「剪接」的魅力。五個角色的生活片語，拍攝經年，一定駁雜紊亂，要梳理出敍事不容易。《分域》開始時，字幕註明事件的鋪陳不一定順序。比如，劉偉德競選區議員是 2015 年 11 月；黃洋達的 MMA 擂台，是該年 6 月；黃之鋒為羅冠聰助選是 2016 年暑假；何韻詩的演唱會，則在 2016 年 10 月舉行。其實沒所謂了，反正都是眾人在傘後的狀態。影片結局把各人處境匯聚一起，以何韻詩的演唱及林淳軒的課堂來包裹，氣氛順理提升。何韻詩唱的歌是 *Dear Mr. President*，當年歌者質問小布殊總統，今天同樣可放諸香港的權貴身上：「我們在淌淚，你怎可安睡？」（How do you sleep while the rest of us cry?）

剪接也看到影片的立場。紀錄片沒有立場是謊話，攝影角度、片段選材、剪接全可被控制，影片只能儘量客觀，不以偏概全或魅惑觀眾。《分域》高明，主體既是各自修行的五人，沒必要醜化他們的敵對陣營。含沙射影倒是有的，《分域》在一些細處申明態度。一個例子是，前述大隻佬 Man 給黃洋達下戰書，不妨留意之前一場，劉偉德在母親病牀前說的話。

《分域大道》的名字起得好，「分域街」一街之隔不遠，就是「九二八」催淚彈的歷史現場。「分域」看字面，頗有「分割」及「領域」意味，「九二八」何止是人民跟政府割裂之日？佔領運動爆發，也激化「反建制」「反建制」陣營矛盾。英文名 *Last Exit to Kai Tak*，「啟德」給人無盡遐想。Torne 說名字意念來自 *Last Exit to Brooklyn*，該小說有拍成電影，香港公映名為《孽慾布克林》（1989）。如是，《分域》或可戲稱為「孽慾夏慤道」。海報上五名主角「半邊人」cool 的造型，似在暗示，有想法的年輕人當下進退維谷，美麗卻也哀愁。

商營戲院拒放映

可恨的是，像《分域大道》般記錄時代、令人共鳴的好片，今天只能作有限度放映，能看見的觀眾寥寥。發行的影意志在臉書說，每場放映得來不易。四年前，Torne的《未夠秤》仍登「大雅之堂」——先在國際電影節首映，再於星影匯獨家公映。今天，同一個導演更大規模新作，竟然只能安排在創意書院的小型放映間，每場即使滿座，亦只有八十名觀眾。據說，商營戲院已一一婉拒。

從《十年》到《消失的檔案》，到《地厚天高》（2017）再到《分域大道》，大機構不甘冒險紛紛自我制約。這不是電影發行的「溫水煮蛙」，是什麼？

希翁名言：「電影而已。」（It's only a movie.）。抱歉，此說法香港再不適用。

04-11-2018

《傘上：遍地開花》振奮人心

梁思眾（James Leong）的《傘上：遍地開花》（*Umbrella Diaries: The First Umbrella*）至今看了兩遍。第一次看，就在今年9月28日，「雨傘運動」四周年的早上。

當天看完十分感恩，心想那是有史以來香港最龐大的社會運動，總算有個詳細、公允的記載。《傘上》野心不小，它以兩小時篇幅，嘗試梳理運動在2014年9月爆發的來龍去脈。比起重大議題，或許美學無關宏旨，但還是必須說，《傘上》從各個技術水平衡量，都是部優秀紀錄片。只是有一點要看官留意，它的敘事只去到「九二八」雨傘運動開始，算是事件的「上集」。關於七十多天佔領的故事，還留待續集《傘下》分解。

《傘上》開始，以影像及簡單文字，把時空帶回2014年6月。那時候，「佔領中環」的想法，醞釀已超過一年。影片扼要交代雨傘運動同年幾件事的背景：六四燭光集會，學聯的周永康

導演◎梁思眾　　香港◎2018年

上台致辭。6月22日的全民電子公投，七十萬人投票，九成人支持「政改」應該有「公民提名」。然後是七一遊行，遊行後有不少人在遮打道聚集，堅持留到翌晨，有說是「預演佔中」。

重看片段，百般滋味

四年後今天回看，百般滋味，好像那時大家仍舊單純。7月2日凌晨在街頭留守，示威者拖延到早上8時，集體倒數喜不自勝。警察清場，共有五百多人被捕。當時恐怕連「佔中三子」也以為，即使「佔中」真的爆發，不過是「預演」人數的N次方而已，佔一佔即被抬走。誰又可以逆料9月28日及之後發生的事？雨傘運動？9月28日前，雨傘icon仍未成形。「傘運」跟「佔中」，本質上是兩回事。嚴格來說，「佔中」甚至沒有按劇本發生。它的最大意義，是讓更多人知道「公民抗命」。

《傘上》敘事直白，不避諱，因此帶出不少運動的隱衷，一是關於「和理非非」的辯論。抗爭策略分歧，導致「非建制派」的四分五裂。重看2014年歷史片段，難免有點恍如隔世：七一遊行時在灣仔街頭，「泛民大台」還在高歌Beyond《不再猶豫》。換作今天，應該不會唱得那樣盡興了！同年的9月26日晚，黃之鋒他們突發佔領「公民廣場」後被捕，來添美道支援學生的人眾多。馬路水泄不通，警民對峙白熱化。「大台」也有唱歌環節，有示威者在外圍叫嚷，叫他們不要再唱K。另一個年輕人，力竭聲嘶質問「人數就是力量」的道理：人多勢眾又如何，是不是永遠坐以待斃？坦白說，他的質疑有道理；反而為「大台」說項的人，顯得理屈詞窮。而戴耀廷在9月28日凌晨在大台宣佈，「佔中」提前啟動，也即時惹來爭議。有人覺得支援學生的行動被「佔中」騎劫，意興闌珊地離開現場。「長毛」梁國雄下跪請示威者留下，是當時在場見證的人，記憶猶新的畫面。

走到最前面，鏡頭擺得非常近

當然，相對反抗陣營的「內部矛盾」，建制（藍絲）陣營的言行其實更令人搖頭歎息。《傘上》同步紀錄「反佔中」的組織行動。他們擺街站請市民簽名，竟然把「和平」、「普選」、「反暴力」及「反佔中」四個主張綑綁在一起，硬生生把「佔中」及「暴力」畫上等號。若說「暴力」，怎及得上8月中的「反佔中大遊行」？影片所見，有遊行人惡形惡相，對隊列之外、持反對意見的人破口大罵、喊打喊殺。中銀大廈旁邊的行人天橋，兩個跟遊行唱反調的年輕人被窮兇極惡的大叔圍堵，近距離被指罵，是全片最驚心動魄一幕。《傘上》拍社會運動衝突，不懼風險走到最前面，鏡頭往往擺得非常近（主要攝影正是導演梁思眾）；然後又耐心把場面，原原本本的呈現觀眾跟前，發揮出紀實影像最大的力量。

在天橋圍堵之後，反佔中的周融接受記者訪問，公然說他們沒有憤怒與仇恨。《傘上》下場戲的對比也夠戲劇性，陳健民等人汗流浹背在行山，為「佔中」作綵排。由上一場馬路上的囂鬧咒罵，突然換上山上一片寧靜；「撐政府」者暴戾，「反對派」卻祥和。陳健民謙厚，被導演問及對「反佔中」遊行意見，他說要尊重反對聲音，市民絕對有憂心的理由。陳是《傘上》「主角」，他作為「佔中三子」之一，相對不像戴耀廷般，永遠是鎂光燈焦點，但同樣為運動犧牲很大。《傘上》差不多結尾，催淚彈施放後，雨傘運動爆發。陳接受記者訪問，一度哽咽，說出語重心長話（「我點可以唔相信香港人？」），絕對可以看作是運動的註腳。

《傘上》另一「要角」是當時學民思潮的黎汶洛。黃之鋒是萬眾焦點，好幾部紀錄片拍過他（如《分域大道》）。在一些西方觀眾眼中，Joshua Wong猶如挑戰巨人的大衛。梁思眾的《傘上》，倒選擇拍攝黃的戰友黎汶洛。事實上，9月26日重奪「公民廣場」後，黃之鋒在裏面失去聯絡，黎在外頭負責指揮，可見他也有很好的領導能力。他隨機應變，叫人緊緊盯着人羣中的「口罩黨」；再請羣眾稍稍安靜（這時連配樂也停止），質問警員，為何不能讓救護車進入「公民廣場」。

社民連的黃浩銘在《傘上》篇幅不多，卻讓人留下很好的印象。9月28日下午，黃拿着咪高峰向羣眾廣播，旁邊有隊友跟他說警察開槍。我們今天固然知道是誤傳，但催淚彈發放後，抗爭者爭相走避，情況及信息皆混亂。黃那一刻倒是當機立斷，拒絕向羣眾宣佈「開槍」信息，非常有先見之明。

上面提及這些運動組織、領導人物，在《傘上》雖被描寫正面。可惜，在另一些人眼裏，他們像跳樑小丑，運動結束後，幾年下來不住被（同路人）奚落、嘲笑，甚而認定他們是運動「失敗」的罪魁禍首。除了說「平行時空」，真不知如何為此離奇現象下判語了。

《傘上》最後一小時，鏡頭聚焦在添美道由9月26日開始的警民對峙。輕快或低迴的配樂，令一段段抗爭場面看來特別緊湊。梁思眾過去的紀錄片作品較從人物出發，如 2006 年的《曙光球隊》（*Homeless FC*）及 2015 年的《烏坎：執政風雨》（*Wukan: The Flames of Democracy*）（兩片皆由梁思眾和李成琳合導），配樂不算多，較貼近「觀察紀錄片」風格。《傘上》的後半段，拍抗爭歷程，「事件」較人物吃重。本片似乎更講究突發的應變能力，最終成片的節奏，因此跟導演的前作不大一樣。

《傘上》下半段，抗爭人數眾多、場地面積不小，每個角落皆可能有事情發生，到處都是火頭（很多人中了警察的胡椒噴霧，席地而坐，痛苦接受治療），可以想像拍攝有多困難。《傘上》給出了豐富的抗爭者面貌。其中兩個最難忘：天橋上婆婆向警察苦苦哀求，希望他們別麻木不仁，一度要向他們下跪。十四歲的中學生在行人天橋樓梯口堆起鐵馬，防止警察進入他們的佔領範圍清場。說真的，中學生如此上心及自發，還有什麼比這個「公民教育」課更好？

《傘上》男男女女抗爭者的「眾生相」豐富，對賤視人民的權貴卻不屑一提。「梁振英下台」在片中被叫得響徹雲霄，可那個犯眾怒的主角，連半個電視畫面都沒有，我們只見某個示威者拿着醜化他的卡通肖像，在鏡頭前走過。至於木無表情的人大常委會副秘書長，君臨香江城下，只有個短促的電視畫面。該場戲的核心，是戴耀廷及陳健民觀看電視直播；他們神色凝重，就要看看阿爺口口聲聲的所謂「普選」，究竟是何種程度的弄虛作假。

記着，我們曾經很近

《傘上》最後幾幀畫面，是讓人振奮的，也道出片名「遍地開花」由來。梁思眾在《曙光足球隊》拍流浪漢世界盃的香港代表隊，披荊斬棘遠赴南非作賽。回港前，他們在機場互相擁抱，社工領隊說：「記着，我們曾經很近。」同一句話，可以套用在「雨傘運動」爆發之後。數以十萬計的人把金鐘馬路擠滿，佔領區內互相守望，反復高呼「香港，加油！」在銅鑼灣及旺角把抗爭的星火燎原。《傘上》提醒我們，或許不用太氣餒，不妨謹記那時刻。香港人有共同信念，彼此的心很接近。

期待《傘下》。

09-12-2018

李屏賓一個人在途上

看姜秀瓊、關本良的《乘着光影旅行》，才想起關於華語影人的紀錄片原來少之又少。

大概因為少有，《乘着光影旅行》才有點一次過替電影人表白心迹味道。影片開宗明義，透過關本良的旁白說電影拍攝費時，「要拍一分鐘的電影，要用很多一分鐘」（無法不想起《阿飛正傳》〔1990〕），「不知不覺投入的，竟然是我們的生命」，他說「我們」。這裏，關不只是《乘着》導演之一，也不只是電影攝影的過來人（《乘着》趣味之一是攝影師看攝影師），更根本是他「電影工作者」的身分。到《乘着》完結時，片上打出一行字：「獻給電影工作者，及他的家人。」寄語再明顯不過。

於是，《乘着光影旅行》首先吸引人的，是李屏賓跟母親的關係。影片有這麼一幕，某天清晨，李屏賓又得出門，到不知什麼地方投入攝影工作，大概沒幾個月不回來。母親送兒子上車，李屏

導演◎姜秀瓊、關本良　　台灣◎2009年

賓笑得有些靦腆，想跟母親來個擁抱什麼的，最後只跟她預祝「母親節快樂」就離開了。

電影人的苦衷

看《乘着》，我們知道李屏賓是個獨行俠，影片有不少拍他一個人在途上的鏡頭，在火車，在機場，或一個人在夜闌人靜的街頭踱着。他小時候喪父，在外頭工作常惦念着的，是家中年逾八十的母親。憑影片的自白得知，他對家人愧疚。那個母親送別，兒子欲言又止的鏡頭，反映了母子每次話別的情景。但這也是做人的兩難。李年輕時已投入電影行業，當攝影師工作不定時，跟家人的時間一定少；若為了跟家人多相處，沒法做到喜歡的工作，又可能一輩子不快樂。李屏賓這個名字愈蜚聲國際，他在世界各地掌鏡的機會愈多，他的生命就愈飄泊，生日、節慶都不在家裏。

《乘着》也訪問了他在美國的兒子，回憶幼年時看金馬獎，見父親上台領獎，憤怒得即時把電視關掉。《乘着》雖寫電影工作者，但這種志業與家庭的衝突，教影院內從事不同行業的觀眾皆有共鳴。

《乘着》片最窩心是看着李屏賓接受挪威影展的榮譽獎項，難得一次帶着母親同行，母子倆在雨中散步，在雅致的餐廳品嘗小點，這段落的顏色特別鮮明，音樂特別輕快。李屏賓照例說話不多，也沒有很多身體語言，但放慢了往日的生活步伐，與母親閒話家常。母看着雨景，不經意說「人不留客，天留客」點出母子境況，饒富解讀趣味。頒獎台上，李屏賓說終其一生，媽媽不知道他做什麼，這次很慶幸她來到，很感謝大會。全場掌聲雷動，成就了影片最動人一刻。

成功，因為熟能生巧

然後才是李屏賓作為電影攝影師的才情與貢獻。行定勳被李屏賓的遊鏡手法深深吸引；徐靜蕾說李很克制的提醒演員，讓人感到舒服；姜文說不要看他滿臉鬍鬚的，心卻是很細；侯孝賢說交給他，他就做出來，他總會 catch 得到。王家衛說他嚴以律己，像個軍人。李屏賓的外表粗豪，不認識他的，冷不防他沉默寡言，做事不慌不忙，效果卻都準確到位。電影業在紅地氈與鎂光燈的璀璨、媒體渲染之下，大導演及國際巨星最吸引眼球。我們有時忘了，其實還有很多默默耕耘的從業人員，堅守不同的崗位。

成功靠天資、努力還是運氣？李屏賓說做攝影師首要留意燈，「你不關心它，它不會是你的」。看多了，做多了，才像工匠一樣熟能生巧。跟不少著名電影攝影師一樣，李屏賓講究自然光，說每個房間都有自己的氣味，每次一打燈，那味道就沒了。我想起英瑪褒曼（Ingmar Bergman）的已故攝影師 Sven Nykvist，跟李同樣溫文，十年前 Nykvist 的兒子為父親拍了紀錄片 *Light Keeps Me Company*（2000），也談攝影師與光線的關係。

侯孝賢與李屏賓的長期合作關係，也帶點 Nykvist 與褒曼的影子。在 *Light Keeps Me Company* 中，褒曼與 Nykvist 都是慈祥的老人，已擱下電影工作，有幕手拖手在園中踱步，非常溫馨。《乘着光影旅行》中，侯與李仍處創作高峰，正在拍攝《給康城的情書》（*Chacun son cinéma*，2007）及《紅氣球》兩片。從《乘着》的片段，我們對侯與李的工作方法略知一二：侯向李解釋，想兩隻氣球在空中飛舞，像蜻蜓般交頭接耳。李先不置可否，隔一會才問侯真要這樣拍嗎，觀眾看到會心微笑。似乎寡言的李屏賓在創作上有平衡作用，他跟侯孝賢，是相輔相成的。

24-10-2010

《築巢人》不熱血，更震撼

台灣紀錄片發展蓬勃，還有淩駕劇情片的趨勢。這兩天的消息，《看見台灣》2013年公映才十天，全台累計票房已超越三千五百萬新台幣，趕過去年的《不老騎士》(2012)，成為台灣有史以來最賣座紀錄片，看來票房還會一直攀升。

怎不教我們在香港汗顏、艷羨？香港電影市場相對單一，紀錄片沒位置，本地出品少之又少。口碑再好的《音樂人生》也只有百多萬港元收入，但已很令人欣慰了。關於台灣電影，兩個問題這兩年我一直在問：第一，全世界都輸給荷李活，台灣八十年代開始也是美片天下，為何今天影院觀眾，甚至年輕一代愈來愈愛看國片？第二，香港紀錄片受冷待，能作首輪公映的屈指可數，台灣的紀錄片憑什麼闖出一片天，愈映愈旺？我們常說「香港電影」要找出路，台灣經驗如何值得借鏡？

導演◎沈可尚　　台灣◎2012年

只有台灣最能做到

台片市道暢旺，背後多少有「本土」因素，尤其兩岸關係愈來愈緊密、大陸旅客漸多情況下，電影中的「台灣故事、風土、情懷」似乎更能聚眾，贏得台灣人的國民身分認同。我們印象中，台灣紀錄片正氣、熱血、大愛，具人文視野及關懷，總說一幫人努力成就一件事，眾志成城；影像記下血汗與淚水，非常勵志，不獨台灣觀眾，我們在香港看一樣受落。

《不老騎士》的公公婆婆騎電單車環島遊，既頌揚台灣沿岸風光，亦突出地方的人味，強調老有所養、人老心不老的精神。說實話，一個地方要文明到什麼程度，才能在賣座電影中呈現對老小的關顧？今天兩岸三地，大概只有台灣最能做到。《看見台灣》是在直升機高空拍攝優美景象，以不一樣的角度看寶島，預告片中吳念真的旁白便是「去看台灣，去理解台灣，甚至去愛台灣」；由認知到愛，風光片亦貴乎「台灣精神」。

當然國族認同並非一切，一系列成功的紀錄片要拍得好才行。這不得不歸功於大環境，台灣紀錄片的生態絕對比香港健全，觀眾愈來愈不抗拒；創作者多，他們對紀實各有想像。資深電影人也拍紀錄片，劇情與紀錄並行不悖，虛實互為參照，不像香港電影工業的涇渭分明。年前台灣的跨界合作「他們在島嶼寫作」系列，由知名、年輕導演拍著名作家，在中港台都蔚為佳話。台灣不少基金會、電視台資助紀錄片拍攝，有大小影展的放映及競賽機會。「紀錄片雙年展」及「台北電影節」都在1998年創立——九十年代台灣電影最不景氣，但最壞亦是最好的時代。台北電影節的「台北電影獎」尤要一提，當一般電影獎的「短片」、「紀錄片」、「動畫」聊備一格，2010年起台北電影獎的「百萬大獎」卻不分類別，讓不同風貌的電影同台競逐。最有趣的是，四年下來竟全頒給紀錄片：2010年的《乘着光影旅行》到今年的《築巢人》。《築》在香港更先後入選華語紀錄片節及亞洲電影節。

《築巢人》篇幅是四年大獎中最短的，一個小時不到，但在評審的眼中（今年主席是陳可辛），好戲既無分虛實，篇幅長短亦無關重要。影片的確短小精悍，它是我近期看過電影中最難忘的。尤其結尾的影像及聲音，心有餘悸，在腦裏一直牽纏不退。

導演沈可尚正是跨界別影像創作的年輕代表。他不獨拍紀錄片及劇情片，同時也拍廣告、當電影攝影師（2007年的《流浪神狗人》及2009年的《一席之地》由他掌鏡）。紀錄片方面，他幾年前拍過《野球孩子》（2008），講小學棒球隊及教練，側記幾個小孩成長中稍縱即逝的燦爛時光，以文字作結（「童年流水，潺潺若止……」），委婉動人。沈的紀錄片有獨到的視點，他跟人物長時間相處，走進他們的生活，到攝製時不渲染不濫情，又適度的加入配樂及訪問，不拘一格。

自閉症的父子故事

《築巢人》以自閉症為題。主角是三十歲患有自閉症的陳立夫，他有個姐姐，姐弟跟父親相依為命。父親在影片中的訪問有點感慨，十年前的日子不想提（電影沒說明母親存歿），他好像是幾年前才跟兒女重聚，舉家搬回台北。那時起，他過着日間上班，晚上及假日照顧陳立夫的日子。

陳立夫情緒不穩定，經常自言自語，脾性暴躁時，會責罵父親。立夫高頭大馬，身形比父親魁梧，影片開始時，先來幾下刺耳的鋼琴音，我們再聽到家庭爭執、疑是陳立夫發怒打人的畫外音，沒有影像令人好奇。估計在這個三人家庭內，父親除了要看立夫臉色、萬事順他意，還要迎抗他的暴力宣洩，給陳父的身心帶來無比壓力。

影片展現出陳父的幾面：他是對兒子循循善誘的父親。陳立夫有收藏癖好，愛撿破爛回家，尤其喜歡舊蜂巢，弄得一屋雜物。陳父只能遷就，餘暇還繼續帶他看蜜蜂、找蜂巢。立夫喜愛畫畫，可以執迷地不停畫蜜蜂，家中雜物也包括他的作品，父親於是為他張羅搞展覽，呼朋引伴來參觀。父親帶立夫打保齡球，帶他去動物園，帶他到海邊捉寄居蟹……父子走在街上永遠形影不離，反而姐姐只出現在家居環境。

然而儘管父親如此周到，立夫也有不可理喻的時候，一次父親為他慶祝生日，他不知何故大動肝火，以髒話罵父親。父親被他氣半死，但敢怒不敢言，怕再挑起他的神經，只能狠狠盯着他，眼神充滿恨意，小客廳的氣氛綳緊得隨時爆炸。這個父親很努力，但面對不懂性兒子，經常左右為難，永遠愛恨交纏。

我們看到陳父在旅行社的工作，在那邊他太自在了。訪問中他直認不諱，出國反而是休息。

《築巢人》兩段慶祝生日的段落，一段在家裏另一在國外，氣氛差天共地，陳父在外頭比在家裏開朗、隨和。影片拍他最寫意一幕，是他出差時在游泳池暢泳，應該是黃昏時分，陽光不猛烈，逆光映照優美，鏡頭還跟他下水，看他浮沉舒展。然後鏡頭一剪是什麼？他在家裏沒好氣的一再跟立夫對峙，立夫不知怎的又胡言亂語了。這前後兩幕，一動一靜又是強力的對比！《築巢人》表面談自閉症，但它其實聚焦自閉症病人的家屬。要「循循善誘」、有「愛心耐性」，我們都說得太容易、把世界看得太簡化。放在陳父跟前實實在在、日復一日的，卻是了無止境的乏力感、低落、沮喪。

父親的希望與絕望

所以電影最犀利是拍出陳父絕望一面。沈可尚跟他的訪談故意側拍，而且只用了兩段。重點不是他談話的內容，顯然鏡頭前他有所迴避，重要反而是他的身體語言，很不安、不自然的弄這弄那，不停搓手的焦慮。他說自己不是性格偉大的人，像要為一旦放棄兒子找理由。

電影充滿詩意但絕望的結局，呼應了他這份疲憊：他跟立夫上陽明山，霧色昏沉，他把兒子遠遠甩在後面。立夫開始在吼叫，鏡頭拍着陳父背影，他一直往上爬，但吼叫的回聲如鬼魅般纏擾他。我們聽見他的獨白：「我可以放棄嘛？有時候，一刀給他，一了百了。」那個上斜的畫面，吼叫的回音，我至今仍歷歷在目。事實上，那種希望到失望的落差，想過離開但每天起來還是老樣子活着的矛盾，亦人之常情。從某角度看，人生就如薛西佛斯推石上山般宿命、徒勞無功。

沈可尚之前拍過另一部關於自閉症的紀錄片《遙遠星球的孩子》（2010），差不多四小時，沈親自配旁白，資訊性的談自閉症兒童，態度比較正面。《築巢人》可說是他對類似題材的反思。陳父是個複雜人物，言行甚或自相矛盾，但正是複雜才貼近真實。《築巢人》讓人看得很不爽，不夠勵志、熱血，但更震撼，它示範了紀錄片探討社會議題的另一可能性。它應該不會很賣座，但確實把「台灣紀錄片」帶到另一境界了。

17-11-2013

《看見台灣》愛之心，責之切？

《看見台灣》是我去年底在台北看的，那時候影片已公映了一個多月，我看的一場仍然全院滿座。《看見》有別於一般商業片，對象不止是啃爆谷、拍拖的年輕一族，影院裏坐着不同年紀的觀眾，我旁邊是對中年母女。放映過程中，觀眾非常投入、看得津津有味，不少人留待片尾字幕放映完畢才離座，我深覺他們以此台灣電影為榮。

片末，十多個學生登上最高玉山東峰唱原住民歌，揮舞着小國旗的場面很感人。觀眾遲遲不欲離去，是要好好細味畫面及歌聲的餘韻。尤其在電影一連串歎息之後，最後幾分鐘的曙光、對國家下一代的寄望，來得異常珍貴。

歎息什麼呢？歎息寶島美麗背後的哀愁！看之前還以為《看見》頌揚風景美麗，原來「哀愁」才是它的基調。看之前一直想不通，風光片有多大吸引力？為什麼可以這樣賣座？再漂亮的

導演◎齊柏林　　台灣◎ 2013 年

風景，再雄偉的高空攝影，也難以支撐成一部長片吧？秀麗的風光片，以前在太空館的放映廳就看不少。但那並非長片，篇幅每每在一小時內；另方面有技術（全天域、IMAX）作招徠，教人置身現場一樣。

不只美景，是生態危機

看完才明白，《看見台灣》遠遠不只風景片，它徹頭徹尾是部關於生態危機的電影，有些時候甚至像個恐怖片。全片由吳念真旁白，充滿大量研究數據，藉畫面剖析台灣的污染現象、人類掠奪天然資源的惡行。從土地、水源到高山，問題無所不在。《看見》強調從不一樣的角度看台灣，原來視點放得愈高，愈能看清楚人類無止境的貪婪——《看見台灣》製作期間一度命名為「域望」，國語發音跟「慾望」相同（可幸影片沒採用這「食字」名稱，格局太低了）。影片一句旁白說得很準確：「我們需要的不多，但是我們想要的太多」。《看見台灣》雖然有華美的包裝，骨子裏卻是部台灣版的《絕望真相》（*An Inconvenient Truth*，2006）。

所以《看見台灣》不是要令觀眾爽，相反有時候它讓人不是味兒，心情相當矛盾。那天在台北看片，即使我這個港客局外人，其實看得頗有罪咎感。好像影片談到在清境蓋建的一系列歐式民宿，跟環境格格不入。其崇洋的建築風格、夜夜笙歌對自然的破壞也算了；清境旅遊過度開墾，導致了嚴重的污染問題，甚至帶來潛在的山崩危機。我住過清境，跟小孩在那邊的牧場遊樂過(是的，我們素愛親近設計好、沒風險的「大自然」)。在看《看見》之前，不曾想像自己是破壞環境的幫兇。

吳念真的聲音溫婉、不慍不火，但信息倒是斬釘截鐵、絕不含糊的。旁白不只一次告誡我們，貪得無厭其實埋下了災難、悲劇的禍根，我們自食其果恐怕只是遲早的事。另外兩個聳人聽聞的例子是，山地變成田地，山上的林木被剷平，栽種了一株株搖錢的檳榔樹，令水土流失，水庫成了土石庫。無數地下水管令海岸線變得非常醜陋，大量抽取地下水造成地陷，海水倒灌，原有墓地被水淹沒，土葬成了「海葬」。

與土地有關

《看見台灣》當然可以不那麼批判、悲情，導演齊柏林的攝影很優美，影像算是中性的；反而是劇本的旁白、影片的配樂，把電影引進了另一層次，調子由輕盈變得沉重。這也好，畢竟台灣紀錄片這些年的光明勵志、「小確幸」味道太濃；難得這部九千萬台幣的投資捨易取難，承擔言志與改變世界的重任。《看見》的部分片段我之前見過，2012年另一輯叫《鳥目台灣》的製作，由齊柏林負責高空攝影，可說是《看見》的藍本。《鳥目》共二十多個短篇，每段約四分鐘，屬於電視製作，每小段是剛好安插在節目之間的小品紀錄片。

《鳥目》題材跟《看見》有些重疊，不過前者篇幅有限，主要介紹風土地貌（台北、高雄各成一段），雖然有批判部分（清境、日月潭都慨歎旅遊開發令景點面目全非），但措詞比較委婉。其實《鳥目台灣》的幕後陣容乃一時之選，撰稿及旁白是名作家劉克襄，配樂是陳明章。有趣的是，齊柏林正式導演的《看見台灣》卻換上另一組合。吳念真的旁白比劉的動聽，音樂則找了《賽德克·巴萊》的何國杰，所以《看見》鼓聲隆隆，氣氛澎湃激昂，節奏感更強勁。

《看見》的編劇是崔企川，網上資料顯示他曾是新聞主播，自少酷愛閱讀。不過我好奇的是，《看見》初期說有環境作家范欽慧參與，她負責撰寫旁白，更是電影導演之一，影片出來後卻不見了她？不過無論《鳥目台灣》還是《看見台灣》，台灣這類「闡釋型紀錄片」（expository documentary）的修辭造詣，絕對是我們的電視及電影望塵莫及的。

《看見》開始，一輪崇山峻嶺的影像後，吳念真不慌不忙的開場白是「請不要訝異，這就是我們的家園——台灣，如果你沒有看過，或許就因為你站的不夠高。」影片放到最後，在述說人類種種惡行之後，提及兩個令人鼓舞的例子，他們是從事有機耕種的洪箱大姐及賴青松。電影以他們的故事作結用心良苦，旁白更給人希望了：「他們善意的維護土地，土地才會維護我們的子子孫孫……我們沒有權利，在這塊土地上放縱無窮的慾望，因為我們只是短暫的停留，我們只是過客。」我們寫不出這等台詞，關鍵不在語文水平、台港兩地文化差異，而在於我們對土地欠缺根本的省思。除了「地價」及「實用面積」……我們好像沒有另一套描述自己跟土地關係的語彙了。

《看見台灣》去年年底出來後，政府針對污染的問題有所動作，有企業因此被控告。雖然後知後覺，民選政府始終有民選政府的可愛。換了在大陸，有部《看見中國》出來，在紀錄片推動時勢、喚醒民眾之前，電影人可能因為羅列出大量數據，犯了「泄露國家機密」而被禁拍甚或鋃鐺入獄。《看見香港》呢？紀錄片將呈現我們優美的海岸線旁邊，一排排像墓碑的屏風樓，高聳入雲，把陸上的視野完全阻隔。香港四面環海，唯「無敵海景」卻愈來愈是少部分富人的專利。

看到國人的尊嚴

《看見台灣》固然不是完美的，它被批評忽視政府不健全政策及官商勾結等問題。此外，貪得無厭、生產及消費過剩背後的資本主義，更是《看見》這等風光紀錄片難以解說的。《看見台灣》是不是真的令人「看見」問題、讓觀眾覺醒了？還是大家在稍覺悔疚後，浪費的生活如常？這些生態問題，真可以透過觀眾覺醒，憑眾人意志漸漸被解決？也許這都不是《看見台灣》可以回答的，責任不在一部紀錄片之上。關鍵在於後續：媒體、民眾對政府及企業不斷監察；信息自由流通，法治制度健全；教育發揮作用，令人意識跟土地的關係，知道可持續的重要。

《看見台灣》即使扮演了監察及教育的角色，亦只是社會進步力量的其中一環。《看見》說不定是個起點，影片的網上延伸討論，至今熱鬧非常。再一次，台灣社會及台灣電影在兩岸三地顯示出更大的可能。電影看到國人的尊嚴，批評才是真正愛國！從《看見台灣》看到的是上下一心、眾志成城。

06-07-2014

《日常對話》捶心的紀實影像

談黃惠偵的《日常對話》，很難不談那個震撼的段落。

大約是片子放了一個小時後，黃惠偵再一次跟母親面對面。看似平常的白天，一張普通不已的飯桌，兩人各坐一端，快將翻出家人不堪回首的往事。黃是影片的攝影師，但來到這裏，她不躲在鏡頭後面，選擇跟母對坐，在鏡頭前佔同樣分量。第一次看片時，此段落讓我極度訝異，一固然是女兒對質的露骨，「家醜」不怕全世界知道，怎麼可以這樣大膽？二在於技術圓滿：燈光充足、構圖精確及對剪流暢。紀錄片不都是隨機或即興的？何以如斯血淋淋的真實、被攝者無法躲藏的即時反應，竟像在錄影廠一樣，彷彿已被規劃好，然後被有條不紊的捕捉下來？

黃惠偵在映後問答準回應了不少次——那是她架設三機同步拍攝的結果。一台拍全景，兩台

導演◎黃惠偵　台灣◎2016年

分別拍母女特寫。段落約十分鐘（據說兩人一共「對峙」了三小時），氣氛非常凝重，林強負責為《日常》配樂，但此段他的電子音樂派不上用場。這場戲黃另有攝影師幫助，只是待機器設定好後，攝影師迴避，大廳只餘母女二人。黃的可愛小女兒亦不在家，不知是上學還是什麼，在《日常》中不算常見，之前母女幾乎形影不離。黃抓緊跟母獨處機會，向她重提多年前被生父性侵的回憶，並暗示母親當年知情；說着說着，很快哭成淚人。母有點不能逃避，聽女兒哭訴以至質問，回應幾句，不敢直視；在影片中她一直性格倔強，至此終於潸然淚下。

紀實影像的厲害，觀眾如坐針氈

看得人如坐針氈，那是紀實影像的厲害，再偉大演員都演不出來。《日常對話》導演黃惠偵藉着攝影機拍攝母親，希望親近她、明白她內心世界。母親在家一直寡言，沒有紀錄片過程，黃或許不會打開她心扉，看到她不為人知的一面。《日常》從結構去看也可分成三幕，第一幕透過黃惠偵獨白，讓觀眾知道母女狀況，然後走訪母親在北港的故鄉，探訪姨母與舅舅；第二幕從母親的情事出發。母親從小已是同志，兄弟姊妹卻假裝不知（受訪時故意支吾其詞十分滑稽）。當年曾下嫁，但不久即帶女兒離家出走。母重提前夫仍恨之入骨，反而談到女朋友笑逐顏開。在愛情生活上，她原來判若兩人（很有情趣，慣叫情人「寶貝」）。第三幕，由多年不涉足、鬧鬼似的破落舊居開始（生父十年前在此自縊身亡），再帶出母女那場真情剖白。

《日常》的結構是很聰明的鋪排，由「鄉下」及「情事」出發，前面調子還輕鬆，想不到後面這樣沉重。然而前後也是因果關係，沒有前面順利打開話匣子（甚或讓母習慣攝影機），大概沒法做到後面的剖白。別忘了，影片開始不久，有段黃惠偵把鏡頭對準母親的訪問（亦是電影的預告片）。這段落配樂反較多，大概因為雙方僵持不下——母親充滿防衛機制，眼神逃避，而且話不投機，不停有 dead air，她最後更拂袖離去。

到了一小時後的母女對峙，母親的姿態已經不同。「陰謀論」一點看，黃惠偵預備三機同步拍攝，她似乎知道是時候了，又或預計有關鍵事情發生？由此可引發《日常對話》的紀錄片倫理爭辯，到底「知情」與「私隱」（the right to know vs. the right to privacy），何者更重要？三台機器與燈光，像設置舞台。黃惠偵多年以來，無法進入母親心坎，同時還有兒時被侵犯的心結，終於可以一五一十向母親問個明白。一場母女的悲情答問，連旁觀者都看得渾身不自在，可想當事人如何揪心捶肺！卻竟被完美的記錄下來。既有全景，又拍到兩人特寫，三個角度來回對剪。

別說華語紀錄片，在紀錄片歷史中，技術與紀實如此天衣無縫亦絕無僅有。我們可追問，導演可有引君入甕之嫌？然而，弔詭在於，母女開心見誠，全因為有紀錄片。沒有剖白，恐怕沒有片末的釋懷；沒有影片「把家事傳千里」、叫母親公然出櫃，也許沒有導演在映後談說母親看片後，得到不少觀眾鼓勵，性情變得溫順的故事。凡故事皆有始有終，若只憑《日常》的敍事看，影片的確大大改善了母女關係。觀眾會有這樣的印象：她們否極泰來，現在三代同堂，樂也融融。從這裏看，即使母女對峙的三機同步或是機關算盡，委實也無可厚非。

《日常》涉及的議題豐富，女性命運是其一。父權、傳統為禍幾代，祖母仍在世時已受家暴之苦，母親亦受丈夫欺凌，所以才毅然出走。母親一代，面對保守社會，沒法坦誠面對性取向，同志的身分埋藏幾十年。來到黃惠偵一代，時代的確進步了，反歧視連小女孩都懂

（「自己高興就好」）。可以想像，到黃的小女兒長大，社會應該愈來愈進步開明。

兩代母女相處方式也全然不同。《日常》作為一部家教示範作，值得香港父母借鏡。黃母職業是法師（她真是個奇女子，本身就是紀錄片的大好素材），黃惠偵從小參與殯儀法事，沒有正常童年。單親家庭長大，母親對她又不理睬。黃幾年前當母親，對女兒倒是疼愛不已，而且非常耐心教導，影片很多二人雋永生活枝節。黃帶着女兒上星期來港，出席華語紀錄片節的放映。《日常》映後談時，五歲小妹妹在場內走來走去，蹦蹦跳很活潑，聊天時又發現她很有禮貌，顯然管教有方。總的而言，《日常》的「父親」全部缺席（黃的丈夫不曾露臉），影片儼然是四代女性（由黃的祖母到她的女兒），幾十年艱辛走來，前途終見曙光的故事。

「姊妹作」《32+4》

香港其實有部《日常對話》的「姊妹作」，那是陳巧真兩年前的《32+4》（2014）。同樣以破碎家庭為題，導演同樣沒有仇恨，勇敢坦誠把自己故事娓娓道出，又同樣令人看得心膽俱裂。陳用鏡頭拍母親、生父及遙不可及的「叔叔」（繼父，陳在片中只說是「媽媽的新丈夫」），半小時篇幅，譜寫動人的家庭悲歌。為何命名「32+4」？那是同棟公屋，生父及「叔叔」的兩個樓層。兩人不相往還，諷刺是平日有機會擦肩而過，一次正好給陳巧真的鏡頭抓到，把她嚇了一跳。

《32+4》比《日常對話》粗糙，不過卻來得更實驗、後設及創新，其中以沉重的低音、配襯「叔叔」模糊黑白照片一段，直教人不寒而慄。它再次證明，好電影不在器材與多少K解像，意念比什麼都重要。另一啟發是，創作人不用多心，用不着陳義太高，坦誠認真把要說的說好，作品層次自然出來。從一點看到一面，《32+4》細問下去，是關於新移民、居住環境、生活壓力、家暴、異化……等一連串社會議題。

香港電影真正需要的，不是更多浮誇類型片，而是像《32+4》一樣，有血有肉的真實故事。

22-10-2017

地震復蘇眾生相

杜海濱在威尼斯獲獎的紀錄片《1428》，來得比想像中多元化。受汶川地震報道的影響，對有關的紀錄片有些一廂情願的期許。像今年8月在夏日電影節看的《誰殺了我們的孩子》（2008），打從片名就充滿控訴意味。《誰》拍青川縣木魚中學倒塌，全校逾半學生死亡的悲劇。電影的觀點很清楚：天災再可怕也不比人禍。罪魁禍首是豆腐渣工程，其次是莫衷一是的死亡人數，官方的說法總跟民間有很大出入；再而是官府涉嫌破壞證據，以防疫為由封鎖草葬學童的山丘，用開土機翻亂泥土，可憐父母第二天上山發現兒女屍骨已無存。木魚中學不久在帳篷復課，領導及媒體都高調前來，在薪火相傳的美好景象背後，有不為人知乃至令人齒冷的故事。

相對而言，杜海濱的《1428》較平和。影片不是沒有呼天搶地的鏡頭：父母、兄長一行三

導演◎杜海濱　　中國◎ 2009 年

人來到中學尋找失蹤的小弟，校內一片凌亂，學生杳無蹤影，在宿舍內找到衣服、書本，確認都屬於弟弟的，三人在鏡頭前難掩悲慟。不過《1428》還有其他段落，捕捉了北川災民劫難後的狀況。在廢墟及瓦礫上，雖然很多人生死未卜，但生活仍須繼續。驟看還有點像伊朗導演基阿魯斯達米（Abbas Kiarostami）的《春風吹又生》（*And Life Goes On...*，1992）。或許這樣說，《誰殺了我們的孩子》若是特寫鏡頭，《1428》就是遠鏡，讓我們看看災場的其他面貌，把焦點同時對準不同的人物。

邊緣化小人物動物是主角

《1428》分成兩部分，第一部分是「地震後十天」，第二是「地震後二百一十天」。貫串兩部分的，是個蓬頭垢面、穿着厚厚解放軍大衣的傻子。影片幾乎一開始就拍他，好幾次段落的過場，鏡頭也對準這個打扮像乞丐的中年漢，他時而不經意在鏡頭前走過，時而躲在參差錯落的木堆中避雨，時而叼着煙望着鏡頭發笑，都一副自得其樂的樣子。傻頭傻腦的流浪漢與四川大地震，本來是風馬牛不相及的兩個影像，在這裏並列可說別出心裁，也見留白及餘韻。

到了影片的第二部分，「乞丐」的父親現身，我們才知道流浪漢叫楊斌斌。主流媒體不大關心的、沒有聳人聽聞價值的，反成了《1428》珍視的素材。這其實也是杜海濱一向的關懷，早在他 2001 年的《鐵路沿線》，已經把鬧市中被忽視、邊緣化的小人物，透過紀錄片帶到觀眾眼前。

動物也是《1428》的重心。地震後，一頭豬幾天沒吃而奄奄一息，最後被擔架抬走；另一邊廂，豬農賣豬隻套現，幾個男人拳打腳踢把豬趕上貨車，場面狼狽。到了第二部分，豬隻晚間被屠宰，畫面即使黝黑，但豬的嘶叫聲卻不絕於耳。我不作過分的「動物權益」詮釋，但影片似乎也讓我們想想災難中動物的命運。有另一段，小狗被栓在屋子裏狂吠，主人都跑掉或遇難了，婦人聽見但遙不可及沒法施救，悲從中來，唯有哭叫小狗不要傷心。「倉廩實而知禮」，地震令人也難以自保，動物、神佛變得次要——佛像頭朝地翻倒，信眾無暇兼顧，神靈也落難。

但影片也有輕鬆一面，像第二部分的婚禮，花車擋風玻璃上的紅色大「囍」字好不搶眼。溫家寶到災區巡視，車隊浩浩蕩蕩駛過，人羣夾道歡迎、使勁的歡呼揮手亦蔚為奇觀。地震後

第一個春節來到，晚上放煙炮、打桌球、看中央台轉播的春節晚會，喜慶不忘悼念（有村民說：「什麼狗日的晚會！」戲院內的觀眾都樂透）。但當大家興高采烈之際，突然斷電黑漆一片，變壓器負荷不了，因為材料是假的！這算不算有「中國特色」的災後新年？

中國特色「蝦碌」苦中有笑

《1428》沒有旁白，導演除了偶爾一句向受訪者發問，也看不見他的身影。影片是以影像讓觀眾領會四川災後印象，偶帶調侃的剪接（杜海濱再度與伊力盧馬〔Éric Rohmer〕的剪接師雪蓮〔Mary Stephen〕合作），令人哭笑不得。導演問婦人，房子塌了有什麼打算，婦人背後的男人冷冷一笑，說還可以有什麼打算！

地震過後，街上的政府宣傳標語特別堪玩味，「我住房子我流汗，只靠祖國是懶漢」叫得響亮，但現實的問題是，房子毀了，有些則被政府徵用來建水泥廠。一個老翁細說從頭，由解放前被地主剝削，說到解放後終於分到了自己的田地，怎料到頭來還是收歸國有，他說：「政府要也沒辦法。」政府說冬天前為災民安排新房子，但進度不理想。諷刺是中央官員來視察前，地方命令災民不許再住帳篷，令災民進退兩難。

最奇妙的，甚至連災場也成了景點。影片最後，小山坡上可以俯覽災場，凝聚了人就有市場，於是有擺賣紀念品的攤子，溫家寶、胡錦濤在四川河山留影任君選購，另設有望遠鏡看山下倒塌的北川中學。山坡上好不熱鬧，背景響起的是念佛機循環不息的機械聲音。就是這樣，災難的眾生相，災後復蘇，既艱難又熱鬧、既慎重又兒戲，嚴肅事件又有荒誕「蝦碌」之處。電影不煽情，但也沒有過分樂觀，有很多不同的面向，算是關於四川地震卻又不落俗套的紀錄片。

25-10-2009

上訪十年，哀鴻遍野

《上訪》是紀錄片，題材顧名思義。片長三百一十五分鐘（影展分導演版和國際版，國際版只有兩小時），放映在晚上六時開始，直至十一時才看完，相當沉重。

篇幅儼然為片名度身訂做——逾五小時的「上訪」（petition）概貌，包括事件、人物及地標。《上訪》甫開始就列出驚人數字：中國每年不少於一百萬宗上訪個案，當中八成都是合理的訴求，得到解決的卻少於一成。

由於上訪數字反映了地方管治效率，於是上訪大行其道，地方政府的「截訪」（interception）也蔚然成風。近兩年「截訪」的綁架、暴力嚴重，才引起我們對上訪的關注，但這部紀錄片說得很清楚，上訪已有十多年歷史，不少人甚至是長期上訪者。他們當中，有被剝削的下崗工人、有親人遇害要追討賠償……他們離鄉別井，蜷縮在偌大京城，貧病交

導演◎趙亮　　中國◎ 2009 年

迫，甚至鬱鬱而終。這些人的悲劇遭遇、乏力的身影，恰恰與京城日新月異的建設、京奧的氣氛形成極端的對比。

多年的抗爭影響下一代

趙亮一人包辦攝影、剪接及導演，五小時的影片分三個段落：「眾生」、「母女」及「北京南站」。其中「母女」一段橫跨的時段最長，由1996年一直至2008年，見證了上訪十多年歷史中一個女孩的成長，看得人十分唏噓。

母親叫戚華英，女兒方小娟生於1983年。小娟四歲時候，父親離世了。母親認為他的死有可疑，也覺得他畢生為國效力，當局應發撫恤金，於是從江蘇北上京城，從此母女過着上訪的流浪生活。趙亮開始拍她們的時候，她們在最高人民法院後巷的街頭露宿，那是1996年，同樣的生活已維持差不多十年了。母女有時被扣留、母親偶爾被關精神病院。小娟跟着母親沒機會接受教育，長大了不再接受無日無之的上訪生活，毅然離開母親，回江蘇後認識了信訪局局長張雲泉，認他作乾爸。媒體知道後大做文章，突出小娟的前世今生、張雲泉的父母官形象；小娟接受趙亮訪問時，批評報道如何失實、虛假。張雲泉也許只當她是從政的資本，突出自己體恤人民的形象。

「母女」這一節，不單寫出上訪者的悲哀，也說明了曠日彌久，上訪者如何影響下一代的命運。媒體也令人啼笑皆非，一方面愛煽情、聳人聽聞的報道；另一方面是官方喉舌（《人民日報》專題、央視的「感動中國人物」節目），母親作為上訪者，形象被醜化，張雲泉作為局長則救苦救難。按報道的說法，小娟受了張雲泉的恩惠，倘若再到北京上訪就是對不起他了，顯然是非不分，把事件混作一談。上訪者不獨被打壓、排擠，在媒體中更欠話語權（在網上尋找「張雲泉」及「小娟」，可隨時讀到肉麻濫情的報道）；軟硬兼施，他們顯得更邊緣化，上訪如何多此一舉。

小娟後來結了婚，生了孩子，回北京找母親。鏡頭跟着她與家人四出查探，母女終於相認，但愛恨交纏，母親介懷女兒當年拂袖而去，更痛恨媒體把她寫成害了女兒半生的罪人。趙亮透過不同時段鋪敘母女故事，觀眾聽過女兒心聲，這段母女重逢頗有肝腸寸斷的震撼。小娟的母親說得好，「上訪真是一個不歸、沒有希望的路」。

無了期的抗爭路

這句話也可套用到《上訪》的其他人物身上。影片第一段「眾生」，交代不同人呼天搶地要取回公道，這段落的結尾，也是一樁人間悲劇：七十歲來自內蒙的上訪者為了逃避截訪者的追捕，活生生給火車輾斃，死無全屍，鏡頭拍到火車路旁一隻斷掌。認識死者十多年的上訪者聚集在鐵路旁，憤憤不平，批評官府是黑社會、新法西斯。他們寫了宣言，也預備穿上白布遊行。結果呢？字幕交代說，帶頭的老劉立即被拘捕了。

上訪者不一定都只顧自己的利益，影片訪問了不少人，都說人民被剝削、貪污腐敗嚴重，全跟制度有關。幾個上訪者不約而同說：「中國未來應是民主。」有人慨歎，留在家不上訪，吃不着、睡不着，但來到這裏看見沒希望，便想從天安門城樓跳下來。他們作了歌曲訴苦，也有把國歌改詞，「冒着敵人的炮火」成為「冒着共產黨的腐敗」。

這批上訪者的異見聲音，每每在重要會議期間被打壓得最嚴重，被關押、拳打腳踢，《上訪》有不少偷拍的鏡頭。他們居無定所，上訪村被清拆、夷為平地，只好以橋底或隧道為家。老韓（音譯）原來是上訪旅店的老闆（所謂旅店其實也很簡陋），當局二話不說把地剷平了，最後連他也成了上訪者，填「再訪登記表」，給溫家寶寄快遞郵件。他說這個所謂法治社會，實在把老百姓激瘋了。

《上訪》最後段落是「北京南站」。這段比較零散，但特別在於把目光由前兩段的人轉到地標。火車站因為配合奧運重建，工程如火如荼，活在周邊的上訪者倒有強韌的生命力。影片最後說，2008 年 8 月 1 日新的北京南站正式營運了（亞洲最大的火車站），再接上 8 月 8 日奧運開幕夜，在天安門廣場看見煙花綻放的壯觀情景——這已是老生常談了吧：大國既已崛起，但人到底在哪裏呢？

28-03-2010

6.

我們的青春

「我們是自由的，影展是開放的，他們愛講什麼講什麼。」
——李安

金馬獎評審樂在其中

9、10月去了台北兩次，共逗留了三星期，天天看五場電影。為的是金馬獎的評審工作，體驗很深刻。

金馬獎跟香港的電影金像獎不同，金像獎有選民百人，選民的責任只是投票，他們有沒有看電影，金像獎其實管不了；金馬獎則全由評審團定奪，他們要先看戲，再開會討論、互相游說，最後才以不記名方式投票。十一人組成的初選評審小組，有來自電影業內、專上教育、文學及音樂界別等不同的人，由他們投票定出提名名單。到決選時再加入四人，最後由十五人評審團選出今年的得獎者。

每天五場電影風雨無阻

為什麼要一天看五場電影？因為參賽的電影接近八十部，主辦單位得確保十一位評審都看過影片，而且是菲林而不是DVD。所以負責獎項的同事，在9、10月最忙碌的是排片，先取得各個評審的空餘時間，再排出影片放映時間表，流程頗複雜。我這個香港代表最好辦，到台專心為了金馬事情，人在異地心無旁騖；其他當地評審，要同時兼顧創作或教學等事務，工作時間表本來密密麻麻，要逐一遷就便費神了。不少電影要先後放映兩場，有些放映甚至只為個別評審而設，目的都在於所有人都看齊參賽片。

放映場地有兩個，一是位於西門町的商營試片室，另一是行政院新聞局的放映間。放映由早上10時開始，一直到晚上9、10時，我們一整天都在放映室，外頭無論放晴或打風都沒關係（有天真遇上颱風了）。場次頻繁（10時、12時、3時、5時、7時），為了省時，兩餐只能在新聞局的會議室草草吃便當了事，星期六日也沒例外（只有中秋節下午提早休息）。沒有多餘的應酬或飯局，十一個評審有點相依為命，聯同工作人員一起披星戴月的看電影。工作人員也很體貼，便當幾乎天天新款，在放映間準備了咖啡、茶供大家提神，還有形形色色的小吃及水果。一直到現在，與一眾評審老師天天看片，在片與片之間、用餐時聊着剛剛那影片的情景，還是歷歷在目。電影獎項評選參與過一些，有些也是兩岸三地同台競逐的，但如此密集、專注、長時間的看及談，讓看電影成為生活的唯一，倒是第一次。

評審主導沒有絕對客觀

事實上我們都不敢掉以輕心，因為影片太多，放映櫛次鱗比，生怕遺忘、印象模糊而對影片不公，大家都老老實實的做筆記。有些電影我其實看過了，尤其是香港過去的，亦不敢只憑記憶，趁此機會重看，溫故知新。跟一眾台灣評審看香港電影還是頗有趣的，因為你會特別留意廣東話對白的字幕翻譯，有時譯得再好、再準確，一些傳神及地道的東西還是丟失了；當然同樣的情況也出現在我聽台語對白的時候。沒錯，金馬獎這類以評審團為核心的電影獎項，絕對受評審的口味左右；那十一或十五人的文化背景、年紀、職業、看電影的口味都是關鍵。換了另一班子，提名及得獎名單都得改寫。這也是這種評審團機制最引人入勝的地方。

反正沒有絕對的客觀，而且人人期望不同，人多勢眾的金像獎或奧斯卡，賽果出來也常被咒罵。這次我也發現，傳媒對金馬獎的態度也跟金像獎大相逕庭。10月提名名單出來，媒體的冷言冷語不少，據說每年都是這樣，不管名單是什麼，早已成為風氣。香港也有報章說金馬「左傾」，說內地電影史無前例的受青睞，再上綱上線還可以扯到藍綠陣營及兩岸關係的層面——獎項畢竟是官辦的，頒獎典禮今年由台北市政府出資。不過這次我在裏頭，倒沒察覺有任何性質的干預，初選評審會議時我們還打趣說有人想當「愛國評審」（此國不同彼國），老是要為台灣電影說好話。話說回來，一個官辦的電影獎項盛事、巨星與冠蓋雲集的典禮，就聽由十多人的評審團發落，背後顯示其對專業的認同，以至嚴明公正（頒獎禮當天評審預先知道賽果，主辦單位要把我們統統「關」起來，手機也得沒收），也算是兩岸三地的典範。

華語電影總體走兩極化

有朋友問，一下子看了全年這麼多的華語電影，有沒有什麼總體印象？我覺得這跟香港影業的狀況差不多，都是兩極化：一方面是中國或合拍出品的大片，以歷史為題，不惜工本，也集合了各地的台前幕後精英；另一面則是格局較小的電影，只針對本土市場，戴立忍的《不能沒有你》便是一例，《不能》有些像年前香港的《天水圍的日與夜》，都是精緻及動人的小品。

不過也有兩極之外的異數，比如蔡明亮，一直對台灣觀眾有微詞，自己從國外市場摸出路向，新作《臉》（2009）與羅浮宮合作，形式頗極端，但勝在別樹一格。同樣是合拍片，羅卓瑤的《如夢》（2009）也令人耳目一新，不能否認，在動作大片講場面、陣容的勢頭中，《如夢》以靜制動吸引了評審的注視。中國電影方面，《鬥牛》（2009）及《瘋狂的賽車》（2009）則平分秋色，前者是不一樣的戰爭故事，有弦外之音；後者多姿多采，論娛樂及可觀度比大部分當下香港電影優勝。

寫此文時身在台北，是最後會議及投票的前一天，我沒預示的能力，也沒內定的賽果，恕我不談得獎片了。但最佳電影誰屬於我也不大重要，幾個月以來，有緣近距離看看金馬獎的運作，與十多個來自不同界別的老師一起討論及評獎，過程充實，不是客套話，已經是此行的最大收穫。

29-11-2009

金馬獎得來不易

所謂物傷其類。香港電影金像獎諸公，看見上週末金馬獎最佳紀錄片事件，怎不捏一把汗，為自己額手稱慶？

言猶在耳，7月談台北電影獎，曾慨歎香港金像獎一直不肯增設「最佳紀錄片」獎項。楊紫燁去信林鄭，請她投放資源發展香港紀錄片，也說設立獎項的重要。香港的金像獎，不是一直要學奧斯卡派頭麼？何以偏偏把人家的「短片」及「紀錄片」獎項視若無睹。現在，金馬獎的「教訓」充分證明，金像獎不趕那淌渾水是對的。試想，金像獎明年若有最佳紀錄片提名，怎會少得了《傘上：遍地開花》及《分域大道》兩片。到時恐怕如《十年》一樣，沒人敢上台頒獎。而不論誰得獎，金像獎大會亦控制不了他們發言。

「政治歸政治」固然是句廢話。我舉個本地例子。鄒文懷月初離世，金像獎十年前曾向他頒發終身成就獎。可記得頒獎人是誰？特區當時一個小官員。我還記得電視畫面，鄒文懷致感謝辭，笨頭笨腦的官員一直待在旁邊，大煞風景。官員後來借病請辭，今天卻仍然在作威作福。那年頭的金像獎，還把特首請來安排坐在觀眾席首排。好像沒有特區加持，香港電影什麼都不是。

金馬獎發展史

別的地方或許可以談文說藝、附庸風雅，華語電影最沒資格說「政治歸政治」。沒有1949年兩岸三地的顛沛流離，就沒有我們後來知道的華語電影史。金馬獎本來也很政治，1962年創立，由政府新聞局主辦（幾年後交文化局），「金馬」是金門、馬祖各取一字，那是兩岸對峙最嚴竣的前線，電影獎冠名「金馬」，是寄望電影人以軍人為鑒。當年，頒獎禮固定在10月30／31日舉行（現在一般在11月），是要為蔣介石祝壽。金馬獎很多年來只嘉許講國語影片，亦是貫徹國民政府到台後的語言政策。

後來為何金馬獎的官方色彩漸漸淡化？完全跟台灣社會幾十年的蛻變、自由民主化一脈相承。1980年代初，「台灣新電影」率先打破金馬獎入圍電影的題材及語言禁忌。1983年《兒子的大玩偶》雖由國民黨轄下的中影出品，卻有不少台語，而且當中的短篇〈蘋果的滋味〉（萬仁導演）題材尖銳，幾乎被禁（著名的「削蘋果事件」）。1987 年台灣解嚴，1989 年拿下金馬最佳導演的侯孝賢，得獎作《悲情城市》（1989）以「二二八事件」為題。該事件多少年來，是國民政府威權統治下的禁忌。1990 年，金馬獎順應當時的「公營事業民營化」，交由民間團體主辦，設常設委員會，一直到今天。

關於金馬獎的發展史，可以看看幾年前楊力州導演的紀錄片《我們的那時此刻》（2016）。2013 年金馬獎慶祝五十年紀念，頒獎禮把幾十年來影帝、影后邀請上台，盛況空前。舞台由幾十名演藝前輩、明星作背景，襯托典禮的最高潮——頒發最佳影片。現場及電視跟前沒有人想到，獎項的歷史性時刻，竟然由新加坡低成本影片《爸媽不在家》奪得最佳影片，一舉擊敗王家衛的《一代宗師》、杜琪峯的《毒戰》及蔡明亮《郊遊》（2013）等。《爸媽》得獎的喜出望外場面，《那時此刻》亦記錄了。為什麼金馬獎會頒給《爸媽》？因為獎項用的是「評審團機制」（李安是該年評審主席），評審的口味可以非常尖銳，跟純投票性質的電影獎項（金像獎、奧斯卡）南轅北轍。因此，更見藝術之多元。

十多年來，金馬評獎的完善機制，愈來愈多人認知。每年由不同人組成評審團，他們來自業界及學界等，獎項全由這十多人定斷。他們必須在電影院看完所有入圍影片，金馬委員會確保流程暢順。評審大會上，評審經過漫長的會議，互相辯論，再以不記名投票，定出賽果。為防賽果外泄，評審在討論會當日不准跟外界聯繫，手機甚至被沒收。由入選到給獎，主辦單位只看重規則與程序，對參賽影片完全沒有前設或禁忌。所以，自1996年獎項開放給大陸電影報名參賽以來，它的認受性愈來愈高，愈來愈多電影報名。說它能總結年度華語片總體成績，具「華語奧斯卡」之名亦不為過。

對紀錄片獨立電影的肯定

重看《那時此刻》，就知道金馬獎跟台灣今天的自由空氣一樣，得來不易。楊力州在該片呈現的金馬「史觀」，最少兩大特點：第一，是頗突出獨立電影對獎項的意義，除了《爸媽不在家》，還有2009年戴立忍的《不能沒有你》。《那時此刻》以戴立忍為代表，回看2002年的《雙瞳》，以及楊德昌對後輩影人的啟迪作用。戴的《不能》，跟其恩師楊德昌的《牯嶺街少年殺人事件》有些異曲同工，都是從新聞事件出發，剖析社會悲劇的來龍去脈。金馬五十的「形象大使」桂綸鎂在《那時此刻》受訪時說：「我們拍電影，是不能脫離人羣跟社會的。」

第二，《那時此刻》重申紀錄片獎項的重要性。影片藉受訪導演陳玉勳的話，交代台灣電影最低迷時候，紀錄片如何帶動劇情片回勇。真實人物為電影提供靈感，紀實製作令創作人謙遜。紀錄片更有監察及控訴力量。幾年前得紀錄片獎的《看見台灣》，驟看以為只有風景，其實是部生態影片。台灣電影人，不少劇情與紀實並行（近年例子有《大佛普拉斯》〔2017〕，黃信堯），跟香港電影界一般作風不同。香港的「工業」過去正是太強。這說明為何以業界代表組成的金獎像，欠缺對紀錄片或短片應有的胸襟。

《那時此刻》完結時，把全片陳述過的金馬影片剪輯成蒙太奇，再配上台灣膾炙人口的民歌《美麗島》：「婆娑無邊的太平洋，懷抱着自由的土地。溫暖的陽光照耀着，照耀着高山和田園。我們這裏有勇敢的人民，篳路藍縷，以啟山林。我們這裏有無窮的生命，水牛、稻米、香蕉、玉蘭花。」那是影片神來之筆：因歌曲的感染力，令本來平庸的瓊瑤愛情片、軍教宣傳片、剝削味重的「社會寫實片」片段，統統給人清新可喜感覺。在《美麗島》的和襯下，台灣電影充滿人味！

《美麗島》是台灣民主化的另一哀歌矣。作曲的李雙澤七十年代從國外歸來，有鑒當時台灣只唱外國歌曲，他帶頭推動「唱自己的歌」。可惜天妒英才，1977年他在海灘救人時遇溺，離世時才二十八歲。他臨終前寫下的《美麗島》，質樸動聽，歌頌土地及傳承，同時寄語未來。歌名啟發出著名雜誌，卻因為1979年爆發「美麗島事件」，《美麗島》被牽連而成禁歌。當今台灣另一名游走於劇情及紀錄的年輕導演侯季然，兩年前拍成紀錄片《四十年》（2016）。細說李雙澤與同代民歌推手往事，十分真摯動人。

沒有沉默的自由

上週末的第五十五屆金馬獎典禮，其實辦得相當得體，兩岸三地影人的曝光率平均。入圍影片的光譜亦寬，有藝術電影如《大象席地而坐》（2018）及《地球最後的夜晚》（2018），有商業味重的《我不是藥神》（2018）；台灣代表《誰先愛上他的》（2018）水平很高。張藝謀的《影》（2018）未看，不過憑其舊作及片段，可猜一二。香港片今年乏善足陳，從意念到執行都不能比擬，瞠乎其後是必然的。慶幸還有《翠絲》（2018）爭得兩個演員獎提名。想不到惠英紅會失落，她在《翠絲》異常搶鏡，幸好袁富華贏了！袁富華得獎一刻，我們尚能透過 YouTube 見證，但直播一個多小時後斷掉。廖慶松接受貢獻獎中途開始沒畫面，直至整個典禮完結仍沒法恢復。

又是大陸的黑客在發功？早已猜到，今年紀錄片獎兩個提名觸碰共產黨神經。一是梁思眾的《傘上：遍地開花》，拍香港雨傘運動；另一是拍「反服貿」的《我們的青春，在台灣》（2018）。後者得獎，傅榆的致辭軒然大波、被扣上「台獨」標籤，是眾所周知的事。有說，傅榆只是點破「國王新衣」的小孩，甚是。鞏俐不上台頒獎小器，大陸影人在台上單單打打（「中國台灣」、「中國電影」）、會後缺席惜別酒會有欠風度。畢竟金馬是台灣辦的獎項，人家在主場，本來就有暢所欲言自由。事實上，因為「九合一選舉」日子快到，金馬當晚真有點奧斯卡味道。名人利用知名度影響觀眾，盡其社會責任——不少台灣影人配上彩虹別針，鼓勵民眾踴躍參與 23 日的公投，支持同性婚姻平權。

當然，亦有說大陸影人「集體行動」（包括趕緊在微博發帖「一點都不能少」）只是「角色扮演」。他們沒有沉默自由，否則回去不知有什麼後果。嗯，是的，戲如人生，反正台上台下，大伙兒都是被看的「戲子」。

真的，台下的反應有時更好看。傅榆的「台灣被當獨立個體看待」論調一出，現場掌聲雷動。現場攝影機捕捉的，最可憐是謙謙君子李安。他身旁的文化部長鄭麗君及導演朱延平，對傅榆的致辭毫無保留鼓掌。李安呢？這位金馬主人，雙手緊握，眼神委屈，牽強附笑，欲言又止的看看隔壁，不敢造次。他人在江湖，深知「台獨」議題不好惹；對岸由官府到民間都擅長上綱上線。文革式的舉報機制，名人動輒得咎。大導演縱橫東西，拿過奧斯卡獎。想不到竟在自己國土，碰得灰頭土臉。

繼1973年馬龍白蘭度拒絕拿獎，印第安少女代他致辭；1999年奧斯卡頒獎給伊力卡山，荷李活自由派紛紛怒目而視、雙臂交叉；2016年香港金像獎頒給《十年》，台下「建制」影人擺出臭臉、拒絕恭賀。電影頒獎的歷史上，又多添一次戲劇性的「不拍掌」事件。

至於大陸電影將受命杯葛金馬獎是否屬實？且靜觀以待。但到底「誰有求於誰」？金馬獎有容乃大，別說大陸，連今天香港也難以複製了。

25-11-2018

台北電影節的時代與美學

台北電影節每年在6、7月舉行，今年已辦到第十九屆。今年跟往年最大分別是，增設了「電影正發生」環節。

所謂「正發生」，其實是邀請電影人「即席揮毫」，而且不只成章，還要成篇。電影節今年從「電影音樂」出發，設定「聽見電影的心跳：林強」專題。除選映林強配樂的幾部名片（侯孝賢《刺客聶隱娘》及賈樟柯《三峽好人》〔2006〕等），還邀請他為一部新的短片配樂——詹京霖導演的《你的電影我的生活》。配樂過程全公開。中山堂場地架好所需設備（包括電腦及樂器），像把林強的studio重置在那。林強共花四天，每天十小時為《你的電影》配樂。觀眾不但可買票「觀賞」，亦可參與討論。影展最後放映成果（已配樂的影片加上幾天攝製成之紀錄短片），映後還設參與者座談。

可說是藝高人膽大嘗試。這可不止是一般工作坊或大師班，而是名正言順的「真人表演」。藝術家要有相當自信，才敢把創作過程展示於人前。林強如何跟導演磨合，他們的角力關係、有沒有化學作用；林有什麼訣竅板斧，思考、嘗試以至放棄的過程，將無所遁形。當然，我們或可懷疑，既有見證者在場，創作不「純粹」了，像紀錄片鏡頭多少干預到真實。但「還原真實」不是「正發生」重點，它似乎也難叫電影人在有限時間內做出代表作。這個環節若令人更明白電影製作是怎樣一回事，已夠功德無量。台灣近年由「金馬」到台北影展，費心思引介「導演」以外的影人，為他們舉辦專題，平衡一下「作者至上」的策展方向，觀眾獲益不淺。

關於「電影音樂」還未說完。電影節大會拍了段幾十秒 jingle，在每部電影前放映。那同樣跟音樂有關（看不見樣子的樂手在彈無形結他，由攝影到美術都很 low key），jingle 的標題是「看見了音樂，於是聽見了故事」。電影節海報設計，是聲波起伏的圖案，亦呼應今年「聲音」主軸。從包裝設計、各種宣傳品到文案，可窺見影展形象劃一鮮明。

台北電影節去過幾次，我還是今年才留意到，其官方 logo 由「台」「北」二字組成（一實一虛）蝴蝶形狀，突出城市身分，且美麗的展翅高飛。有別於很多電影獎項、影展logo設計，不是「菲林」就是「放映機」之俗套（今天再以「菲林」代表「電影」也落伍）。台北電影節是官辦的，看上去卻無甚「官僚」作風。別說政府官員，連主席李屏賓都很少站到台前。紀錄片導演沈可尚去年當上電影節總監，今天看來，策展、映後談主持都是年輕人（台灣說的五六年級），感覺頗有朝氣。

新生代的影響力

別小看新生代的影響力。有說香港已容不下平靜的書桌，也容不下獨善其身的影癡。雨傘運動後，《十年》、《消失的檔案》，或其他「雨傘電影」相繼被冷待及滅聲，傳統放映管道故意不聞不問，電影被迫走入社區。這已說明，看電影不再只是看電影。台灣同樣面對強國咄咄逼人，年輕一代對大陸拒絕認同。台、港不同的是，彼岸仍有更大表白自由。

這次看台北電影節，就發現特別多回應時局的新片。一部叫《自畫像》（2017）的，寫幾個年輕人在腐朽的成人世界找不到出路。到在蔡英文當選之日，舉國狂歡，民眾以為變天之時，角色的遭遇竟最慘痛悲涼。另一部叫《他們在畢業的前一天爆炸2》（2017）的，本是鄭有傑執導的電視片，影展率先安排首映。「公視」的出品，看上去是個偶像劇，現場觀眾看到明星蒞臨氣氛熱烈。不料，片子有嚴肅一面，橋段涉「抗共」及「台獨」等話題——一個到台北交換的陸生，出席某座談會始發現，在座所有人，由文青、講者教授到原住民後裔，全堅信台灣是個獨立國家。陸生聽得不敢置信，一臉茫然，上了人生寶貴一課。

紀錄片更不用說。台北電影節至少還有一點比我們辦的出色，影展同時設有「台北電影獎」角逐，選出每年最好的台灣電影（跟金馬獎定位華語片明確分工）；台北電影獎有最佳短片及最佳紀錄片兩項目，前者有助培育新晉，後者的重要意義不用多說。多少年來，香港電影金像獎對要求設置此兩獎項的呼聲置若罔聞，今天怯於大陸之強勢，主辦及參與影人利益千絲萬縷的瓜田李下，恐怕更難成事（難道他們敢提名《消失的檔案》、《亂世備忘》〔2015〕或《九月二十八日．晴》〔2017〕?!）。

台北電影獎還走前一步，它一開始即讓劇情片、紀錄片及短片的最佳得獎片，同台競爭最高榮譽「百萬首獎」。香港「工業」排拒「獨立」，重「劇情」輕視「紀錄」，我們的電影獎沒有「首獎」的氣度及視野。很多年賽果證明，台北電影獎的紀錄片最終大勝，在評審心中比劇情片優秀。今年摘下首獎的《大佛普拉斯》，有獨步的節奏與調子，人物非常中看，惹人同情。編導黃信堯雖首次拍劇情長片，是資深的紀錄片工作者。紀錄與劇情互相反饋，更容易從台灣電影及其獎項上體現。

台北電影獎還有所謂「會外獎項」的「社會公義獎」，今年已是第七屆。針對同一批入選影片，由另外評審團選出得獎作品。今年得獎的是紀錄片《徐自強的練習題》(2017)及劇情片《白蟻——慾望謎網》(2016)。既要彰顯公義，固然反映社會不公。體制內(台北電影獎)較從美學出發(最佳紀錄片是《日常對話》)，體制外的公義獎，提供了另一套鑑別好電影的座標。

在台北一週多，每天看四場放映。新片舊片之間，最震撼難忘，還是張作驥的短片《鹹水雞的滋味》(2017)。初聽戲名不知就裏(沒讀任何資料便進場)，只知道張作驥身陷囹圄，好奇他如何還有新作問世。看畢才知是官方出品(矯正處台北監獄)，片子拍成的經過不詳。純猜測，有關當局似乎正好利用大導演在囚，請他拍部監獄生活的宣傳片。只是，計劃來到經驗豐富的張手上，已沒有半點硬生生的宣傳味道了。

囚犯拍成監獄生活短片

取而代之是一個個有血有肉的人物。《鹹水雞》一在「奇觀」意義，原來台灣監獄是這樣的：幾個囚犯活在丁方牢房，房內沒牀架，他們吃喝拉撒睡全在一席之地。囚友的感情好像不錯，彼此有所照應，只是偶爾調侃，沒有大衝突，大概是狹小空間朝夕相對，無法不息事寧人。二，《鹹水雞》最神在一眾囚犯的「演出」，張作驥沒露面，我們聽到他的台語獨白，亮相的幾個人說不定就是他的囚友？因此深得信任，看上去是真的囚犯、素人，他們對攝影機毫無顧忌。誠然，《鹹水雞》到底是劇情還是紀錄、是即興還是經過排演，有時真教人分不清。張作驥的條件多有限，絕對可以猜想，然而他達成了無限資源都難以企及的精彩成果。他到底是怎樣做到的?!

一個叫龍祥的囚友，應是牢房內「大哥」，某天見完探監親友回來後默默不語。漸漸，我們才知道影片為何叫「鹹水雞的滋味」。他們初看不是善男信女，身上滿是紋身；或許真的惡貫滿盈(張的旁白說,他們刑期加起來有二百年),但影片讓人看到他們人之常情一面,很叫人共鳴。囚犯跟我們,並沒有想像的遙遠。

《鹹水雞》很實淨,但同時間又好詩意。影片的第一及最後鏡頭,是水盆底的主觀鏡。影像的色調,電結他配樂,張作驥感悟至深的旁白;以至在夜裏,囚犯熟睡後一組遊移鏡頭,拍下他們手不釋卷的讀物(俄國小說、《聖經》、宋詞到色情雜誌!)。張作驥把一部官方宣傳片製成完全的作者電影,貫徹他對低下層、小人物的眼光,是另類黑道故事。還有他對男性身體及紋身的執迷,他擅長的「家庭」、「父母」題材,甚至「蝴蝶」意象(張一部舊作叫《蝴蝶》,《鹹水雞》囚犯談論「蝴蝶效應」)……不誇張的說,《鹹水雞的滋味》是張作驥繼前年《醉.生夢死》後另一巔峰。

碰巧兩片都得台北電影節青睞。《醉》拿下 2015 年最佳劇情長片及百萬首獎,《鹹水雞》則是今年最佳短片。真正愛拍電影的人,竟然連失去自由,也沒影響創造力。張令人肅然起敬,他未來的成就,難以估量。

幾天前，《鹹水雞的滋味》被台灣當局放上網了，千萬不要錯過。

23-07-2017

台北電影節二十歲了

台北電影節又剛剛落幕，今年是二十周年紀念（1998—2018）。他們出版一本頗具分量回顧專書《一瞬二十》，請所有跟電影節有淵源者撰文，或跟他們做訪問。讀那書，會知道電影節二十年來在台灣電影的發展脈絡中，扮演了什麼角色。

可說是從二十年前開始，台北電影節的定位已相當分明，後來無論如何演變亦不離其宗。首先是影展跟獎項並行，從而鼓勵及推動台灣電影。於是，這個由台北市政府舉辦，以城市命名的電影節，成為每年台灣新片登場的重要舞台。像今年，電影節先在6月尾至7月中舉行約兩星期，除了放映台灣新作，固然也選映大量不同風格及類型的世界電影。然後在7月14日舉行「台北電影獎」頒獎禮，以此為電影節畫上完美句號。「電影節」與「電影獎」、國際與本土並駕，達到觀摩學習、互相提升作用。

而電影獎也不止鼓勵商業電影的。讀《一瞬二十》，不同的作者談電影節由來，一定有「年輕、獨立、非主流」幾個字，這乃創辦初期口號。台北電影獎最具遠見，連香港金像獎亦當自愧不如的，是它對獨立製作之嘉許。每年劇情長片、紀錄片、動畫片及短片的最佳得獎片，同步競逐大獎「百萬首獎」，劇情片跟紀錄片等同樣受注目。多年以來，大獎由紀錄片奪得的確常見。隨便舉些著名例子，2005年的《無米樂》，2010年的《乘着光影旅行》及2013年的《築巢人》等。《築》的導演沈可尚，去年開始當上台北電影節總監。他在《一瞬》撰文提到，很多人問他何以脫離創作、投入影展工作，他的回覆是：「我是台北電影節養大的。」

大膽項目「電影正發生」

所以電影節真正「年輕」，總監沈可尚、策展人郭敏容屬中生代。主席2016年起由李屏賓出任，不過影展具體操作由年輕人負責。順帶一提，李屏賓之前是李烈，但李烈做了不久即辭任，原因是她控訴當時文化局長干預電影節，後來文化局長也被迫下台。這些年前風波、涉及政府官員的「醜聞」，竟都一一被寫進《一瞬二十》此「官方」刊物去。

台北電影節過去一度以「主題城市」作每年主題，主打過的城市包括巴黎、布拉格、京都、倫敦、柏林、耶路撒冷及最後的華沙等。除了給觀眾世界視野，「主題城市」讓台北跟別國城市締結為「姊妹市」，在台灣外交被孤立前提下，國際文化交流別具意義。唯以「城市」為題難度太高，一來未必每個城市皆盛產電影，二來「城市」到頭來只是「國家」代名詞，因此被迫放棄。

去年開始，電影節推出另一大膽項目「電影正發生」——在電影節期間闢出場地，供電影人即席製作電影，歡迎觀眾買票入場看。去年「正發生」是請林強來配樂，我估計今年大概輪到「剪接」或「聲音」之類（技術項目在台灣有叫座力的大師傅），想不到跑出來的竟然是「VR」！除放映一系列 VR 短片，也邀請國外嘉賓演講，談 VR 當下及未來。「正發生」的部分，則安排幾個團隊，即席構思並製作 VR 影片。

另眼相看的 VR 作品

坦白說，之前對 VR 不敢恭維，總覺是奇觀，跟電子遊戲有關。這次看到一些作品後，有點另眼相看。最厲害一齣，是法國十八分鐘的《異境入夢》（*Alteration*，2017）。我們戴上VR眼鏡後，像主角一樣墮進現實與虛幻的迷離境界，視點及手法皆獨特。看後一查始知，台前幕後全不是泛泛之輩。另一部加拿大的《盲眼維莎》（*Blind Vaysha*，2017）是八分鐘木刻板畫動畫，故事有神話色彩：小女孩維莎自出娘胎起，眼睛就看不見「當下」；她右眼看見「未來」，左眼看到「過去」。影片利用VR眼鏡的特色，令觀眾代入她視點——兩眼看見不一樣影像（如右眼看見一個老人家，左眼即看到他幼小時候），感覺懊惱又新奇。不能同時依靠雙目，只好睜眼閉眼看世界。哈，《我左眼見到鬼》（2002）若拍成VR片，不妨想想《盲眼》套路。

VR片不是不可敘事，只是要有新思維。另一部同樣是加拿大的《機器人來了》（*Miyubi*，2017）篇幅算最長，半小時有多。視點是一台機器人的POV，說它被購買並帶進家庭後，由寵愛到被冷落的際遇。VR是三百六十度的，當機器人第一次被啟動時，它（我們）可環顧四周，看看簇擁自己、流露奇異目光的家庭成員。小妹妹天真爛漫、含情脈脈看着我，好像在我身邊一樣，感覺倍感親暱。

另意想不到的是，台灣在 VR 創作上走得頗前。《全能元神宮改造王》（2017）十分有趣，新舊文化共冶一爐，既有傳統迷信，也有小夫妻的生活品味想像（諧仿宜家傢俬的宣傳設計）。影片幽默感豐富，不修邊幅的大肥佬演神明，另一對男人扮演《閃靈》（*The Shining*，1980）的孖生姊妹鬼魅，在主角背裏整蠱做怪。觀眾同樣可三百六十度選擇看什麼，沒有固定重點。《全能》的導演徐漢強，正在拍攝《返校》電影版，看完《全能》更令人期許他的新作。

不過，VR 始終是門檻太高，現在看來難以普及。傳統戲院不適合放映，移師的場地要夠寬敞，因為要給觀眾（坐着或站着）轉動身體。技術及設備所限，每次不可招待太多人。台北電影節的 VR 放映，每場只有十個名額，門票售完即止。牽涉工作人員數目，亦比傳統放映多。他們需向觀眾講解、提醒（怕有人看 VR 暈眩），協助觀眾戴上眼罩及耳機（有些影片還需要操控桿），教他們如何使用，應付突發技術問題（我遇過設備失靈而需中途更換，放映得重頭來過），總的而言極虛耗人手。VR 影片不是部部出色，這次的《開展前夕》（*Firebird-The Unfinished*，2018）就很平庸。另外，語言是另一困難，台北電影節所有外片皆備中文字幕；可是 VR 片不能加插字幕，只好待觀眾看片前後給他們讀讀「對白本」，是沒辦法之中的辦法。

VR 尚在草創階段，技術日新月異。電影節犯不着大規模採購器材，唯一方法是跟硬件開發商如 Samsung 合作。這次看的 VR 片，仍受智能電話的解像度限制（智能電話放進 VR 眼罩內播放影像及聲音），細看仍覺粗糙，甚至看到屏幕的線條。假以時日，若 VR 的兼容設備更出色，才可令人置身現場一樣，看到真正忘我。

從觀眾出發

回說台北電影節，我由衷地喜歡它的貼心，凡事從觀眾出發。免費派發的訂票小冊子只有 A5 大小，perfect binding 印刷精美，相當便携；紙張夠厚，翻掀容易。小本的設計策略聰明，主辦單位不用苦惱找名牌設計師、celebrity 做圖案，用好電影的劇照即可。今年訂票小冊封面用的，是 Sundance 影片《# 滑板少女》（*Skate Kitchen*，2018）照片，正是我今年看過最愛影片。看完《# 滑板》，深覺少女奔放、自由的身影，跟電影節追求的「年輕」與「獨立」不謀而合。

而「節目特刊」（需另行購買）封面，則選用李滄東《燃燒烈愛》（港譯《燒失樂園》），

Burning，2018）劇照。《燃燒》不容置疑是今年傑作，以之作為電影節 icon 亦不錯。訂票小冊及節目特刊是不是沒有廣告？不是，但統統放在書的最後（比索引頁更後），前面全是電影節資訊。即是說，電影節沒有胡亂把觀眾販賣給廣告客戶，觀眾有選擇看不看廣告的權利。另，所有影展章程，以及最重要的「場次表」，全部置放在訂票小冊最前面，用起來很 user-friendly。

幾個放映場地，我最喜歡古雅的中山堂。貪其交通便利，有歷史沿革（日本殖民時期興建）。從放映間一出來，就是寬闊的公共空間。中山堂像香港電影節的文化中心，樓底很高，銀幕巨型（看 1×2.35 比例最奪目），即使坐觀眾席首排亦舒適。當然，文化中心相對起來更 grand，我們在香港難以想像，在中山堂看片偶爾會被蚊咬！看 VR 時最尷尬，戴上眼罩被蚊叮，想拍打也無從入手。

《一瞬二十》說，電影節從第一屆起，中山堂就是主要場地。所以此地見證過不少重要時刻，包括當年觀眾期待已久，楊德昌《一一》的台灣首映。中山堂之外，新光影城所在的商場，其實相當殘舊。還好新光勝在歸一，有兩個廳可供影展使用，售票大堂的空間也可以。另一場地光點華山應該是幾者中最美觀先進了，所以台北電影獎評審，總被安排在那裏看片。

過去兩星期，我如上班般，天天在幾個放映場地穿插。早出晚歸，一天看四場放映（觀影證的上限）。十時前回飯店看世界盃直播（台灣球迷有福氣，網上看球賽免費），凌晨才睡，第二天又同一循環，生活過得充實純粹。VR前面略談了，今年其他看過的電影，台灣、國外、新片及經典修復，佳作不少，有些跟香港關係深遠。

15-07-2018

台北電影節，願你的笑容，永遠一樣

今年台北電影節選映，並有份角逐台北電影獎的影片中，至少有一部香港「禁片」。這部片，絕不會在我們今天的商營院線、電影節、金像獎出現。諷刺的是，它起碼一半篇幅在說香港故事。

李惠仁被港府禁足香港

那是李惠仁、呂培苓合導的紀錄片《并：控制》（2018）。李惠仁是資深紀錄片導演、台北電影獎常客。2013年，他憑《不能戳的秘密2：國家機器》拿下大獎「百萬首獎」。就是說，那個推動台灣電影的獎項，把劇情片、紀錄片、動畫片及短片一視同仁（今年《幸福路上》是大贏家）。紀錄片作者的成績，多年來比劇情片更美滿，李惠仁正是表表者。

李惠仁本來也是香港常客。香港推動紀錄片的采風，每年暑假都在長洲搞電影營。幾十學員在營內完成短片，匯合成一年一度的《長洲誌》公開放映。李惠仁是該營多年來的導師，我因此聽過他演講，性格和善，風趣幽默。要知道，李拍罷《并：控制》後，被香港政府列入不受歡迎「黑名單」，不能再踏足香港。台灣人被無故拒絕入境，李惠仁不是第一個，也肯定不是最後一個。

因為《并：控制》觸碰敏感神經，它矛頭直指中共的思想打壓。「并」是「共」字倒轉，有「反共」之意。《并》由北京的宋莊電影節被封殺、藝術家被抓開始，再說到台灣、香港被威權波及的各層面。在香港，影片訪問了吳梓銘（導演的失明朋友）、黃台仰、盧勁馳、李慧玲、蔡廉明、林榮基及戴耀廷等。《十年》是焦點之一，由《十年》再看台灣影壇被統戰或打壓（戴立忍事件）。導演鄭有傑受訪說，電影要賣進大陸，對白可以有髒話，卻不能說「中華民國」及展示國旗。2011 年慶祝民國百年的短片合集《10 + 10》中，鄭拍的〈潛規則〉，就要影射此荒謬現象。

李惠仁歷來的紀錄片，為要流傳更廣更遠，索性放在 YouTube 共享。《并：控制》不例外，沒有青睞不打緊，有興趣可上網看。

說台北電影節可能不止一部「禁片」，因為今年尚有兩部「反服貿」的「太陽花學運」紀錄片：傅榆的《我們的青春，在台灣》及江偉華的《街頭》（2018）。兩部都拍得好，過程漫長艱巨（所以2014年的運動，影片至今才出台），作者對運動及自身充滿反省。兩部片也跟香港有關係，《我們的青春》主角之一是學運領袖陳為廷。2013年，陳曾經來港參加七一遊行，並跟學民思潮交流（「勾結境外勢力」？）。席間年輕人言談甚歡，陳為廷學說廣東粗語（「共產黨X街」），眾人哈哈大笑。誰想到幾年後各人際遇？

台灣2014年3月18日爆發太陽花學運，學生佔領立法院，院外大道五十萬人聲援。陳為廷、林飛帆成為風頭躉。運動後，陳嘗試參選立法委員，卻因性騷擾醜聞而被迫棄選。《我們的青春》另一主角是「陸生」蔡博藝。她嚮往台灣的自由空氣，到台後積極參與社運，在校內競選學生會會長。同樣的，影片記錄了蔡後來「政途」不順，處處碰釘之遭遇。

《我們的青春》的「我們」，除了陳為廷及蔡博藝，還包括導演傅榆本人。傅榆的旁白坦言，自己對兩個敢作敢為的學生領袖有投射。她在影片最後，向兩主角放回幾年前的抗爭片段，三人一起對話。因為事與願違，現實與想像的差距，傅榆在鏡頭前崩潰了。創作人敢於展露軟弱，透過紀錄片拍攝三省吾身，《我們的青春》可說與香港同年的《水底行走的人》並駕齊驅。

首映後答問，有觀眾問傅榆，陳為廷之後，你還有哪個寄望甚殷的學運領袖？傅答得有智慧：「若有，《我們的青春》就是白拍了。」我們呢？仍在寄望另一個黃之鋒、梁天琦登場？《我們的青春，在台灣》在電影節放映後，一直是觀眾票選最喜愛作品（曾佔第一位，後來才給《幸福路上》趕過）。上週末台北電影獎頒發，它贏得最佳紀錄片獎。據說，評審之一杜汶澤在台上頒獎給傅榆時，在她耳邊說了句：「台灣不能輸！」

台灣最佳紀錄片能在港見天？

同樣圍繞 2014 年「反服貿」運動，《我們的青春》較從「人」出發，江偉華的《街頭》則更看到「事件」。當然，《街頭》一樣有主角，不過並非人氣領袖，而是較邊緣的學運參與者張勝涵。2014年9月28日香港雨傘運動開始後，陳為廷及林飛帆不能入境香港，張勝涵倒來了。他去到金鐘佔領現場，靠在石壆坐馬路上，跟朋友議論香港時局。

每年台北電影獎的候選最佳紀錄片，都是「他山之石」，值得在香港放映及討論。我真好奇，無論《我們的青春，在台灣》或《街頭》，會入選我們稍後的電影節（如亞洲電影節）乎？抑或，它們會因為「自我審查」而自動被排除？幾個月前，楊紫燁曾寫公開信給林鄭，請她支持香港紀錄片發展。然而「并：控制」無遠弗屆的今天，金像獎還敢設立最佳紀錄片？電影發展基金敢踴躍資助紀錄片攝製？若獲獎或受資助名單上，出現《消失的檔案》、《地厚天高》、《亂世備忘》或《撐傘》（2016），有關單位如何自處？台北電影獎最佳紀錄片的設獎、放映、讓觀眾投票以至引發的討論，抱歉，跟我們這個所謂「國際都市」漸行漸遠。兩地所間距的，是言論、創作及發表的自由。

台灣電影是給紀錄片拯救了

其實已不是紀錄片與否的問題，陳玉勳說過：台灣電影是給紀錄片拯救了。「紀實」根本不是選擇，而是必然；如此電影生態才健全，紀錄及劇情始可相得益彰。今年在台北電影節看片，一再看見「紀實的力量」，最好的電影往往極富實感：葡萄牙片《自己的工廠自己救》（*The Nothing Factory*，2017）贏得「國際新導演競賽」獎實至名歸。影片據七十年代真事改編，美國奧的斯電梯公司要撤離葡國，大幅裁員。工人發動佔領運動。公司罷休，把工廠半賣半送給工人，工人實行自治。工運領袖參與其中，左派理論與日常運作，產生不少矛盾。《自己的工廠》有好幾場辯說戲，猶如抓拍的紀實影像，好看到不得了，大有堅盧治味道。值得一提，戲名亦是台灣典故，來自一首幾十年前愛國歌，原為《自己的國家自己救》，「太陽花」時叫得非常熾熱的口號。

另一部《# 滑板少女》，導演 Crystal Moselle 拍紀錄片起家。《# 滑板》雖是劇情片，Moselle 手法得宜，叫一班無拘無束的滑板少女演回自己。長島女孩 Camille 愛滑板，從 IG 知道紐約有伙志同道合者，偷偷去找她們，結識並成為好友。Camille 跟母親相依為命，母親不許她玩滑板。當瞞不過母親了，唯有離家出走。成長很孤獨，過程百般滋味，親情、友情及愛情，都不是看上去簡單。《# 滑板》內角色的最大快慰，是在板上自由自在，低角度、逆光拍他們瀟灑，某程度亦是抗衡城市規矩。影片年輕、開明，故事簡單卻無比動人。台北電影節的中山堂外公共空間，就劃有滑板區域。看完《# 滑板》出來，對「板仔」的印象不同了。一部比利時紀錄片《不恐龍法官》（*So Help Me God*，2017）也厲害，以「直接電影」原則，觀察預審法官 Anne 日常工作。Anne 爽朗沒有廢話，鏡頭大多在她辦公桌旁，只見她跟疑犯、證人及律師互動，已成就精彩片子。一個性工作者跟 Anne 侃侃而談，介紹「針刺陽具」絕技，說來很自豪，真要命。「政治正確」與「私隱」需靠邊站，《不恐龍》的吸引力，正正要走進沒有掩飾的人性國度，盡現 fly on the wall 的真諦。

這次看過又難忘的片子還有：經典修復蘇聯片《見證》（*Come and See*，1985），領觀眾走進納粹屠殺村落，歇斯底里，看後久不釋懷；《末代皇帝》（1987）愈看愈不可思議，當年到底怎樣拍到的；《黃色潛水艇》（*Yellow Submarine*，1968）五十周年修復版，而且是免費放映與眾同樂，「黃絲」與「藍絲」的顏色分野或可上溯到那時；溝口健二《山椒大夫》（1954）再看仍悲天憫人，生在亂世，情操與親情彌足珍貴；馬力克（Terrence Malick）《紅色警戒》（*The Thin Red Line*，港譯《狂林戰曲》，1998）亦一絕。當年看不透，它的確比《雷霆救兵》（*Saving Private Ryan*，1998）高明，着眼點不止是人道及反戰，而廣及天地萬物矣。反而，《十年台灣》（2018）有點失望。

台灣電影呢？新片中《誰先愛上他的》最好，紮實，偶有劇場風格，女主角謝盈萱演出歎為觀止。《范保德》（2018）則很酷，蕭雅全看來是台灣另一位有趣的作者。但最喜歡還是陳國富的《徵婚啟事》（1998）修復版放映，影片跟台北電影節同樣二十周年。廿年人事幾番新，《徵婚》重看，也勝在「紀實味」，華語片極鮮見的虛實相應，呈現出鮮明可愛人物。廿年後，他們都在哪裏呢？陳國富及劉若英幾許蛻變，劉已為人母，當上導演，處女作《後來的我們》（2018）今年同被選映；我們在台下「看戲」，何嘗不是撫今追昔？

但願人長久——金士傑在《徵婚》哼《永遠的微笑》：「心上的人兒，你不要悲傷，願你的笑容，永遠那樣……」

22-07-2018

附錄

《天安門》重遇記——給電影學院同學的一封信

親愛的電影學院同學：

那天《天安門》（*The Gate of Heavenly Peace*）放映完畢，看見你們一臉茫然，坦白說我至今還有點不解。

不曉得是事件你們不熟悉，還是影片把來龍去脈說得太詳細，當中的誰是誰非、莫衷一是來得太震撼，一下子反應不過來？還是，又到學期末了，大量功課及死線接踵而來，工作量把你們逼得透不過氣，再沒餘力觀賞及談論電影。

當然，我心裏最不希望的是，你們像坊間一些年輕人的說法一樣，因為自己是九十後，沒見證過1989年、六四事件，覺得事不關己，或說它不過是歷史芸芸不幸事故的其中一樁。別

導演◎ Carma Hinton、Richard Gordon　美國◎ 1995 年

人我不敢說，但念電影準不能沒有同理心吧？若說個人經歷才是一切，那我們活在自己世界好了，幹嗎看那麼多故事？

個人經歷不是一切

應該不會的。若有人抱這種心態，恐怕早就吃不消，退學了。來到這裏，誰不是從第一年開始，修讀一個又一個影史、電影欣賞課？看各種古今中外、不同文化的電影？剛開始或許有點接受不了，但漸漸應該明白樂趣所在。學校裏，不少同學揚言喜歡楊德昌，楊的遺作《一一》很多人看過。《一一》提到電影發明後，我們的生活經驗至少是從前的三倍。就拿我們這學期的觀影課為例，《娘・妻・母》（1960）、《青春殘酷物語》（1960）同是日本六十年代的電影，角色及戲味已經南轅北轍了。

吾生也有涯，電影卻無涯。我總覺得我們對故事的渴求，源自「個人經驗」的不厭足（是以「虛擬真實」與「網上身分」始大行其道）。那麼，還有什麼比透過電影了解人、認識世界更有趣呢？應該不會的。《天安門》映後討論氣氛雖冷淡，但下課後還是有位同學悄悄跟我說，感謝我們選了這部片，她從小在外地受教育，以前不大知道六四，看完本片算是認識了。

當天，我本想再加把勁的推銷說，《天安門》載譽回來乃時也命也，我們得睹是緣分，是福氣。影片很多年前由舒琪老師的公司發行。舒琪倒是兩週前才發現，原來電影拷貝遺落在藝術中心。我第一個反應是 OMG！小小一片 DVD 才會遺漏吧，想不到大大本的菲林拷貝亦然，而且一別經年。不是因為藝術中心的影院最近裝修，恐怕影片不會「出土」；影片不出土，我們也沒有機會看到。《天安門》是 1995 年的影片，舒琪說，九七回歸前影片在新華戲院公映，回歸後藝術中心每年六四前後皆放映，幾年後停止了，然後拷貝一直留在那裏。屈指一算，少說已有十三到十五年，舒琪說是奇談。

我恐怕有十多年沒看了，今天重看，溫故而知新。《天安門》的菲林幾乎沒花痕，廿年前的影像給凝結了。對，影片有網上版，但在偌大的銀幕觀看，跟 YouTube 上完全是兩碼子事，看的投入，戲裏細節更清楚。一切像冥冥中安排，影片保留了最佳狀態，靜候跟我們見面這一天。它被「雪藏」的時候，座上同學恐怕只有幾歲呢。

《天安門》的「出土」不多不少，剛好在我們的學年尾聲，亦是每年春夏之交，貼近6月4日的時候。你們也許知道，過去廿年來，六四是令無數港人（包括我輩）心有戚戚焉的敏感日子。影片像記當頭棒喝，提醒我們「前事不忘，後事之師」。尤其是，在今年更多人嚷着別再悼念，事件跟我們無關，拷貝來得合時。它是多詳盡的八九民運紀錄啊！

導演 Carma Hinton 是個中國通，漢語非常流利。她跟丈夫 Richard Gordon 有條不紊，爬梳大量資料，在影片開始時，嘗試把八九民運放進中國當代歷史的脈絡，由五四運動、開國大典，整肅運動、文化大革命、改革開放一路說來。單看天安門廣場已不堪回首，它側記了多少國人的血與淚，1919 年的五四，五十年代擴建，豎立人民英雄紀念碑，文革老毛見紅衛兵；1976 年四五天安門事件，先被定調再得平反。然後是八九被學生佔領，最後以血腥鎮壓結終。

《天安門》儘管呈現了八九民運受爭議一面，但其結語是很明確的：清場後，天安門廣場回復平靜，官民整齊列隊，向暴力鎮壓過程中犧牲的軍隊「烈士」致哀。「官方」的說法是，天安門廣場再次回到「人民」手裏。電影此時配上《血染的風采》，畫面接上哭着控訴的丁子霖。她等天安門母親，兒子或親人死得不明不白，直到今天仍不可公開拜祭悼念。丁說：「什麼中國的花朵、中國的未來呀，當你們認為黨國需要的時候，子彈、坦克都可以上來。」

看見極權的荒謬，誰不齒冷？看到六四屠城夜屍橫遍地，軍隊竟動用實彈，然而民眾仍堅持聚集，甚至向稍息的冷血部隊舉起勝利手勢抗議的時候，誰不動容？我們讀書，除了求往後一官半職、安穩生活，最重要還是明事理吧？怎麼有些人好像愈讀愈糊塗的？說《天安門》「過去」，不盡然，很多受訪者至今仍活躍、被囚（像劉曉波），一些人則去向未明，看罷影片總有種在網上查查他們下落的衝動，好奇像工人呂京花，最後有沒有跟襁褓的女兒團聚？

說《天安門》是「別人」的故事也不對，影片述及香港的「民主歌聲獻中華」，按影片敘事因果，港人捐獻的物資似乎對運動有不少影響。更不用說，八九影響了整整一代港人，有的移民，有的走進公民社會，更多的沒齒難忘。說起來很「老氣」吧，我中學時代最難忘的亦是八九民運，六四翌日全校停課，我們在禮堂集會，高年級同學臂纏黑紗，中史老師在台上說中國當代史。即使你是雨傘一代，《天安門》描寫佔領運動的曠日彌久，由激情到潰散，要不要「大台」、「名人」效應、抗爭應不應唱歌跳舞等等，竟與「傘運」不謀而合。回看太感慨了，那都是廿年前初看時沒有的體驗。

今年碰巧又是文革五十年。提起文革，《天安門》放映後有同學提到《八九點鐘的太陽》（*Morning Sun*，2003），也是 Carma Hinton 及 Richard Gordon 的作品。對了，同學們，你們在二年級有紀錄片的必修課，在開拍自己習作前總要觀摩大量經典作品。你們一定同意，紀錄片說人的故事，沒有好奇心、同理心，不懂得等待、細心觀察別人的生活，如何拍得來？若自身經驗以外的皆虛妄，我們何必大費周章去看及拍紀錄片？

拍電影是一種使命

告訴你們一件小趣事。你知道我們學院的碩士課人不多，今年卻蠻多波折的。其一原因是，我們選了英國電影雜誌《視與聽》（*Sight & Sound*）2012 年的經典片單來研讀，遇上幾部非常冗長的影片。學期初同學看到片單都苦笑了，他們職責之一是把影片的分場弄出來，但見名單上有七個多小時的匈牙利片《撒旦探戈》（*Satantango*，1994）、十個小時的紀錄片《大浩劫》，負責的同學幾乎崩潰了。

不過，昨天課程完結了，我想同學會覺得學習沒有白費。不是這個機會，我們準沒機會去看及問，有些導演為什麼一直拍一直拍，《撒旦探戈》也好，《主婦日誌》(*Jeanne Dielman, 23 quai du Commerce, 1080 Bruxelles*，1975）也好，他們怎麼不剪？不像一般電影課堂所說的，要去蕪存菁、要懂得省略？長鏡頭怎樣領我們走進真實、走進人物的世界？那門課最有得着，想必是負責《大浩劫》的同學吧。十個小時關於納粹集中營的紀錄片，別樹一幟，完全不用歷史片段，只把鏡頭對準一個個倖存者及黨衛軍，跟他們訪談、拍他們真實的反應，奧斯威辛只是冰山一角。影片很平靜、不渲染，但效果卻無比震撼，甚至可說驚心動魄。

按「自身經驗」的邏輯，二戰、納粹屠猶都「事不關己」了？那為何二戰後半世紀有多，世界各地的電影仍陸續面世？我們作為一個知識人、準 degree holder，甚或未來的電影人、創作者，到底相信什麼？有沒有社會責任？提出《大浩劫》，我更旨在說，剛剛從學校回來很晚了，卻發現哈佛大學在網上發佈一段畢業演說，看後精神煥發。主講不是別人，正是鼎鼎大名的史提芬．史匹堡（Steven Spielberg）。

我們學院的畢業禮快將舉行，又見證一批同學學成下山。但很可惜，香港人不擅演說，本地大學、專上學院的畢業禮少見如此精彩、富啟發性的致詞。短短十來分鐘演說，史匹堡先以自嘲開始，說自己當年輟學，進了電影行業，一直到年邁半百才回到學院，完成學位（《侏羅紀公園》還替他賺取了三個學分！哈哈～），為的是自己的兒女。史匹堡說，他拍的早期電影大多是逃避主義的，直至《紫色》（*The Color Purple*，1985）開始改變，那作品讓他明白，拍電影也可以是一項使命（mission）。

史匹堡的演說，提到最多的關鍵詞是「直覺」（intuition）、「人道」（humanity），此外還有「愛」、「支持」及我上面說的「同理心」（empathy）。他建議畢業的同學多聽聽父母、祖父母的故事，「過去」有最好的故事，所以他才拍那麼多歷史題材（最新的《換諜者》〔*Bridge of Spies*，2015〕亦然）。他鼓勵學子憐憫所有靈魂，然後他佻皮的補充，包括耶魯學生（全場笑了！）；也鼓勵同學投票、和平抗爭、發聲。他巧妙的以電影比喻，說你們都是英雄，英雄需要對付大壞蛋。他說你們走運了，世界充滿各式各樣大魔頭，像種族主義、同性戀恐懼（homophobia）、反猶主義（Anti-semitism）等，到處都有仇恨。史匹堡身為猶太人，小時曾被欺凌。他說我們以為「反猶」已經是明日黃花，錯了。

所以他成立了「大浩劫基金」（Shoah Foundation），為世界各地的集中營倖存者做錄影見證。背後還是那一句：前事不忘，後事之師。電影學院的同學們，我們在這裏學習，掌握了一些說故事的工具與手段，除了要說自己想說的，還應該藉此明白身邊的人吧；電影／故事的力量，莫大於此。

成為一個更好的人

一些金石良言雖被電影說爛了，但醒世意味不減：《蜘蛛俠》（*Spider-Man*）的「能力愈大，責任愈大」，愈是說故事的高手，愈有責任把世間所有動人、荒誕、悲涼、不公義的故事說出來。有沒有想過，其實不是你選了「電影」，是「電影」選了你？《一代宗師》又說，武術是「見自己，見天地，見眾生」，三階段先後不會混淆；嚴格看待任何一門學藝，它不止給我們一份工作（「做好呢份工」過時了）、一些利益打賞，它還是一場畢生的修行，是無價的。學電影的最大樂趣，的確是由明瞭自己到廣及身邊的人與事。我常跟一年級的同學打趣說，進了電影學院是富足生命的始點。行業不景氣，電影不會讓大家飛黃騰達，正好叫我們更看清楚學藝、藝術的意義，不用跟隨大隊，人云亦云。

當然，你們不可能每個都是未來電影人。但專上教育應該提供的獨立思考、治學能力、品味培養、對社會的承擔等等，對每個人終身受用。即使你們往後不是拍電視電影，只是在社會其他崗位，電影教育的磨練與影響，藝術學習給你們的自信，理應從各人身上體現。最起碼是，社會多一個有水平的電影、電視觀眾，爛片生存空間細了，TVB 的末日應該更快來到。與其像學院關心畢業生的就業情況，我從來更感好奇的是，四年前進來，四年後離開，我們有沒有因為（電影）教育，變成一個更好的人。這聽來很虛，但應是所謂 assessment 的衡量焦點。

謹與各位同學，尤其本屆畢業生共勉。

家明 敬上

29-05-2016

視聽之餘——香港及華語電影雜感

作者／家明

策劃編輯／史曉晴

美術設計／西奈

出版發行／突破出版社

香港沙田亞公角山路 33 號突破青年村

電話：2632 0000　傳真：2632 0388

電郵：breakthrough@breakthrough.org.hk

網址：http://www.breakthrough.org.hk

http://www.btproduct.com

承印／陽光（彩美）印刷有限公司

2019 年 7 月初版 1 刷

Beyond Sight and Sound

by Ka-ming

First Printing, First Edition, July 2019

Printed in Hong Kong

ISBN 978-988-8562-00-8

誠邀閣下就突破出版社的書籍發表意見

歡迎加入突破書籍 Facebook page – http://www.facebook.com/btbooks.page

本書採用環保油墨印刷